山西财经大学理论经济学文库
山西省“1331工程”资助出版

国有经济在战略性新兴产业中的作用研究

Guoyou Jingji zai Zhanlüexing
Xinxing Chanye Zhong de Zuoyong Yanjiu

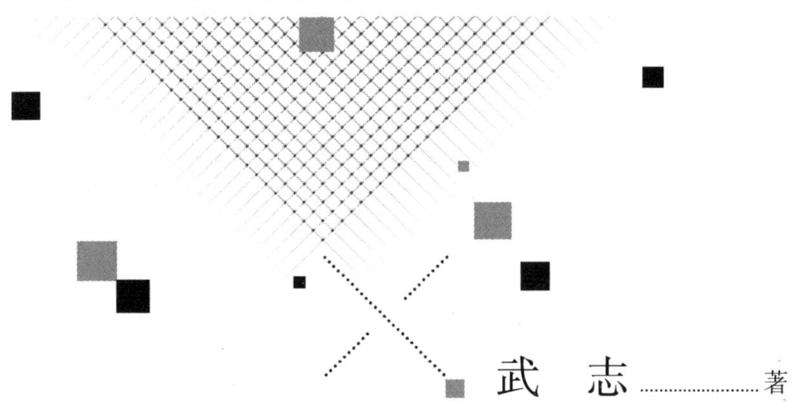

武　志 ………………… 著

中国财经出版传媒集团
中国财政经济出版社

图书在版编目（CIP）数据

国有经济在战略性新兴产业中的作用研究 / 武志著. --北京：中国财政经济出版社，2021.5
（山西财经大学理论经济学文库）
ISBN 978-7-5223-0552-3

Ⅰ.①国… Ⅱ.①武… Ⅲ.①国有经济-作用-新兴产业-研究-中国 Ⅳ.①F121.21②F279.244.4

中国版本图书馆CIP数据核字（2021）第104386号

责任编辑：吕小军　　　　责任校对：徐艳丽
封面设计：思梵星尚　　　　责任印制：党　辉

中国财政经济出版社 出版
URL：http：//www.cfeph.cn
E-mail：cfeph@cfeph.cn

社址：北京市海淀区阜成路甲28号　邮政编码：100142
营销中心电话：010-88191522
天猫网店：中国财政经济出版社旗舰店
网址：https：//zgczjjcbs.tmall.com
北京财经印刷厂印刷　各地新华书店经销
成品尺寸：170mm×240mm　16开　15.75印张　223 000字
2021年5月第1版　2021年5月北京第1次印刷
定价：62.00元
ISBN 978-7-5223-0552-3
（图书出现印装问题，本社负责调换，电话：010-88190548）
本社质量投诉电话：010-88190744

序

武志博士的专著《国有经济在战略性新兴产业中的作用研究》出版，邀请我为之作序。中国特色社会主义政治经济学在社会主义现代化建设中发挥着理论指导作用，随着中国经济的蓬勃发展和全面深化改革的推进，迫切需要经济理论创新。政治经济学界的学者们责任重大，任务艰巨。我欣慰看到更多的年轻学者成长起来，堪当重任，欣然答应年轻人的作序请求。

一门理论、学科的兴盛和繁荣，一定是要符合时代和社会的需要，为解决中国社会经济的实际问题交出圆满的答卷。中国特色社会主义政治经济学更是如此。政治经济学作为我国的主流经济学，一定要以服务经济建设为主要任务，增强对经济改革和发展的指导作用。2016 年我曾撰文提出把生产力纳入社会主义政治经济学的研究对象，得到我的导师卫兴华教授的支持。我认为中国特色社会主义政治经济学的主线是解放、发展和保护生产力，实现共同富裕。社会主义政治经济学要深入研究到解放、发展和保护生产力的各个领域。

中国经济发展进入高质量发展的新阶段。高质量发展要求贯彻新发展理念，转变发展方式、调整经济结构的和转换增长动力。中国经济要实现高质量发展和“弯道超车”，需要抓住科技革命和产业革命的机遇，尤其是要在战略性新兴产业领域取得突破。本书提出的发展战略性新兴产业，需要发挥社会主义基本经济制度的制度和政治优势，鼓励和支持各经济主体参与战略性新兴产业创新、发展和壮大。国有经济服从国家战略需要，服务国民经济建设大局，进入战略性新兴产业不仅是必要的，而且是必须的和紧迫的。国有经济理应在我国战略性新兴产业的创新和发展中发挥“领头羊”作用。因此武志博士的专著《国有经济在战略性新兴产业中的作用》出版非常具有学术价值和实践价值。

公有制为主体、多种所有制经济共同发展，是社会主义基本经济制度的主要内容。国有经济是社会主义经济的基础，要毫不动摇地坚持做强做优做大。国有经济的发展和壮大，不仅包括量的增加，而且包括质量的提升。国有经济的效率和竞争力的提升，关键是以科技创新作为增长的内生动力，尤其是要在发展战略性新兴产业方面占据制高点。只有这样，才能增强对国民经济的控制力。

战略性新兴产业既是新兴的，也是具有战略意义的，是提升国际竞争力的重要手段。不仅世界各国都在纷纷布局，而且为了抢占战略制高点相互竞争，有的国家甚至使用多种手段打压甚至遏制中国战略性新兴产业的发展。面对世界百年未有之大变局，我国只能实施自立自强的科技战略，在发展战略性新兴产业上突破卡脖子的核心技术，建立起自主可控的产业体系。

武志博士专著中对上述问题进行了系统论述，提出了不少有价值的创新观点。希望他能在这个基础上继续研究，也希望有更多的学者关注和研究这个问题。希望政治经济学界的同仁通过研究社会主义经济建设各个领域的问题，汇聚起来为构建中国特色社会主义政治经济学体系添砖加瓦，贡献力量。

是为序。

洪银兴

2021 年 4 月于南京大学

出版说明

本书是在我的博士论文《国有经济在战略性新兴产业中的作用研究》的基础上，结合2018年以来党中央一系列新的文件、国有企业改革的新进展、学术界新的研究成果以及新的数据，进一步研究的成果。博士论文撰写和答辩过程中痛苦并快乐着的情形至今仍历历在目，仿佛就在昨天。当时学术界对国有经济要不要发展战略性新兴产业的问题存在着不小的争论，但随着中国经济向高质量发展加快转变和全面建设社会主义现代化国家新征程的开启，战略性新兴产业在其中发挥的先导和支撑作用愈发显著；随着国有经济服从并服务于国家战略，进一步深化改革和加快战略布局调整，战略性新兴产业已经成为国有经济投向并加快发展的重要领域；随着世界经济格局的巨变，中美贸易战从2018年开始爆发到现在愈演愈烈，美国利用各种非正当手段全方位打压甚至遏制中国高科技和战略性新兴产业的发展，阻止中国全面崛起。国有经济发展战略性新兴产业这一问题现在在学术界已基本取得共识，需要做的是把这个问题的研究做得更加具体、扎实和深入。因而本书的出版具有一定的理论和实践价值。

首先要感谢我的博士生导师卫兴华教授。卫老师的细心教导和培养，不仅帮我打下扎实的经济学基础，学习到最前沿的经济理论，顺利取得了博士学位，更重要的是他把我领入了马克思主义经济学的殿堂，给了我一个全新的学术生命。卫老师高山仰止，他把对学术的潜心研究、对创新的敏锐洞察、对真理的不懈追求和爱国为民的高尚情怀、乐观向上的人生态度，传递给学生和身边的每一个人。从他身上，我收获的不止满满的知识，还有薪火相传和教书育人这份沉甸甸的责任。他对我的教诲和鼓励，我铭刻在心。我自当奋进，用踏踏实实地做好科研和教学的实际行动来回报恩师，不辜负他的期望。卫老师 2019 年 12 月 6 日逝世，我很怀念他，特把纪念他的文章作为后记，缅怀这位为马克思主义经济学做出杰出贡献的人民教育家和经济学界泰斗。

特别感谢著名经济学家、南京大学原党委书记、资深教授、博士生导师洪银兴教授在百忙之中提供指导和帮助，并为本书写序。

本书由山西省“1331 工程”资助出版，列入山西财经大学理论经济学文库。特向在本书编写和出版过程中提供过帮助与支持的山西财经大学校领导，山西财经大学原校长冯子标教授，经济学院院长张富春教授、书记郭晋南、副院长刘维奇教授表示衷心的感谢。

感谢书法家武春征为本书刊写书名，谨致谢忱。

感谢中国财政经济出版社吕小军编审为本书出版付出的辛勤工作。

由于学术水平有限，书中难免存在纰漏和错误之处，敬请学术界同仁和读者予以批评指正。

2021 年 3 月

目　　录

第 1 章

绪　　论

1.1　研究背景

新中国成立70年特别是改革开放40多年来，中国社会主义建设成就辉煌，经济、政治、社会、文化面貌焕然一新，人民生活水平得到极大改善和提高。经济领域中国增长的奇迹举世瞩目，不仅稳居世界第二大经济体，而且成为世界增长的新引擎。国家统计局数据显示，1978—2017年，与同期世界经济增速仅为2.9%相比，中国实际国内生产总值（GDP）年均增速达到9.5%。① GDP从1978年仅3679亿元大幅跃升到2020年的1015986亿元。人均国内生产总值从1978年只有381元提升到2020年人均72447元，稳居中等偏上收入国家行列。人均可支配收入由1978年的343元大幅提高到2020年的32189元。中国GDP占世界GDP的比重从1978年的1.8%上升到2020年的超过16%。特别是2008年美国金融危机以来，相比美、日、欧资本主义国家持续陷入经济低增长乃至负增长，中国仍实现中高速稳定增长。中国经济成为世界经济增长的稳定器和新引擎。数据显示，2013—2020年，中国对世界经济增长的贡献率平均超过30%，超过美国、欧元区和日本贡献率的总和，居世界第一位。

也应看到，中国经济面临的问题不容回避。一方面，中国在融入全球化获得快速发展的同时，不可避免地受到世界经济持续低迷导致的外需下降的影响，部分行业甚至出现严重的产能过剩。特别是近几年外部环境出现严重变化，2018年3月美国开始发起贸易战，从贸易、科技等方面全方位打压甚至遏制中国的发展。另一方面，随着人民收入和生活水平的提高，需求结构提升，产业结构升级缓慢导致供给和需求出现结构不匹配。在供给方面，低端产品的供给出现产能过剩而高端产品的供给不足。在需

① 习近平："在庆祝改革开放40周年大会上的讲话"，《人民日报》2018年12月19日第2版。

求方面，居民消费对高端产品、个性化产品的需求明显增加，对低端产品、大众化的需求相对减少。经济结构问题导致中国经济面临很大的下行压力，解决的根本在于以供给侧结构性改革为主线，贯彻新发展理念，从高增长阶段转向高质量发展阶段。高质量发展要实现三个目标：经济发展方式从规模速度型的粗放增长向质量效率型的集约增长的转变；经济结构从增量扩张为主向调整存量、优化增量，实现产业结构升级的调整；经济发展动力从要素驱动向创新驱动的转换。实现高质量发展核心是贯彻新发展理念，关键是依靠科技和创新。科技和创新要转化为现实的生产力，发展战略性新兴产业是重要的途径。

从世界范围看，经济正处于深度调整期。信息技术、互联网技术、新能源、新材料、生物科技、航空航天等新的技术不断涌现，预示着新的产业出现，甚至新一轮的产业革命即将到来。世界各国纷纷发力，进行战略性新兴产业的布局。美国提出再工业化，德国提出工业 4.0 等。纵观资本主义发展的历史，每一轮产业革命都会带来生产力的跨越式发展，每一次经济危机后经济从复苏到繁荣都是从固定资本大规模的更新开始。由此可见，战略性新兴产业既是带动经济走出低增长的泥潭，也是改变或重塑世界竞争格局的关键产业。发达资本主义国家希望借助战略性新兴产业继续保持领先的竞争优势和主导世界经济体系，而落后的国家也希望通过发展战略性新兴产业实现弯道超车，提升国际竞争力，提高本国在激烈世界市场竞争中的地位。

无论对世界各国还是中国，战略性新兴产业都是极其重要且需要迅速取得突破的关键产业。特别是中国处于社会主义初级阶段，基本经济制度中规定公有制经济为主体，国有经济在国民经济中发挥主导作用。本书正是在这种背景下研究国有经济在发展战略性新兴产业中的作用。

1.2　研究任务与意义

1.2.1　研究任务

面对新一轮科技革命带来的产业革命，发展战略性新兴产业既是实现经济转方式、调结构和换动力的重要抓手，也是壮大国有经济的重要途径。国有经济作为适应社会化大生产的先进生产关系，社会化大生产代表生产力发展的水平，而最先进的生产力表现为科技含量高的战略性新兴产业，因此国有经济非常适合发展战略性新兴产业。本书主要研究国有经济发展战略性新兴产业的必要性，具体应该发挥什么作用和如何更好地发挥作用。

第一，构建社会主义国有经济发展战略性新兴产业的理论基础，系统分析国有经济在发展战略性新兴产业的作用，为国有经济发展战略性新兴产业提供理论支撑。

一是通过发展战略性新兴产业，发展和壮大国有经济，两者是手段和目的的关系。社会主义初级阶段要坚持“两个毫不动摇”和“两个不能动摇”①，两个不能动摇即公有制主体地位不能动摇和国有经济主导作用不能动摇。国有经济通过发展战略性新兴产业，能显著提高创新能力，既可以实现国有企业发挥功能和提高效率的统一，又能实现国有资本战略布局调整和做强做优做大的统一。

二是国有经济引导和支持私营经济，共同做强做大战略性新兴产业，

① 两个毫不动摇是指，毫不动摇巩固和发展公有制经济，毫不动摇鼓励、支持、引导非公有制经济发展。两个不能动摇是指，公有制主体地位不能动摇，国有经济主导作用不能动摇。参看“立足我国国情和我国发展实践发展当代中国马克思主义政治经济学”，《人民日报》2015 年 11 月 25 日第 1 版。

实现经济的高质量发展。社会主义初级阶段的根本任务是大力发展生产力，战略性新兴产业对于经济增长的拉动和经济质量的提升作用明显。一方面，国有经济通过发展战略性新兴产业起示范和带动作用，提升国有经济对国民经济的控制力，发挥在国民经济中的主导作用。另一方面，支持和引导私营经济发展战略性新兴产业。通过分工、合作有效发挥国有经济在产业链上游、私营经济在产业链下游的各自优势，在协同创新中共同发展战略性新兴产业，实现中国从制造大国向创造大国的转变。

三是国有经济发展战略性新兴产业，提升国际竞争力，助推中国弯道超车。一方面维护国家经济安全和产业安全。高科技领域不仅竞争日益激烈，而且事关国家安全，从统筹安全和发展的战略高度，国有经济发展战略性新兴产业责无旁贷。另一方面，资本主义国家通过高科技垄断权，实现高利润甚至超额垄断利润。而国有经济打破高科技的国际垄断，能显著降低价格，有利于维护中国消费者的利益和降低私营企业的生产成本。

第二，为更好地发挥国有经济在战略性新兴产业中的作用，提供具体的政策建议。

更好地发挥国有经济在战略性新兴产业中的作用，需要提出切实有效的政策建议。具体的政策建议包括：一是健全制度保障方面，通过体制机制创新、出台政策法规提供支持；二是政府支持体系方面，提供政府引导、产业政策、财税政策、金融政策以及人才和市场政策等支持；三是国有资本方面，通过投资、收购、兼并和混合所有制等方式推动战略性新兴产业的发展；四是国有企业方面，通过科技自主创新、内部的制度创新、加强党的领导等，充分调动研发人员和工人的积极性、创造性。

1.2.2 研究的意义

战略性新兴产业是科技创新的主战场，既关系到未来经济新的增长点，更关系到中国经济实现高质量发展，因而极其关键和重要。

理论意义在于，坚持和创新国有经济理论，系统论述国有经济为什么要发展战略性新兴产业，国有经济在其中应该发挥哪些作用和如何更好地发挥作用，为国有经济发展战略性新兴产业提供理论支持。

实践意义在于，战略性新兴产业属于国有经济迫切需要进入和发展的行业，是摆在国有经济面前需要解决的现实问题。第一，新一轮的科技革命带来新的产业革命，将会带动生产力的跨越式发展。国有经济需要抓住战略性新兴产业的发展机遇，适应社会化大生产，解放和促进生产力发展，同时能够更好地实现科技进步和经济发展的成果为全体人民所共享，进一步体现出社会主义制度的优越性。第二，国有经济在战略性新兴产业中积极发挥示范和带动作用，通过分工、协作等方式支持和引导私营经济，一方面共同做强做大做优战略性新兴产业，实现中国经济的高质量发展；另一方面通过战略性新兴产业的共同发展，更好地践行两个毫不动摇，不断巩固社会主义初级阶段基本经济制度。第三，根据国有经济在战略性新兴产业中的目前现状和存在的优劣势，为国有经济在战略性新兴产业中发挥作用提供切实可行的、具体的可操作性政策建议。

1.3　研究对象界定

1.3.1　国有经济

国有经济的概念界定和内容。《中华人民共和国宪法》第七条规定："国有经济，即社会主义全民所有制，是国民经济的主导力量。国家保障国有经济的巩固和发展。"① 国有资产一般分为经营类资产和非经营类资产两大类，其中经营类资产的部分称为国有经济，国有经济以实物形式存在的称为国有企业（简称国企），以货币或资本形式存在的称为国有资本（简称国资）。国有企业分为国有全资和国有控股的企业，国有资本包括国

① 《中华人民共和国宪法》，中国民主法制出版社2004年版，第64、第65页。

有企业和股份制企业中的国有股份。国有企业按国有资产管理的权限分为中央企业和地方国有企业。本书所研究的国有经济是指用于经营类的国有企业和国有资本。

1.3.2 战略性新兴产业

战略性新兴产业的概念界定和内容。国务院2010年在《关于加快培育和发展战略性新兴产业的决定》中指出，战略性新兴产业是以重大技术和重大发展需求为基础，对经济社会全局和长远发展具有重大引领带动作用，即知识技术密集、物质资源消耗少、成本潜力大、综合效益好的产业，提出节能环保、新一代信息技术、生物、高端装备制造、新能源、新材料和新能源汽车七大具体战略性新兴产业。2021年国家“十四五”规划纲要对战略性新兴产业的范围做了新的调整和界定，包括新一代信息技术、生物技术、新能源、新材料、高端装备、新能源汽车、绿色环保以及航空航天、海洋装备等。①

战略性新兴产业具有三个特征：一是战略性。战略产业既事关国家安全和国家整体利益，又是对国民经济发展起主导作用、支柱作用和基础作用的关键行业。二是新兴性。新的科学技术应用于商业，会催生出新的产品、技术和新业态等新产业，具有广阔的市场前景。三是产业性。高新技术既能形成一系列新的产业，同时又能带动传统产业的转型升级。对于形成新的经济增长点，提高经济发展的质量和显著提升国际竞争力起到极其重要的作用。

① “中华人民共和国国民经济和社会发展第十四个五年规划和2035年远景目标纲要”，《人民日报》2021年3月13日第1版。

1.4 研究方法

1.4.1 唯物辩证法

在坚持马克思主义政治经济学的基础上，不断创新和发展中国特色社会主义政治经济学，创新和发展社会主义公有制理论，丰富社会主义国有经济理论。把握经济制度与经济发展的辩证关系，经济发展是制度优越性的表现，制度通过经济发展不断巩固和完善。社会主义初级阶段基本经济制度中，国有经济和私营经济不是相互对立和排斥而是辩证统一和共同发展的关系，根据各自优势通过分工、合作共同做强做优做大战略性新兴产业，践行两个毫不动摇。

1.4.2 归纳和演绎法

从抽象到具体，坚持和创新马克思主义政治经济学和中国特色社会主义政治经济学的社会主义国有经济理论，用于指导国有经济发展战略性新兴产业的实践。由具体到抽象，对改革开放以来国有企业改革和战略性新兴产业实践的经验和教训进行总结，上升为系统化的国有经济发展战略性新兴产业理论。

1.4.3 理论联系实际的方法

理论源自于实践，必须与实践相结合。在战略性新兴产业中，需要从实践中总结经验并上升为理论，用更加系统和不断完善的理论更好地指导实践。

1.4.4 问题导向方法

国有经济发展战略性新兴产业属于全新的实践，需要根据国有经济发展战略性新兴产业的现状，在及时总结成功做法和存在的问题的基础上，提出更加科学、合理的可行性路径和政策建议，为国有经济更好地发挥作用服务。

1.4.5 比较、分析和综合的方法

国有经济和具体经济制度相结合，分为资本主义国有经济和社会主义经济，都具有二重性的特点。资本主义国有经济既有为私人垄断资本服务的特殊作用，也有适应社会化大生产和健全市场经济运行的一般作用。如古典经济学理论中国有经济发挥弥补市场失灵和提供公共品等功能，凯恩斯主义理论中国有经济发挥推动经济增长、为私营经济发展补短板等功能。在科学分析社会主义国有经济与资本主义国有经济的性质和功能区别的基础上，抽象出国有经济适应社会化大生产的一般规律，借鉴和积极吸收产业经济学、创新理论、国际竞争理论等相关学科成果，创新、丰富和发展社会主义国有经济理论，构建国有经济发展战略性新兴产业理论。

1.4.6 定性和定量研究方法

运用定性分析法，对国有经济发展战略性新兴产业的必要性和具体作用做出系统阐述。采用定量分析法，对国有经济在具体战略性新兴产业中的数据指标进行分析，确定国有经济发展战略性新兴产业的现状、优劣势以及采取的策略。

此外，本书还采用了文献法和案例法，对理论和政策建议进行必要的补充和完善。

1.5 研究框架与主要内容

第1章，绪论部分。阐述国有经济发展战略性新兴产业的研究背景、任务和意义，介绍研究对象和研究方法，说明本书研究的创新性和不足。

第2章，文献综述。梳理并评述国有经济发展战略性新兴产业的前期研究成果。在国有经济要不要和如何发展战略性新兴产业的理论上，马克思主义经济学和西方经济学特别是新自由主义经济学有不同的认识，通过对各学者的理论观点分析、比较、梳理和必要的评述，为研究国有经济在战略性新兴产业中的作用做理论准备。

第3章，国有经济发展战略性新兴产业的理论基础。从社会主义经济制度的角度论述了发展和壮大国有经济的必要性，科技革命的背景下国有经济发展战略性新兴产业的必然性。提出构建国有经济发展战略性新兴产业的理论基础，具体有：马克思主义公有制经济理论，国有经济职能理论，政府更好地发挥作用理论，产业结构调整和升级理论，国家创新体系和国际竞争理论。

第4章，国有经济在发展战略性新兴产业中的具体作用。系统梳理并阐述国有经济在发展战略性新兴产业的各种作用。在微观企业层面，国有企业发展战略性新兴产业能够实现服从国家战略的功能和提高效率的统一；在中观产业层面，国有经济发展战略性新兴产业实现产业布局优化和结构调整，提高国有经济的质量和市场竞争力；在宏观国家层面，国有经济在战略性新兴产业中起示范和带动作用，支持和引导私营企业共同发展战略性新兴产业，实现经济的高质量发展和建设创新型国家；在国际竞争层面，国有经济发展战略性新兴产业占据新的技术、产业的制高点，提升国际竞争力，有利于保障国家经济和产业安全，维护人民利益和降低私营经济的成本。

第5章，国有经济在战略性新兴产业中发挥作用面临的现状和策略选择。根据国有经济在发展战略性新兴产业的现状，分析对国有经济发挥作用的促进和阻碍因素。根据国有经济的资本、技术、市场的优劣势，确定发展战略性新兴产业的原则、策略和具体路径。

第6章，国有经济在战略性新兴产业中如何更好发挥作用的政策建议。国家层面，健全体制机制和法律法规的制度保障；政策层面，政府完善财税、产业、人才、创新等政策支持体系，充分发挥地方政府作用；国有资本层面，完善国有资产管理体制，通过央企重组、兼并收购和合作等方面优化国资布局；国有企业层面，通过自主创新、加强党的领导、依靠全体职工、完善内部创新机制，提高国有企业的创新能力，推进科技成果的转化等。

1.6 研究创新和不足之处

1.6.1 研究的创新之处

国有经济理论是中国特色社会主义政治经济学的重要内容，侧重于制度分析，而战略性新兴产业属于经济发展的具体内容，偏重从产业经济学、创新理论、国际竞争力等角度研究。国有经济和战略性新兴产业大多数是分开专门研究，两者结合研究的相对较少。本书的创新之处是把中国特色社会主义政治经济学的国有经济理论和战略性新兴产业结合起来做专题研究，系统论述国有经济在战略性新兴产业中的作用，并提出如何更好地发挥作用的政策建议。

第一，把战略性新兴产业置于政治经济学发展生产力的框架中进行研究。生产力是中国特色社会主义政治经济学的重要研究对象，本书通过研究国有经济发展战略性新兴产业的必要性和具体作用，丰富了中国特色社会主义政治经济学的生产力理论。

第二，坚持和创新马克思主义公有制理论，丰富了中国特色社会主义国有经济理论。把国有经济发展战略性新兴产业放在马克思主义政治经济学的框架里做研究，一方面，学术界对战略性新兴产业的研究，通常从国家战略讲的多，但对国有企业的作用讲的较少，甚至突出强调私营经济的作用和否定国有经济的作用。另一方面，很多学者以西方资本主义国有经济为参照模板来研究社会主义国有经济，否定国有经济存在制度区别。不同经济制度下国有经济的地位、作用是不同的，存在特殊性。我们需要从资本主义国有经济中抽象出国有经济的一般特点，对社会主义国有经济的发展提供借鉴，但不能把资本主义国有经济的特殊规律直接当作国有经济的一般规律，进而作为社会主义国有经济的特殊规律，对社会主义国有经济改革作指导。

第三，将社会主义国有经济作为先进生产力的代表，突出国有经济在战略性新兴产业中的地位及其重要作用。从政治经济学的角度来看，公有制是适应社会化大生产的必然结果，能够解放和促进生产力的发展，因而国有经济是先进生产力的代表。在实践中，现在国际市场上具有国际竞争力的产品如高铁、航空、5G等，基本上都是出自国有企业特别是央企。社会主义国有经济作为先进生产力的代表，就是要占领未来科技和产业的制高点，发挥技术、资本、产业链等优势，积极发展战略性新兴产业，增强对国民经济的控制力。而从西方经济学的角度看，国有企业的功能只局限于弥补市场失灵，提供福利和公共品，为私人垄断资本更好地服务。学术界对私营企业发展战略性新兴产业的优势或优点讲的多，但缺陷或缺点讲的少，对国有企业发挥不可替代的中坚作用就讲的更少。新自由主义经济学更是用低效率、创新能力弱等证明国有企业落后，甚至用拖累中国经济全盘否定国有企业。本书通过研究国有经济在战略性新兴产业中的具体作用，用事实驳斥新自由主义的错误观点。

第四，把社会主义国有经济作为先进生产关系和先进生产力统一的载体，研究国有经济发展战略性新兴产业对完善社会主义生产关系的重要作用。马克思在《资本论》中强调资本主义生产关系下机器和机器的资本主义使用的矛盾，科技进步对工人带来的失业压力、降低工资和提高劳动强度等影响。新一轮的科技革命和产业革命下，机器人代替工人是科技节约劳动的必然结果，国有经济发展战略性新兴产业能够实现科技和科技的社会主义使用，创造和谐的劳资关系，发挥科技造福人类和科技以人为本的作用。同时，对私营经济的科技资本主义使用带来的日益紧张和对立的劳资关系如“996”等问题进行一定程度的制约。

第五，阐述国有企业和私营企业通过合理分工与合作，共同做强做优做大战略性新兴产业。在发展战略性新兴产业中，一些学者把国有企业和私营企业看作对立和相互排斥的关系，而不是辩证统一和共同发展的关系。本书在坚持“两个毫不动摇”、不能动摇的前提下，强调国有企业和私营企业在战略性新兴产业中，发挥国有经济利用技术、资本、产业链上游的优势与私营经济贴近市场、产业链下游的优势进行合理分工和合作。

第六，总结经验上升为系统化学说，丰富和发展国有经济理论。本书对国有经济在战略性新兴产业的具体作用做出经验总结，按照从微观到中观、宏观，再到国际四个层次逻辑上升为系统化理论。具体从国有企业作为创新和产业的微观载体，上升到国有资本通过调整优化实现产业布局合理和结构升级，再到国有经济对实现国民经济高质量发展和对私营经济的支持作用，最后到国际层面上发挥提升国际竞争力和维护国家经济安全的作用。

第七，把当代资本主义的全球化置于马克思“六册结构”的世界市场理论中分析。当今世界全球化是资本主义主导的世界市场，是资本主义进入国际垄断阶段的产物。很多学者只看到全球化中的合作而没有看到对立，只看到发展而忽视安全，讲比较优势的多而讲陷阱的少。本书从社会主义国家参与和融入资本主义主导的世界市场体系的角度，论述国有经济在保护国家经济安全和提高国际竞争力的中坚作用。

1.6.2 研究的不足之处

第一，定量的指标分析不足。本书侧重于从定性方面构建国有经济发展战略性新兴产业理论，结合当前国有经济的数据进行问题分析，对国有经济在战略性新兴产业中的具体作用、进入路径等进行了系统阐述。但由于战略性新兴产业中国有经济的统计数据并不完备，客观上限制了各行业的具体指标细化和国有经济的具体目标设定，无法做到完全量化比较。

第二，对该研究领域一些具体问题的论述仍不太充分。

一是对地方国有经济没有进行具体分析。本书就国有经济的作用进行了总体分析，但地方国有经济发展战略性新兴产业对于地方经济的转变发展方式、调整经济结构和转换增长动力同样具有重要作用，需要因地制宜、因企制宜，结合地方经济的所有制结构、产业、资源等进行具体的战略性新兴产业定位并发挥作用。

二是没有将集体经济纳入分析。公有制分为国有经济和集体经济，国有经济在战略性新兴产业中发挥作用，带动整个国民经济发展，其中也包括集体经济的发展。国有经济和集体经济通过合作形成产业链，既可以快速发展生产力，又有利于巩固公有制经济的主体地位。

三是没有对产业政策从科学决策到合理实施的过程进行重点研究。战略性新兴产业的发展离不开产业政策的支持，产业政策从制订到执行，需要实现决策的科学化、执行过程的程序化、监督公开化和全过程的管理并纳入法治化。

四是没有对国有经济的投资和创新投入的风险控制进行重点研究。战略性新兴产业是高风险、高投入的产业，因而内部决策和实施过程的民主化、科学化管理和风险控制特别重要。

五是没有对创新所必需的资本市场投融资问题进行分析。战略性新兴产业是高投资的产业，创新既需要国家财政支持和企业研发投入，同时也要通过金融和资本市场进行投融资等市场化运作，充分利用社会资本和金融市场来发展战略性新兴产业。

第 2 章

文献综述

2.1　关于国有经济的研究

国有企业改革的争论是学术界研究的重要内容甚至是焦点问题。马克思主义经济学和西方经济学特别是新自由主义争论的核心是国有企业发展壮大还是私有化，实质上就是国有企业和中国经济改革的方向。习近平总书记多次强调道路问题是第一位的问题，明确指出中国特色社会主义不是什么别的主义，而是社会主义。① 国企改革的目的很明确，就是实现公有制和市场经济的有机结合，发展和壮大国有经济，而不是把国有经济越做越小甚至取消国有经济。对国有经济的争论主要集中在以下几个方面。

2.1.1　国有经济在社会主义经济制度中的定位与性质

（1）国有经济与共产党的执政基础有无联系

同国内一些新自由主义学者试图把国有企业同社会主义制度有意割裂的做法相反，国外学者更多的是把国有企业和社会主义紧密联系在一起，从否定意识形态出发来否定国有经济。Cook、Kirkpatrick（1988）② 认为，国有企业是非市场经济国家的标志，是社会主义国家同资本主义国家进行政治意识形态斗争的工具。Boycko、Maxim（1996）③ 认为，国有企业是意识形态的产物，符合统治精英的利益，保留下来仅仅是由于制度惯性。

国内一些学者打着改革的旗号，质疑和否定经济基础决定上层建筑的

① 习近平：“关于坚持和发展中国特色社会主义的几个问题”，《求是》2019年第7期。

② Cook Paul, &Kirkpatrick Colin, Privatisation in Less Developed Countries: An Overview, In Paul Cook & Colin Kirkpatrick (Eds.), Privatisation in Less Developed Countries. Hemel Hempstead: Harvester Wheatsheaf, 1988.

③ Boycko, Maxim, Shleifer, Andrei and Vishny, Robert, A Theory of Privatization. Economic Journal, 1996 (106).

马克思主义基本原理，做理论错解甚至歪曲，认为社会主义性质不取决于国有经济。吴敬琏（1997）① 认为，邓小平同志在论述社会主义本质中并没有谈到国有企业，因此社会主义性质与国有经济比重无关，只要政府能防止两极分化就能保证社会主义性质，并以苏联失去国家政权时国有经济的比重很高做理论依据。中国民（私）营经济研究会保育钧（2009）② 认为，私营企业、民营企业本质是人民经济，是人民群众自己解放自己和创造财富的组织形式。民营企业与国有经济都是共产党执政的基础，他提出需要对民营企业进行重新定性和定位。高尚全（2012、2016）③ 认为，我国的国有经济不是社会主义性质，把国企看作是社会主义性质是把国有企业和社会主义简单等同起来。他引证恩格斯曾批评把德国俾斯麦的国有化看作社会主义，是冒牌的社会主义的观点，借此认为中国的国有经济是冒牌的社会主义，否定国有经济具有社会主义性质。

针对上述错误观点，卫兴华（2012、2016）④ 指出，共产党的根本任务是搞社会主义，目的是实现共同富裕。这既需要有经济制度作保障，还需要有特定的社会机构来掌握和管理公有制经济及其运行，因而公有制经济是共产党执政的基础和手段。他同时对学者的错误观点做出理论澄清，用“苏联垮台时国有经济一统天下”在逻辑上缺乏说服力，是颠倒了因果关系，正是由于国家政权失去对经济基础的保护，俄罗斯才开始了大规模的国企私有化。用恩格斯批评俾斯麦的国有化的原话来否定我国国有经济的社会主义性质属于错引，恩格斯恰恰在这段话里指出资本主义国有经济为什么是资本主义性质而不是社会主义性质的判断标准，资本主义国有经

---

① 吴敬琏：“实现国有经济的战略性改组”，《吴敬琏文集》（中），中央编译出版社 2013 年版，第 609 页。

② “国进民退抑或国退民进：两难选择还是伪命题?”，《第一财经日报》2009 年 12 月 19 日第 A2 版。

③ 高尚全：“改革攻坚，必须‘三个毫不动摇’”，《深圳特区报》2012 年 12 月 16 日第 A1 版；“混合所有制改革不能受片面观念束缚”，《北京日报》2016 年 5 月 30 日第 13 版。

④ 卫兴华：“为什么说公有制是共产党执政的基础?”，《红旗文稿》2012 年第 15 期；“评析当前关于国有经济的混淆认识”，《毛泽东邓小平理论研究》2016 年第 8 期。

济的性质是由雇佣劳动关系决定的。有林（2014）① 认为，社会主义经济制度的基础是公有制经济，国有经济在国民经济中起主导作用。这两点是判断社会主义国家性质的标准。项启源（2013）② 进一步指出，高尚全断章取义引用恩格斯在《反杜林论》中的话，歪曲我国国有经济的社会主义性质，目的是否定社会主义初级阶段的基本经济制度。

（2）关于社会主义国有经济的性质

国有经济虽然在世界各国广泛存在，但在性质上有制度区别。卫兴华（2017）③ 指出，国有经济的性质是由生产资料与劳动力相结合的方式决定的。资本主义国有经济依然是资本与雇佣劳动相结合，属于资本主义性质；而社会主义国有经济是生产资料归全民所有，劳动者是社会和企业的主人，这种新型结合方式决定了国有企业的社会主义性质。我国要搞好国有企业，必须要巩固生产资料与劳动者相结合的社会主义生产方式，真正落实职工的主人翁地位，调动工人的积极性、主动性、创造性。李成瑞（2001）④ 认为，国有企业在社会主义国家和资本主义国家的性质、地位和作用不同。社会主义国有企业是全民所有制，国有经济占支柱地位并在整个社会经济发展中发挥主导作用，服务于全体人民；而资本主义国有企业是私营经济的补充，用于弥补和纠正市场失灵，服务于资产阶级。

2.1.2　国有企业的功能和效率

（1）国有企业的功能

① 有林："近几年用歪曲马克思经典作家的话来否定国有经济的大有人在"，《中华魂》2014年第2期。

② 项启源："如何准确理解中国特色社会主义市场经济？——与高尚全先生商榷"，《马克思主义研究》2013年第5期。

③ 卫兴华："《资本论》依然放射着真理光芒"，《人民日报》2017年7月3日第16版。

④ 李成瑞："对《国有经济成为经济发展的控制性力量》一文的商榷"，《统计研究》2001年第9期。

张宇（2009、2010）[①] 认为，国有经济的主导作用体现在五个方面：维护宏观经济的稳定；调整和优化经济和产业结构；带动经济增长和提高经济质量；保障国家经济安全，维护国家利益；保障社会主义经济制度性质。与私有企业单纯追求利润的单一目标相比，国有企业存在多元化目标，但追求利润与实现社会目标并不矛盾。国有企业需要在经营中盈利，通过实现保值和增值，在市场经济中求得生存和发展，有效承担社会目标。

卫兴华（2012）[②] 认为，社会主义国有经济的功能包括：一是国有经济是公有制经济的重要组成部分，决定社会主义经济制度的性质，是实现社会主义本质的制度保障；二是国有经济在国民经济中发挥主导作用，保障全社会的总体利益；三是国有经济作为宏观调控的重要手段，弥补市场失灵；四是国有经济的科技自主创新保证经济独立自主，提高国际竞争力；五是国有经济是维护社会稳定、保障国家安全的重要力量。

张晨（2013）[③] 将国企的功能分为微观和宏观两个层面。微观功能是指国有企业的自生能力，以利润最大化为目标。宏观功能是指国有经济在国民经济中发挥主导作用，包括：一是国有企业按照基本经济制度的要求，对市场进行引导和调控，实现共同富裕，是政治制度的经济基础；二是为后发国家实现工业化提供保障；三是应对全球化下激烈的国际竞争，维护国家经济安全。

陈霞、杨静、陈亮（2011）[④] 认为，国有企业的功能包括：一是主导经济发展，对经济发展起支撑、引领、辐射和带动作用；二是坚决贯彻宏

① 张宇："论国有经济的主导作用"，《经济学动态》2009 年第 12 期；"当前关于国有经济的若干争议性问题"，《经济学动态》2010 年第 6 期。

② 卫兴华："中国特色社会主义经济制度的理论是非需要澄清——兼谈怎样正确理解邓小平南方谈话中关于'社'与'资'，'公'与'私'的论述"，《政治经济学评论》2012 年第 3 期。

③ 张晨：《以功能评价效率——国有企业定位问题研究》，经济科学出版社 2013 年版，第 60—68 页。

④ 陈霞、杨静、陈亮："多重目标下我国国有企业效率分析"，《中国流通经济》2011 年第 10 期。

观调控政策，维护宏观经济稳定运行；三是保障经济安全和产业安全；四是承担社会责任，调节经济社会的差距，保障就业，保护生态环境，参与社会公益事业；五是参与国际高端竞争，提高配置全球资源的能力和国际竞争力；六是促进技术进步，加快自主创新；七是对私营企业起引导和示范作用。

王鸿（2017）① 认为，社会主义国有企业融制度功能、社会功能和经济功能为一体。从制度功能看，国有企业是社会主义制度的重要物质载体；从社会功能看，国有企业是实现社会主义制度优越性的重要手段；从经济功能看，国有企业是实现经济发展的最重要的依靠力量。

（2）国有企业和私营企业的效率比较

国有经济存在于世界各个国家，关于国有企业的效率是一个长期争论的问题。西方资本主义国家的国有经济的发展规律与西方国家的理论指导和政策变化有直接关系。西方国有经济大体上经历了从第二次世界大战以后以凯恩斯主义经济学为指导的国有化大发展，到20世纪70年代以后以新自由主义为指导的国企私有化的两个过程。国外一些学者对于国有企业的效率做了相对客观公正的研究。Clifton等（2007）② 研究了资本主义国家国有化和私有化的政策变化，认为学者们在国有企业和私有企业的相对优劣对比上，并没有取得共识。斯蒂格里茨（2011）③ 总结了过去15年世界各国的私有化历程，有成功但有失败的事实说明私有化过程被滥用。私有企业本身存在的委托—代理问题比国有企业更为严重，有些私人企业运用垄断手段比政府更擅长，这些因素导致私有化的结果并没有提升总体经

---

① 王鸿："辩证认识国有企业的制度功能、社会功能和经济功能"，《红旗文稿》2017年第10期。

② Clifton, Judith, Francisco Comin, and Daniel Di（′）az－Fu entes（eds.）, Transforming Public Enterprise in Europe and North America. New York, Palgrave Macmillan, 2007.

③ 约瑟夫·E. 斯蒂格利茨："私有化更有效率吗?"，《经济理论与经济管理》2011年第10期。

济效率。Franco Amatori 等（2011）[①] 认为，国有企业的产生是基于国家安全、提高社会福利、工业现代化等原因，不能单用利润作为评价国有企业的标准。提出国有企业改革的方向不是私有化，而是提供好的激励机制。

与西方学者在私有制经济占绝对主体的前提下讨论国有企业的效率所不同，国内学者更多的是在两种不同的改革方向中争论国有企业的效率。国内学者们鼓吹国有企业私有化改革的一个重要理由是国有企业低效率，认为国有企业占用了太多的资源，否定国有企业对经济增长的推动作用，甚至认为国有企业拖累了中国经济增长。一些学者采用各种数据来证明国有企业效率低下。吴敬琏（2011）[②] 认为，近些年国有企业的快速发展带来的国进民退，并不是因为在效率上高于民营企业。姚洋（1998）[③]、刘小玄（2000）[④] 利用第三次工业普查数据对国有企业、集体企业、私营企业和“三资”企业的效率做计量分析，得出国有企业的效率低于其他所有制企业的结果，而且私营企业的效率相比其他所有制经济是最高的，比国有企业的效率要高 57%。吴延兵（2012）[⑤] 提出国有企业存在生产效率和创新效率的双重损失假说，并用 1998—2003 年省级工业行业数据进行计量分析验证这一假说，得出国有企业只有通过私有化才能激励创新的结论。杨记军等（2010）[⑥] 以 2003—2007 年企业数据为依据，分析了通过股权转让能显著提高国有企业的经营业绩，但如果国有企业引入股权后仍保留控制

① Franco Amatori，Robert Millward & Pier Angelo Toninelli，2011，Reappraising State - Owned Enterprise：A Comparison of the UK and Italy，Routledge Talor & Francis Group NewYork London.

② 吴敬琏：“国有经济改革仍然任重道远”，《价格与市场》2011 年第 2 期。

③ 姚洋：“非国有经济成分对我国工业企业技术效率的影响”，《经济研究》1998 年第 12 期。

④ 刘小玄：“中国工业企业的所有制结构对效率差异的影响一年全国工业企业普查数据的实证分析”，《经济研究》2000 年第 2 期。

⑤ 吴延兵：“国有企业双重效率损失研究”，《经济研究》2012 年第 3 期。

⑥ 杨记军、逯东、杨丹：“国有企业的政府控制权转让研究”，《经济研究》2010 年第 2 期。

权则经营业绩不会有明显变化。刘瑞明、石磊（2010）[①] 构建私营企业、国有企业和政府的三部门模型，借用省级非平衡面板数据对国有企业的低效率以及对私营企业和国家经济都是拖累的假设进行计量验证。

对国有企业的效率评价显然同选取的指标有关，李钢（2007）[②] 通过四个指标综合分析国有企业效率，认为国有企业和非国有企业在效率上各有优势。用增加值/净资产和增加值/总资产两个指标，得出国有企业的效率比非国有企业低；而用增加值/销售收入、增加值/销售成本两个指标，得出国有企业的效率又比非国有企业高。因此，国有企业在整体上并不存在低效率。

对国有企业的效率评价同考察的口径也同样有关，国内一些学者研究发现，国有企业无论是宏观或整体效率还是微观效率，均高于私营企业。在宏观效率方面，刘元春（2001）[③] 认为在实现社会经济转型、后赶超战略和逆周期宏观经济管理中，国有企业作为一种制度安排能够很好地承担转型期"宏观经济的稳定者""社会福利和公共品的提供者"的角色，克服市场失灵和政府失灵，实现技术模仿、技术扩散和技术赶超，因而国有企业具有宏观效率。张波、张益锋（2011）[④] 通过实证研究发现，我国国有企业无论整体效率还是经济效率都高于私营企业，社会效率比私营经济高一倍。齐昊、张晨（2015）[⑤] 认为，国有企业不仅在财务效率和技术效率上均高于私企，而且在技术创新、执行法定劳动制度以及对国民经济的稳定和推动等方面都发挥了重要作用。刘伟（2017）[⑥] 认为，社会主义国有企业的特殊性在于，它的首要目的不是市场收益最大化，而是体现以人

---

① 刘瑞明、石磊："国有企业的双重效率损失与经济增长"，《经济研究》2010年第1期。

② 李钢："国有企业效率研究"，《经济管理》2007年第2期。

③ 刘元春："国有企业宏观效率论——理论及其验证"，《中国社会科学》2001年第5期。

④ 张波、张益锋："我国国有企业高效率论"，《马克思主义研究》2011年第5期。

⑤ 齐昊、张晨："国有经济是拖累还是促进了经济增长"，《经济导刊》2015年第6期。

⑥ 刘伟："中国经济改革对社会主义政治经济学根本性难题的突破"，《中国社会科学》2017年第5期。

民为中心和实现长远社会利益。因此，不能简单以微观效率为标准，还应该加上社会标准来衡量国有企业效率。即使用微观效率标准分析国有企业总体效率低，也要具体看进入的是盈利能力本身低的领域，还是因为国有企业的进入导致了市场效率低。

在微观效率方面，吴宣恭（2007）① 指出，国有企业的效率随着改革的不断深入推进得到了明显增强，不仅生产经营效率不断提高，而且价值增值率也在不断上升。张宇（2010）② 认为，国有企业的效率包括经营指标和技术指标，国有企业通过战略布局调整和体制机制创新，不仅经营绩效和发展速度有明显提高，而且科技创新在国际上甚至都处于领先位置。陈霞、杨静、陈亮（2011）③ 通过数据比较证明，国有企业的劳动生产率和自主创新能力都远高于私营企业和外资企业。他们认为，即使衡量国有企业的效率，也不能局限于某些财务指标的对比，还必须结合国有企业的多重目标来一起分析。夏小林（2016）④ 强调基础数据测算的重要性，产能过剩行业和地区、工业亏损企业构成的详细数据均证明私营企业而非国有企业才是僵尸企业大户。

一些学者指出，国有企业效率争论的背后，实际上是不同的改革方向与利益诉求。厦门大学中国特色社会主义研究中心（2016）⑤ 指出，国有企业低效论的最大错误是把社会主义市场经济当作市场经济一般，将利润最大化作为单一指标来评价国有企业效率，将国有企业与市场经济相对立，否定公有制同市场经济的结合。宋方敏（2016）⑥ 认为，一些学者用私有企业的效率标准片面进行实证分析是不全面、不客观的，用经济效益

---

① 吴宣恭："国有经济改革及其主要指导思想"，《理论视野》2007 年第 3 期。

② 张宇："正确认识国有经济在社会主义市场经济中的地位和作用"，《毛泽东邓小平理论研究》2010 年第 1 期。

③ 陈霞、杨静、陈亮："多重目标下我国国有企业效率分析"，《中国流通经济》2011 年第 10 期。

④ 夏小林："国企改革'搞好基础数据测算'很重要"，《经济导刊》2016 年第 8 期。

⑤ 厦门大学中国特色社会主义研究中心："'国企低效论'辨析"，《求是》2016 年第 18 期。

⑥ 宋方敏："国企真的比私企'低效'吗?"，《国企》2016 年第 10 期。

和社会效益来综合考察，国有企业的整体效益比私营企业要高得多。他还从国家战略发展、对国家公共财政贡献、资本投入与产出的综合效益、成本和利润比较四个方面进行分析，认为“国企低效论”思潮卷土重来只是为推动国企私有化制造社会舆论。

2.1.3 国有经济改革的方向和内容

（1）国有企业改革的方向，是发展壮大国有经济还是私有化？

从国有经济在全世界的发展来看，2008 年世界金融危机后新自由主义在西方国家受到质疑和指责，一些资本主义国家的学者和研究机构认为国有化是趋势，甚至主动建议新一轮国有化。联合国在2005 年专门发布了国有企业专题研究报告①，认为国有企业仍是目前未解决的挑战，希望通过对传统国有企业重整，使之成为经济发展和增长的引擎。Aldo Musacchio 和 Francisco Flores – Macias（2009）② 认为，2008—2009 年后国有企业出现回归现象。一方面这是历史上一直存在的政府干预行为的再现，另一方面各种制度、政策环境发生了很大变化，没有理由相信现在的国有企业会和第二次世界大战后建立的国有企业一样低效率。此外，这一轮的国有化具有明显的选择性，不会发生在所有产业，更多的是在能获得社会效益的产业，特别是战略性产业。Franco Amatori 等（2012）③ 认为，2008 年全球金融危机后是全球范围新一轮国有化周期的开始，并认为需要对20 世纪国有企业的作用进行重新评估。

在国内，“发展壮大国有经济”与“国有企业私有化”的两种观点依然争论激烈，具体表现在：

---

① United Nations, Public Enterprises: Unresolved Challenges and New Opportunities. Publication based on the Expert Group Meeting on Re – inventing Public Enterprise and their Management, New York, 2008.

② Aldo Musacchio and Francisco Flores – Macias, The Return of State – Owned Enterprises: Should We be Afraid? Harvard International Review, 2009 (7).

③ Franco Amatori, Robert Millward, Pier Angelo Toninelli, Reappraising State – Owned Enterprise: A Comparison of the UK and Italy. NY: Routledge, 2012.

第一，坚持“两个毫不动摇”，还是“国退民进”或“国进民退”。

有的学者把改革当作“国退民进”的过程，反对国有经济做强做优做大，把国有经济在战略布局调整中出现的有进有退视为单一的“国退民进”，把国有经济战略布局调整与发展壮大国有经济的手段与目的关系搞成对立关系。吴敬琏（2012）① 认为“国有经济的有进有退”和国有企业做强做大是困扰国企改革的难题。他认为国有经济对国民经济的控制力提升和国进民退都是反改革，强调要重启国有企业改革。一些媒体也推波助澜，比如《经济参考报》（2010）② 认为，虽然中国国有企业取得了如此骄人的业绩，但即使国有企业完全能够适应市场经济，也应当走“国退民进”道路，认为国有企业做大完全是一些既得利益者鼓噪的结果。

一些学者完全以西方国家为参照，无视制度和国情的差异，把资本主义国有经济的比重当作社会主义国有经济改革的目标，对国有经济退出国民经济领域甚至划定了具体比例。张维迎（2012）③ 认为，国有企业在GDP中的比重真正降低到10%以下，中国未来才有希望。张文魁（2013）④ 认为，世界上许多市场经济国家的国有企业在GDP中的占比都是在10%以下。要完善社会主义市场经济体制，国有经济的比重就必须降到这样的水平，因此我国要“继续降低国有经济的比重”。

国内许多经济学家对这种照搬照抄西方国家来指导中国国有企业改革的做法予以批驳。对于发展壮大国有经济的必要性，卫兴华（2012）⑤ 认为，社会主义国有经济和资本主义国有经济在性质、地位和作用等方面都有本质的区别，公有制经济为主体决定了社会主义经济制度的性质，私有

---

① 吴敬琏：《直面大转型时代——吴敬琏谈全面深化改革》，生活书店出版社2014年版，第274—275页。

② 杜跃进、陈晓彬：“国企赚钱了，也应坚持‘国退民进’”，《经济参考报》2010年10月12日第1版。

③ 张维迎：“国企占GDP比重应将至10%以下”，2012－12－15，http://news.xinhuanet.com/fortune/2012－12/15/c_114034830.htm? prolongation＝1。

④ 张文魁：“国企需要新一轮改革”，《中国经济报告》2013年第1期。

⑤ 卫兴华：“中国特色社会主义经济制度的理论是非需要澄清”，《政治经济学评论》2012年第3期。

制经济占绝对主体决定了资本主义经济制度的性质。国有经济在资本主义国家中只能是补充，不能用资本主义国有经济的比重做参照来指导社会主义国有经济改革。宋方敏（2017）① 认为，国企改革应以党的十八大以来习近平总书记的国有经济思想为指导，国企改革设计的大方向和大原则要从改革的出发点、底线保证、基本目标和检验标准四个方面来把握。第一，“问题导向”是国企改革的着眼点；第二，“底线思维”是国企改革的风险防范原则，决不能在根本性问题上出现颠覆性错误；第三，“三做四力”是国企改革的总目标，强调国企做强做优做大，增强国有经济的活力、控制力、影响力、抗风险能力；第四，“三个有利于”是国企改革的指导方针，把有利于国有资本保值增值、提高国有经济竞争力和放大国有资本功能作为国有企业改革的检验标准。

对于国有经济的比例调整，张宇（2010）② 认为，近些年的资料和统计数据清楚地表明，我国所有制结构的变化是“民进国退”而不是“国进民退”。改革开放以来国有经济虽然总量不断扩大，但比重一直下降且存在下降的趋势。文一（2018）③ 认为，从2000—2016年国有经济在工业领域的主营业务收入、资产总量、利润总额等数据来看，在整个领域所占的比重大幅下降，“国进民退”根本不符合事实。程恩富、鄢杰（2012）④ 认为，不能忽视制度差异，用西方资本主义国有经济的比重做标准作为调整我国国有经济比重的依据。不要用资本主义国有经济不能与私营企业争利而划分竞争性与非竞争性领域做标准，作为我国国有经济的进与退的依据。刘国光（2013）⑤ 强调，不能把资本主义国有企业私有化当作一般的“国际经验”，作为调整社会主义国有经济比重的标准，来划定国有经济的数量底线。社会主义国有经济存在是为了巩固和完善社会主义经济制度，

---

① 宋方敏：“习近平国有经济思想研究略论”，《政治经济学评论》2017年第1期。

② 张宇：“当前关于国有经济的若干争议性问题”，《经济学动态》2010年第6期。

③ 文一：“如何正确理解国企与民企的关系——纪念中国改革开放四十周年”，《政治经济学季刊》2018年第1卷第2期。

④ 程恩富、鄢杰：“评‘国有经济退出竞争领域’论”，《管理学刊》2012年第3期。

⑤ 刘国光：“再论我国经济体制改革的方向”，《企业家日报》2013年9月14日第W1版。

实现国民经济的持续稳定协调发展。

第二，国有经济是否应该退出竞争性领域，要不要“与民争利”？

有些学者主张国有经济退出竞争性领域。吴敬琏（2011）[①] 认为，党的十五大提出国有经济战略性调整，国有经济要向战略性行业集中，从一般竞争性部门退出，因而他认为只能“国退民进”，只要搞“国进民退”就是改革“开倒车”。周叔莲（1999）[②] 认为，国有经济的功能随着社会主义市场经济体制改革应该转换，发挥弥补市场失灵的作用，因而国有经济应从竞争性领域退出，向非竞争性领域集中。何伟（2000）[③] 认为，国有经济的存在不是为了盈利，而是要发挥保障社会安全和提供社会服务的国家职能，国有经济应该通过“国退民进”，退出营利性的竞争领域，把空间留出来让民营经济来发展。

针对国有经济是“与民争利”，应该退出竞争性领域的观点，有些学者提出反驳。张宇（2010）[④] 指出，实现公有制与市场经济有机结合是建立和完善社会主义市场经济的根本目的，国有企业改革的目的是通过适应市场经济成为独立的竞争主体，在同私营经济的竞争中发展和壮大，发挥国有经济对国民经济的控制力、影响力。国有企业不能在竞争性领域而只能在非竞争领域，同完善社会主义市场经济和深化国有经济改革是背道而驰的。张宇、张晨（2010）[⑤] 强调，将社会主义国有经济的存在依据和作用范围界定为弥补市场失灵，不符合理论和事实，是明显的私有化导向。社会主义国有经济的存在是能够克服生产资料私有制对生产力发展的阻碍，更好地解放和发展生产力。国有经济在整个国民经济中发挥主导作

---

① 吴敬琏：《直面大转型时代——吴敬琏谈全面深化改革》，生活书店出版社 2014 年版，第 105 页。

② 周叔莲：“不要再用计划经济模式要求国有企业改革”，《理论前沿》1999 年第 6 期。

③ 何伟：“学习十五届四中全会‘决定’的体会”，《长春市委党校学报》2000 年第 2 期。

④ 张宇：“当前关于国有经济的若干争议性问题”，《经济学动态》2010 年第 6 期。

⑤ 张晨、张宇：“‘市场失灵’不是国有经济存在的依据——兼论国有经济在社会主义市场经济中的地位和作用”，《中国人民大学学报》2010 年第 9 期。

用，是由我国的社会主义经济制度和基本国情决定的。卫兴华（2015）[①]指出，国有经济不是“与民争利”，而是“与民谋利”，是为全体人民谋幸福谋利益。国有经济发挥主导作用，不是制约，而是促进和支持私营经济的发展。国有经济为私营经济发展提供了基础设施，承担了不公平的高税负，国有企业科技创新的溢出效应，国有企业退出为私营经济发展腾出市场和资源空间等。

（2）如何搞活国有企业和发展壮大国有经济？

第一，国有企业的产权改革。

有的学者认为国企改革的出路是私有化，依据仍然是所谓的国企产权不清晰。科尔奈（2013）[②]认为，国企的出路有取消特权、硬化预算约束和私有化三种方式。但他认为不要搞国有资本低价甩卖，要按市场价格出售国企股权，建议不要让国有企业扩张投资，而是要让私营经济增长快于国有经济增长。

高鸿业（1995）[③]指出，国有产权是非常明晰的。需要做的是进一步理顺、明确所有者和代理人的产权委托—代理问题，而不是产权归属问题。委托—代理是一般大公司都会出现的，与所有制是私有制还是公有制没有关系。私有制提高效率只能在企业所有者直接做企业的管理者的情况下存在，对于大公司并不适用。他认为竞争是提高国有大中型企业效益的关键，竞争是企业发展的外部压力和动力。

吴树青（2004）[④]指出，公有制经济产权不清晰的论点如果假设成立，那么只有产权最清晰的个体小私有制是最能促进经济发展、最有前途的经济制度。但历史却是个体小私有制被资本主义私有制所摧毁，沦为资本主义经济的附庸。

---

① 卫兴华：“发展和完善中国特色社会主义必须搞好国有企业”，《毛泽东邓小平理论研究》2015年第3期。

② Janos Kornai: Dynamism, Rivalry and Surplus Economy: Two Essays on the Nature of Capitalism. New York: Oxford University Press, USA, 2013.

③ 《搞活国企关键在于竞争》，引自《高鸿业自选集》，中国人民大学出版社2007年版，第633—636页。

④ 余斌：“吴树青的学术历程和经济思想”，《海派经济学》2004年第11辑。

Mohammed Omran (2004)[①] 在《国有企业和新私有化企业的表现：私有化真的重要吗?》中，通过埃及54家新私有化的企业绩效变化对比，证据却表明，私有化的公司没有表现出显著的改善它们的表现。结论是：在竞争环境下，所有制并不是企业绩效改变的关键。

陆军荣 (2014)[②] 认为，单纯用产权清晰与否作为标准，无法解释国有企业在所有国家长期和普遍存在的现象。单从产权的角度来认识国有企业，存在局限：产权不是唯一决定企业效率的因素；衡量企业效率的指标选择不同，结果也会不同；公司治理的好坏并不完全取决于公司所有权的类型，完善国有企业的公司治理可以成为除私有化外的国企改革路线。

第二，混合所有制改革。

有的学者把发展混合所有制等同于私有化。张文魁 (2014)[③] 认为，发展混合所有制就是将国企民营化。他主张中小型国企通过整体出售，大型和特大型国企通过混合所有制改革实现渐进式的民营化。冯兴元(2014)[④] 主张，混合所有制改革目的是国有资本至少要退出国有控股，凡是民企能做的领域就无需国企存在。

一些学者对借混合所有制改革贩卖私有化的观点提出批评。周新城(2014)[⑤] 认为，应该把发展社会主义公有制控股的混合所有制经济，当作基本经济制度的实现形式，而不是颠覆基本经济制度的途径。季晓南(2014)[⑥] 认为，发展混合所有制的目的是更好地坚持和完善，而不是削弱基本经济制度。朱继东 (2014)[⑦] 认为，发展混合所有制不是搞国有企业

---

① Mohammed Omran. *The Performance of State – Owned Enterprises and Newly Privatized Firms: Does Privatization Really Matter?* World Development Vol. 32, No. 6, pp. 1019 – 1041.

② 陆军荣：《国有企业的产业经济学分析》，上海人民出版社2014年版，第4页。

③ 张文魁："混合所有制浪潮下的改革路"，《新经济导刊》2014年第10期。

④ 冯兴元："混合所有制要大胆闯"，《中国改革》2014年第4期。

⑤ 周新城："关于巩固和完善基本经济制度的若干问题——兼论如何正确认识'发展混合所有制经济'"，《学习论坛》2014年第8期。

⑥ 季晓南："积极推进混合所有制经济的发展"，《人民日报》2014年11月18日第7版。

⑦ 朱继东："国企改革的红线、底线和方向"，《红旗文稿》2014年第11期。

私有化，而是巩固和加强国有企业的作用，增强国有经济的活力、影响力和控制力。

卫兴华（2015）① 认为，混合所有制是着眼于基本经济制度的实现形式，既是公有制经济也是非公有制经济的重要实现形式，是为了使国有经济和私营经济更好地共同发展，不能用私有化的观点来错解混合所有制改革。他指出，发展混合所有制应是双向混合而不是单向混合。②

王曙光、徐余江（2016）③ 提出混合所有制改革的六大关键：一是不要与股份制混为一谈；二是不能简单等同于私有化；三是要兼顾公平与效率；四是采取因地、因企制宜和循序渐进原则；五是减少国有垄断；六是完善法人治理结构。

郑新立（2016）④ 认为，混合所有制能够实现优势互补和资本积聚，有利于发挥各方面的积极性，实现国有企业和民营企业共赢。有利于增强国有企业活力，打造更具国际竞争力的大企业。深化国有企业改革要坚持：一是国有资产管理体制的改革；二是建立和完善以股份制为基础的现代企业制度；三是坚持党对国有企业的领导和加强国有企业党的建设。

第三，国有企业分类改革。

杨瑞龙（1995）⑤ 最早探讨了在国家拥有剩余索取权的条件下股份制改革存在的缺陷，主张对国有企业分类改革。具体内容：社会公共品类企业，宜保持国有制，采取国有国营；涉及基础工业和基础设施的垄断性企业，应采取国有国控方式；对竞争类企业，应按照法人制改造为以盈利为目的的现代企业制度。

---

① 卫兴华："怎样认识混合所有制经济——兼评'国退民进'论"，《人民论坛》2015年第9期。

② 卫兴华："发展混合所有制经济的新视角"，《人民日报》2015年7月27日第7版。

③ 王曙光、徐余江："混合所有制经济与深化国有企业改革"，《新视野》2016年第3期。

④ 郑新立："走出认识误区深化国企改革"，《人民日报》2016年10月31日第7版。

⑤ 杨瑞龙："国有企业股份制改造的理论思考"，《经济研究》1995年第2期。

徐传谌、翟绪权（2016）① 指出，不同类型的国有企业有各自鲜明的特点，改革不宜采取“一刀切”的制度，通过分类改革可以提升社会主义生产效率。他们提出，一是按照不同功能采取精准细化分类，充分发挥不同类型国有企业的具体功能；二是组建国有资本投资、运营公司，对监管机构的职能进行准确定位，完善各类国有企业的公司治理结构。

第四，搞好国有经济的具体方法。

张宇（2010）② 强调，搞好整个国有经济必须把国有企业的战略调整与制度创新结合起来。在市场主体上，国有企业通过制度创新，将股份制作为公有制的主要实现形式，建立适应市场经济要求的新型国有资产管理制度和企业经营管理体制。在经营方向上，调整国有经济的布局，把重点放到一些重要行业、关键领域和重点企业。

卫兴华（2015）③ 指出，国有企业并不是归国家所有就必然具有社会主义性质。只有国有企业的职工当家做主，国有企业的发展成果惠及全体人民才能显示出社会主义性质。这就要求：第一，国有企业的管理人员要廉洁奉公，以权谋公而不是谋私；第二，职工真正成为国有企业的主人，落实国有企业的经营自主权；第三，国有企业发展的成果要惠及全体人民。

肖亚庆（2016）④ 提出，一是要深化国有企业改革，要以市场化改革为方向，建立现代企业制度为关键，充分调动人的积极性为核心，增强活力和提高效率。二是推进国有企业的供给侧结构性改革，以科技创新为动力，加快布局结构调整，推进“瘦身健体”、提质增效，提升国际化经营水平。三是加强国有企业党的领导。利用党的领导的制度优势，加强党组织在国有企业中的建设，开展党风廉政建设和反腐败工作，充分发挥党在

① 徐传谌、翟绪权：“国有企业分类视角下中国国有资产管理体制改革研究”，《理论学刊》2016 年第 5 期。

② 张宇：“当前关于国有经济的若干争议性问题”，《经济学动态》2010 年第 6 期。

③ 卫兴华：“发展和完善中国特色社会主义必须搞好国有企业”，《毛泽东邓小平理论研究》2015 年第 3 期。

④ 肖亚庆：“牢牢把握国有企业改革发展目标”，《人民日报》2016 年 10 月 10 日第 15 版。

国有企业中的领导核心作用。

（3）对于国有企业改革的总体评价

有的学者对于国有企业改革取得的成就并不认同。如吴敬琏（2012）[①]认为，国有经济对国民经济的控制力提升，出现的“国进民退”现象，这是反改革，需要重启国有企业改革。

有的学者对于国有企业的改革给予认同。厉以宁（2013）[②]认为，国有企业改革取得了很大成绩。第一，国有企业通过股份制改革成为独立的市场主体，平等地参与市场竞争，已经同市场经济初步相适应并获得了很大的发展；第二，国有企业通过战略性调整实现了结构优化和效率提升，对经济发展的推动作用比较明显；第三，国有企业作为行业的骨干企业，在国民经济的关键领域和维护国家经济安全方面都发挥着重要作用。

2.1.4 对国有经济的评述

学术界关于国有企业改革，主要有两种截然不同的观点：一种是基于西方经济学的观点。有些学者将国有企业当作任何社会经济制度都存在的一般现象，承认国有企业有存在的必要性，但要降低国有经济在国民经济中的比重，减少对国民经济的干预和影响。他们主张国有经济要为私人垄断资本服务，为私营经济腾出发展空间和让出利润，不要“与民争利”。这种观点实质是把资本主义国有经济的特殊规律当作国有经济的一般规律。虽然有些学者结合中国国有经济的特殊情况进行具体分析，研究国有企业存在的理由和在经济中发挥的作用，但总体上，对国有经济功能的理解只是局限于西方经济学理论。国有经济功能主要是古典经济学强调弥补市场失灵，福利经济学强调提供公共品和服务，和凯恩斯主义经济学突出在反危机或逆周期调节中的作用。另一种是马克思主义政治经济学的观

① 吴敬琏：《直面大转型时代——吴敬琏谈全面深化改革》，三联书店出版社2014年版，第274—275页。

② “国退民进、国进民退都不是政策的目标”，《中国经营报》2013年11月25日第A2版。

点。学者们认为国有经济存在和发展壮大的必然性在于，国有经济是适应社会化大生产要求的产物，不仅能解放和促进生产力的发展，而且对社会主义经济制度的性质起决定性作用。

对于如何理解、创新、发展并完善中国特色社会主义国有经济理论，需要把握以下三个方面：

第一，从基本经济制度层面上，对公有制的性质和国有经济的定位要有清楚和深刻的认识。经济基础决定上层建筑。国有经济不仅决定社会主义经济制度的性质，而且是共产党的执政基础，实现共同富裕的制度保障和物质基础。这就决定了社会主义初级阶段，要坚持公有制经济的主体地位和发展壮大国有经济。

第二，在性质上，社会主义国有经济和资本主义国有经济具有本质的区别。虽然国有经济广泛存在于世界各国，具有一些共同特征，但资本主义国有经济的性质取决于其本质特征而不是表现形式。恩格斯在《反杜林论》中指出，资本主义国有经济扮演着总资本家的角色，国有经济仍然是资本主义性质是由雇佣劳动关系的本质所决定。资本主义国有经济无论继续国有化还是私有化，本质上都是服从并服务于私人垄断资产阶级根本利益的需要。特别要指出，凯恩斯主义下的大规模国有化，既是出于资本主义反危机的需要，是扩大有效需求管理的重要手段，也是资本主义国家垄断阶段下资本社会化发展的必然产物。中国社会主义经济制度的性质则是由公有制经济基础决定的。公有制经济在国家存在的前提下以国有经济形式出现，是资本社会化的更高级形式。国有经济之所以是社会主义性质，是因为国有经济内部不是雇佣劳动关系，而是生产资料和劳动者的新型结合方式。社会主义国有企业的功能，是维护社会经济发展的总体利益，为全体人民的根本利益服务。

第三，合理借鉴西方经济学的国有经济理论。首先，资本主义国有经济既有服从和服务私人垄断资本利益的特殊规律，也有适应社会化大生产和市场经济发展的一般规律，因此要分析和总结国有企业的一般功能，为我国更好地发挥国有经济作用服务。其次，防止用西方经济学特别是新自由主义解读中国的国有企业改革。一些学者把资本主义国有经济的特殊规律作为国有经济的一般规律，用资本主义国有经济存在的原因、地位以及现状和趋势来解释和指导社会主义国有企业改革，这不仅在理论认识上是错误的，而且同党中央一直强调的国有企业改革目的是实现公有制和市场经济的有机结合，发展和壮大国有经济，完全是背道而驰的。

2.2 关于国有经济发展战略性新兴产业的研究

国有经济要不要发展战略性新兴产业在国内学术界存在两种截然不同的观点。其中一种是采用西方经济学特别是新自由主义的观点，核心是强调小政府、大市场。认为凡是市场能做的，政府不要进入和采用产业政策干预，凡是私营经济能做的，国有经济就要退出。主张国有经济进入的领域仅限于弥补市场失灵，提供公共品和社会福利，国有经济应该退出竞争性领域，不应该“与民争利”。因而国有企业不应进入或少进入战略性新兴产业领域。马克思主义政治经济学则认为，国有经济在整个国民经济中起主导作用，必然要求国有经济发展战略性新兴产业。对国有经济发展战略性新兴产业的研究主要集中在以下几个方面：

2.2.1 战略性新兴产业的作用、问题和路径

（1）战略性新兴产业的必要性、作用

对于发展战略性新兴产业的必要性，欧阳峣（2010）[①] 认为，发展战略性新兴产业之所以非常必要，一是高新技术产业代表了新科技革命，具有广阔前景；二是处于国际价值链的高端，有较高的经济效益；三是发展绿色环保和低碳产业，符合环境友好的世界潮流。朱瑞博（2010）[②] 从技

① 欧阳峣：“大国的抉择：培育战略性新兴产业”，《光明日报》2010 年 8 月 6 日第 11 版。
② 朱瑞博：“中国战略性新兴产业培育及其政策取向”，《改革》2010 年第 3 期。

术经济角度认为，世界第五次科技革命正由导入期向拓展期转变，从当前的经济环境和国际竞争态势来看，我国应该加快培育和发展战略性新兴产业，不仅可以应对 2008 年国际金融危机后世界经济衰退对中国的不利影响，而且可以带动中国经济新一轮的高增长。

对于发展战略性新兴产业的作用，王忠宏（2010）①、林伯强（2010）②认为，战略性新兴产业的作用包括：实现可持续发展、扩大就业；增强自主创新能力、抢占科技制高点；实现内生增长，提高生产力水平。李赶顺（2011）③ 认为，战略性新兴产业的主要功能包括四个方面：调结构、促转型；优化产业布局；拉动经济增长；实现扩大就业。

（2）战略性新兴产业如何遴选和面临的问题

对于如何遴选具体的战略性新兴产业方面，高友才（2010）④ 提出战略性新兴产业要挑选具有较强的产业创新力、引领力、持续力、聚集力、碳减力的行业；刘洪昌（2011）⑤ 认为，选择战略性新兴产业应遵循国家意志原则、市场需求原则、技术创新原则、产业关联原则、就业吸纳能力原则和可持续发展原则。王新新（2011）⑥ 提出战略性新兴产业选择的八个原则：国家意志原则、赶超战略原则、市场需求原则、科技创新原则、产业关联原则、聚集人才原则、资源环境原则和国际视野原则。李健（2010）⑦ 认为，遴选战略性新兴产业要依据战略性、带动性和先导性三个标准，提出要统筹协调好产业规划与科技规划、政府调控与市场调节、自主创新与技术引进、中央政府与地方政府四方面关系。李朴民（2010）⑧

① 王忠宏：“发展战略性新兴产业推进产业结构调整”，《中国发展观察》2010 年第 1 期。

② 林伯强：“发展战略性新兴产业助推我国低碳经济转型”，《科技成果纵横》2010 年第 1 期。

③ 李赶顺：“河北省战略性新兴产业的培育与发展创新研究”，《河北学刊》2011 年第 3 期。

④ 高友才：“我国战略性新兴产业的选择与发展对策”，《经济管理》2010 年第 11 期。

⑤ 刘洪昌：“中国战略性新兴产业的选择原则及培育政策取向研究”，《科学学与科学技术管理》2011 年第 3 期。

⑥ 王新新：“战略性新兴产业的培育与发展策略选择”，《前沿》2011 年第 7 期。

⑦ 李健：“大力培育战略性新兴产业”，《中国科技产业》2010 年第 4 期。

⑧ 李朴民：“如何培育战略性新兴产业”，《科学技术产业》2010 年第 7 期。

认为，选择战略性新兴产业要充分考虑已有的产业结构特点，选择本国最有经济基础、最具优势和能率先突破的产业，防止一哄而上导致资源浪费。

在选用定量指标研究帮助选择战略性新兴产业方面，贺正楚等（2011）① 从产业的全局性、先导型、关联性以及动态性角度，提出 13 个产业选择指标。张春玲等（2013）② 从产业发展、产业关联性及产业环境三个方面，提出低碳经济背景下新兴产业选择的评价指标。

关于发展战略性新兴产业所面临的问题方面，房汉廷（2010）③ 认为，发展战略性新兴产业面临的问题包括市场、战略、政治、比较优势、资金、载体等方面。童海华（2010）④ 认为问题包括：战略性新兴产业政策的落实、扩大研发投入、解决产能过剩以及相关配套改革。蔡兵（2010）⑤ 指出我国和国际上发展战略性新兴产业的差距。发达国家在开始阶段一般采用政府推动，在发展阶段主要靠市场发挥力量，而我国更多的是依靠政府推动和扶持。

（3）发展战略性新兴产业的政府作用和路径

关于政府在战略性新兴产业中应发挥的作用方面，钟清流（2010）⑥ 认为，政府应优先考虑激活创新动力、掌握核心技术和创造发展条件，而不是投资。政府应充当组织引导者而非主攻手的角色，重点是在提供外部条件上发挥作用，包括：机制设计；激活创新主体、创新动力和创新能力；创造规范的市场；良好的政策导向等。万军（2010）⑦ 认为，高科技

① 贺正楚、吴艳：“战略性新兴产业的评价与选择”，《科学学研究》2011 年第 5 期。

② 张春玲、吴红霞等：“低碳经济下区域战略性新兴产业评价与选择”，《生态经济》2013 年第 5 期。

③ 房汉廷：“发展战略性新兴产业要过七道坎”，《中国高新技术产业导报》2010 年 1 月 25 日第 A3 版。

④ 童海华：“期待战略性新兴产业之花新年绽放”，《中国经济导报》2010 年 1 月 2 日第 3 版。

⑤ 蔡兵：“发展战略性新兴产业需关注不确定性”，《金融博览》2010 年第 6 期。

⑥ 钟清流：“为战略性新兴产业创造健康成长的条件”，《中国集体经济》2010 年第 6 期。

⑦ 万军：“战略性新兴产业发展中政府的定位——日本的经验教训及启示”，《科技成果纵横》2010 年第 1 期。

和新兴产业具有不确定性的特点，政府主导新兴产业的做法不可取。政府作用主要在：创新的制度安排；鼓励企业技术创新；扩大新兴产业的市场需求。薛澜等（2013）[①] 认为，要平衡好政府主导与市场主导两种力量，政府要遵循市场规律，不能过度干预产业的发展。政府主要通过经费支持、政府采购、制定相关法律等途径来引领产业发展。王利政（2011）[②] 认为，政府发挥作用的力度应根据产业发展的不同阶段而不同。战略性新兴产业从起步、成长到成熟阶段，政府的支持力度应逐渐减小。冯飞（2011）[③] 认为，政府作用在于创新体制机制、重构监管制度和放松经济性管制。提出以能源资源效率、环境保护、生产和产品安全为准入条件，加强政府监管。

在培育和发展战略性新兴产业的具体路径方面。张岑晟（2011）[④] 认为要注意五个方面：把技术创新作为主攻方向；把体制机制创新作为重要支撑；把商业模式创新作为强大动力；把加大资金投入作为重要保障；处理好发展战略性新兴产业与改造提升传统产业的关系。吴德进（2011）[⑤] 提出五个“相结合”路径：政府引导与市场调节相结合；自主创新与引进先进技术相结合；整体推进与重点突破相结合；培育新型企业与扶持现有企业发展相结合；发展新兴产业与提升传统产业相结合。狄乾斌、周乐萍（2011）[⑥] 认为，发展战略性新兴产业应依托政府规划，采用集群式发展模式，扩大市场需求，加强产业孵化器功能。王新新（2011）[⑦] 提出战略性新兴产业的具体建议：一是确立产业的发展方向和重点；二是充分发挥企

---

① 薛澜、林泽梁等：“世界战略性新兴产业的发展趋势对我国的启示”，《中国软科学》2013 年第 5 期。

② 王利政：“我国战略性新兴产业发展模式分析”，《中国科技论坛》2011 年第 1 期。

③ 冯飞：“战略性新兴产业须破三大制约”，《人民日报》2011 年 8 月 8 日第 10 版。

④ 张岑晟：“如何培育发展战略性新兴产业”，《经济导刊》2011 年第 6 期。

⑤ 吴德进：“加快福建战略性新兴产业培育与发展探究”，《福建论坛（人文社会科学版）》2011 年第 3 期。

⑥ 狄乾斌、周乐萍：“中国战略性新兴产业培育与发展路径探讨”，《经济与管理》2011 年第 7 期。

⑦ 王新新：“战略性新兴产业发展规律及对策取向研究”，《技术经济与管理研究》2011 年第 9 期。

业的主体作用；三是建立相适应的体制机制；四是完善以市场为导向的产学研相结合的发展模式；五是发挥金融的投融资作用；六是依靠国家重大科技专项的带动作用。凌捷、苏睿（2010）① 提出政府要充分发挥国家高新区的优势，通过创新管理模式和优化制度创新，构建多层次支撑体系，使传统产业与战略性新兴产业协调发展，推动经济的新一轮增长。

2.2.2　国有经济要不要发展战略性新兴产业

（1）支持国有经济发展战略性新兴产业

从提高国有经济对国民经济的控制力角度强调发展战略性新兴产业的必要性。国家统计局课题组（2001）② 提出，国有经济在国民经济中发挥主导作用，要提高调节能力、控制能力和保障能力。具体到战略性新兴产业，调节能力是指通过控制支柱产业和高技术产业中的骨干企业，引导整个国民经济健康、稳定运行；保障能力是指通过控制国防、战略物资生产、高技术领域部门，保障国家安全和经济安全，保障公共事业、公众利益和社会效益的同时追求经济效益。刘江荣（2016）③ 认为，国有企业在产业结构升级中发挥主导作用，国有企业主导高新技术产业化是国有企业演进的必然结果。宋方敏（2017）④ 认为，解决经济新常态下面临的问题，关键在于经济转型升级和供给侧结构性改革。国有企业在结构调整、创新发展、布局优化中要有重大责任担当并发挥带动作用，国有资本的一部分投资向战略性新兴产业集中。

国有经济在经济发展方式转变中的作用突出表现在发展战略性新兴产

---

① 凌捷、苏睿："后金融危机时代高新区战略性新兴产业发展研究"，《改革与战略》2010 年第 6 期。

② 国家统计局课题组："对国有经济控制力的量化分析"，《统计研究》2001 年第 1 期。

③ 刘江荣：《国有企业历史责任——中国高新技术产业发展的主干与主导》，新华出版社 2016 年版，第 5 页。

④ 宋方敏："习近平国有经济思想研究略论"，《政治经济学评论》2017 年第 1 期。

业的必要性。黄群慧（2013）[①] 认为，中央企业在国家创新体系中的定位是重大自主创新生态系统的核心企业。中央企业的功能是取得重大核心技术、前端技术以及战略性新兴产业的先导技术的突破，形成创新辐射源，发挥在调整经济结构、产业转型升级中的带头与引领作用。孙锦、申兵（2014）[②] 认为，国有经济的功能目标要高于效率目标，社会目标要大于经济目标。国有经济的特殊作用体现在：一是发挥对国民经济的发展的带动作用；二是发挥辐射作用，带动私营经济加快产业结构升级。

从国有经济的战略调整角度考察发展战略性新兴产业的必要性，李士梅、张倩（2012）认为[③]，国有经济的战略性调整与战略性新兴产业发展有很大的契合度。发展战略性新兴产业，不仅能提升国有经济对国民经济的影响力和带动力，而且因为战略性新兴产业具有外部性和公共品、风险大等特征，国有经济发挥弥补市场失灵作用，为战略性新兴产业的发展提供技术、资金和市场支持。张军扩、赵昌文（2014）[④] 认为，国有资本的战略布局调整，需要借鉴20世纪90年代国有改革经验，当时从产能严重过剩的纺织、轻工等领域大举退出，集中进入基础设施和重化工业等战略领域，既化解了产能过剩矛盾，又为新一轮经济快速增长和产业结构升级奠定了坚实基础。在供给侧结构性改革中，国有资本要尽快退出产能过剩的行业，进入推动新一轮经济增长和关系国民经济命脉新的战略领域，如高铁、大飞机、核电、军工科技、城市轨道交通等，进一步发挥引领作用。郭克莎[⑤]（2014）认为，国有工业经济调整结构的主要思路是：首先通过加快淘汰国有工业落后产能，盘活国有工业资产，然后投向城乡基础

---

① 黄群慧：“中央企业在国家创新体系中的功能定位研究”，《中国社会科学院研究生院学报》2013年第5期。

② 孙锦、申兵：“国有经济在经济发展方式转变中的作用”，《人民论坛》2014年10月中旬刊。

③ 李士梅、张倩：“国有经济向战略性新兴产业集中的理性思考”，《学习与探索》2012年第7期。

④ 张军扩、赵昌文主编：《当前中国产能过剩问题分析——政策、理论、案例》，清华大学出版社2014年版，第134页。

⑤ 郭克莎：“国有工业调整改革是搞活经济的一个重要突破口”，《财政研究》2014年第10期。

设施建设、重要服务业和战略性新兴产业等领域。通过优化国有资产布局，支持制造业升级，提高中高端产业和产品的附加值，有利于国有资产的保值增值。

从产业的发展角度强调国有经济的特殊作用，桑巴特（Werner Sombart）（1902）[①] 认为，国有企业对于现代产业的形成非常重要。国有企业是因某种特殊需要设立的，在资本主义发展过程中起至关重要和无法忽视的作用，是资本主义工业发展的催化剂。国有经济是政府执行政策和调节经济的重要手段，李石柱（2010）[②] 认为，新兴市场空间大、后发优势强，国家发挥举国体制的优势，能够支持战略性新兴产业的快速发展。金碚（2015）[③] 认为，高铁、大飞机、航空等取得的成功主要取决于研发和投入强度。国有企业具有明确的技术路线创新优势、聚集资源和人才优势、组织优势，可以集中力量实现创新的重大突破。徐波（2017）[④] 指出，政府的财政投入对信息产业的发展起关键作用。统计数据表明，2003 年以来中国信息产业的固定投资中，接近一半是由政府或由政府主导的国有企业完成的。

从私营企业发展战略性新兴产业存在短板角度强调国有经济的作用，刘波（2011）[⑤] 认为，民营企业在战略性新兴产业发展中存在明显短板和弱势。在研发阶段不愿投入足够的力量，在成长阶段没有足够的资金投入和非常强的要素支撑，在产业化阶段过于追求短期利益会导致发展更慢。虽然民营企业在某些特定的产业中能成为主角，但总体上国有企业在战略性新兴产业的发展中占据重要的地位。国有企业大多投资在资金占用大、资源消耗多、技术要求较高的领域，而民营企业主要投资在细分市场或少

---

① ［德］伟·桑伯特：《现代资本主义》（第 1 卷），李季译，商务印书馆 1958 年版。

② 李石柱："把中关村打造成为我国战略性新兴产业的策源地"，《中国高新区》2010 年第 8 期。

③ 金碚："技术创新离不开国企"，《光明日报》2015 年 4 月 1 日第 15 版。

④ 徐波："财政分权对信息化发展的影响：增长激励与制度阻碍"，《财经问题研究》2017 年第 7 期。

⑤ 刘波："新产业新思维——大型国有企业战略性新兴产业转型的格局演变"，《装备制造》2012 年第 2 期。

数核心技术领域，两者在发展和定位上有很大区别。吴维海（2011）① 认为，私营经济的发展离不开国有企业的支持。民营企业在战略性新兴产业中的定位，应立足核心能力，依托大型国有企业，进行业务模式的转型，从事大产业、大产品中的细分产品或技术配套，实现产业链的延伸和资源的优势互补。

从公司的股权结构与创新能力的关系角度强调国有企业的优势。Judge（1992）② 指出，创新活动具有高风险、不可预测和机遇性大等特点，董事会结构要根据创新的需要进行合理调整。董事会规模越大、股权越分散，甚至董事会成员之间存在“搭便车”行为，这导致企业的决策程序复杂而更加缓慢。Boyd（1994）③ 提出，在经济、技术不稳定的环境下，公司组建一个规模较小的董事会，能对面临的不确定性做出快速、高效决策，有利于提高企业的技术创新能力。O’Sullivan（2000）④ 认为，传统的公司治理理论，即股东与利益相关者理论，没有将创新变量纳入系统，因而不能对创新企业的公司治理做出正确的解释。对于战略性新兴产业，孙兆斌（2006）⑤ 认为，国有资本的股权集中有利于国有企业实施创新战略。股权制衡削弱了统一决策权，在战略性新兴产业中股东间的制衡会带来两种效应：一种是多个股东共同参与创新的决策和实施，有利于降低决策失误的风险；一种是企业的多个股东如果均为国有，那么共同的偏好会降低股东间的协调成本，更有利于贯彻和实施国家创新战略。孙早、肖利平

① 吴维海：“发展新兴产业，须完善国企考核避免跟风”，《中国经济导报》2011 年 12 月 20 日第 B2 版。

② Judge w q.，Zenithal CP. Institutional and Strategic Choice Perspectives on Board Involvement in the Strategic Decision Process. Academy of Management Journal，1992，35，(4)：766 –794.

③ Boyd B. K. Board Control and CEO Compensation. Strategic Management Journal，1994，15，(5)：335 –334.

④ O’Sullivan M. The Innovative Enterprise and Corporate Governance [J]. Cambridge Journal of Economics，2000，24，(4)：393 –416.

⑤ 孙兆斌：“股权集中、股权制衡与上市公司的技术效率”，《管理世界》2006 年第 7 期。

(2015)① 以 2010—2012 年战略性新兴产业 A 股上市公司为样本，对企业治理结构与企业研发投入之间的关系进行分析，结果表明：在资本、技术高密集的产业中，企业保持较高的股权集中度对企业研发投入有显著的正面效应，保持一个较小规模的董事会有利于提高企业研发投入。他们提出，在战略性新兴产业中，公司治理结构应与产业特征相匹配，企业股权的集中有利于企业对快速变化的市场做出反应，国有股比重较高的公司治理结构客观上有助于企业创新。

（2）不赞同国有经济发展战略性新兴产业

吴敬琏 (2013)② 认为，政府不应该在“调结构”中起主导作用，起主导作用就是违背市场在资源配置中的基础性作用。他认为政府发挥作用是政府主导的惯性，无论开发产品还是技术路线都是党政领导个人拍板决定的。

张维迎 (2016)③ 认为，人类的认知能力有局限、激励机制的扭曲、新技术创新和新产业的产生无法预测，技术创新和技术进步的来源是企业家精神，而“自由、私有产权和法治”是发挥企业家精神的最基本的制度条件。产业政策必然打压企业家精神和个人权利，会对企业家的投资选择形成误导，并导致不公平竞争。因此，产业政策只会阻碍创新并且注定失败。

李宪建 (2011)④ 认为，市场经济体系不完善的原因在于国有企业的改革没有到位，国有企业在竞争的市场中没有自生能力。在国有企业改革尚未完成之前，国有经济发展战略性新兴产业不仅会增加政策性负担，而且还会阻碍战略性新兴产业的发展。

---

① 孙早、肖利平：“产业特征、公司治理与企业研发投入——来自中国战略性新兴产业 A 股上市公司的经验证据”，《经济管理》2015 年第 8 期。

② 吴敬琏：《直面大转型时代——吴敬琏谈全面深化改革》，生活书店出版社 2014 年版，第 127 页。

③ 张维迎：“从产业政策争论到意识形态的交锋——从‘林张之争’看当下学术舆论环境”，《经济导刊》2017 年第 2 期。

④ 李宪建：“‘十二五’时期战略性新兴产业发展问题思考——以福建省为例”，《经济与社会发展》2011 年第 11 期。

肖兴志、王建林（2011）① 认为，国有企业是否发展战略性新兴产业，主要取决于是否拥有更高的创新效率和更充足的创新动力。他们对1998—2008年15个高技术产业的数据分析后认为，虽然国有企业在研发效率上并不低于非国有企业，但创新动力不足。政府科研经费对非国有企业研发投入的影响显著为正，但对国有企业的研发投入影响却不明显。

程贵孙等（2013）② 通过1998—2010年战略性新兴产业的21个细分行业面板数据分析，认为政府研发经费投入越多对民营企业越有利，但国有企业数量越多挤压了民营企业的发展。他们认为，战略性新兴产业的主体是民营企业，而不是国有企业，提出必须要减少国有企业的比重，在战略性新兴产业中真正做到“国退民进”。

陆军荣（2014）③ 认为，西方资本主义国家的国有化和私有化交替浪潮，是国有企业发展的周期性现象。中国国有企业应随产业变化进行周期性调整，不能像过去计划经济那样进入所有行业，控制所有经济。他认为不能强调国有企业在战略性新兴产业中不可替代作用，主张私营企业或者国有企业私有化同样可以做到。

2.2.3 国有经济如何发展战略性新兴产业

在模式选择上，吴维海（2012）④ 认为，国有企业发展战略性新兴产业可采用两种模式，一种是基于产业链的发展模式。分为三类：从产业链的某个环节切入，进而带动战略转型；从全产业链发力，实现产业链的战略转型；采取产业网络模式，实施跨产业链的战略转型。另一种是基于驱动力的转型模式。分为四类：技术驱动的转型模式，依靠核心技术驱动实

① 肖兴志、王建林（2011）：“谁更适合发展战略性新兴产业——对国有企业与非国有企业研发行为的比较”，《财经问题研究》2011年第10期。

② 程贵孙、朱浩杰、张雍：“民营资本支持战略性新兴产业发展的影响因素研究”，《华东师范大学学报（哲学社会科学版）》2013年第5期。

③ 陆军荣：《国有企业的产业经济学分析》，上海人民出版社2014年版，第3页。

④ 吴维海：“央企转型，势在必行——中央企业发展战略性新兴产业的转型战略研究”，《装备制造》2012年第1期。

现产业转型；人才驱动的转型模式，依靠核心技术人才、高级管理人才和高级资本运营人才驱动；资本驱动的转型模式，通过资本运作实现调产业结构的转型；混合驱动模式，采取以上两种或三种驱动组合的模式。

在具体路径上，时杰（2012）① 提出国有企业发展战略性新兴产业的三种路径。第一种路径是突破核心技术做高端制造。但需要突破三个难关：产品设计研发和品牌建设；制造业成本上升；国外销售渠道已被几大巨头瓜分和垄断。第二种路径是以生产性服务业为切入点带动制造业升级。但面临三个问题：人才瓶颈和品牌关联度不够；目前的服务业容量有限；服务业有较明显的地域限制。第三种路径是做行业标准。国有企业特别是央企需要整合行业的品牌、资本、管理人才资源，做行业的整合者。

李士梅、张倩（2013）② 提出以区域创新能力为重要支撑，引导区域创新资源逐步向战略性新兴产业集中，实现国有企业的合理空间布局，推动当地经济发展。具体途径是：一是打破地方保护，强化顶层设计；二是依托区域创新能力，推动自主创新；三是加大前沿技术和基础研究的投入；四是加强产业研发平台建设，推动战略性新兴产业链的纵深整合。

何自力（2020）③ 提出，中国高质量发展要实现创新发展，必须要抢占新兴产业的先机，加快5G技术、云计算、人工智能等新的基础设施建设，为经济注入新动能。推动“新基建”要充分发挥国有企业的主导作用，同时吸收其他经济成分的积极参与。

洪银兴、桂林（2021）④ 指出，国有资本的资本优势和国有企业的高质量科技人力资本优势，与高科技行业的资金和技术需求相契合。国有经济要根据优势选择进入高科技产业的路径，参与高科技行业的布局及发

---

① 时杰：“整合、创新与新整合——国有企业培育和发展战略性新兴产业的路径选择”，《现代国企研究》2012年第1期。

② 李士梅、张倩：“国有企业公司治理结构变迁、路径依赖与制度创新”，《江汉论坛》2013年第12期。

③ 何自力：“‘新基建’为中国经济注入新动能”，《人民日报》2020年4月1日第5版。

④ 洪银兴、桂林：“公平竞争背景下国有资本做强做优做大路径——马克思资本和市场理论的应用”，《中国工业经济》2021年第1期。

展，有利于国有资本保持高增长并发挥在国民经济中的主导作用。

2.2.4 对国有经济发展战略性新兴产业的评述

支持国有经济发展战略性新兴产业的观点，主要从国有经济提高对国民经济的控制力的要求、对推动经济发展方式转变的作用、国有经济战略布局调整的内在要求、对现代产业发展的重要作用以及私营企业发展战略性新兴产业存在短板等角度，强调国有经济进入战略性新兴产业并发挥作用的必要性。这些观点正确之处在于，强调了国有经济与社会主义经济制度之间的关系，突出国有经济在国民经济中发挥的主导作用。国有经济通过在战略性新兴产业中发挥作用，实现战略调整的同时，能发展和壮大国有经济。

不赞同国有经济发展战略性新兴产业的观点，主要基于国有企业对私营企业的发展形成挤压、违背市场在资源配置中的决定性作用、新技术创新和新产业的产生无法预测、产业政策会扭曲激励机制、国有企业的改革尚未到位、国有企业的创新动力和创新效率低、私营企业能做到就无需国有企业等理由。这些观点的错误之处在于，一是忽视制度的差异和国有经济发挥的作用不同，将资本主义国有企业的特殊规律当作一般规律。二是囿于市场经济等于资本主义私有制的传统观点，将市场在资源配置中起决定性作用和国有企业作为独立的市场主体参与竞争截然对立起来，否定社会主义市场经济的根本目的是实现公有制和市场经济的有机结合。三是仍用国企改革初期的政企不分的旧思维看待国有企业，把政府和国有企业简单画等号，没有与时俱进。实际上国有企业改革首先做的就是政企分开，国有企业作为独立的市场主体同市场经济相适应，同私营企业在市场中通过公平竞争来发展和壮大。四是认为私营企业能发展战略性新兴产业就无需国有企业的观点，既是对坚持两个毫不动摇的否定，又忽视了私营经济在战略性新兴产业中存在的短板。社会主义初级阶段基本经济制度是公有制经济和私有制经济共同发展，而不是相互对立和排斥。市场经济下，各经济主体都有平等参与公平竞争的权利，国有企业没有理由被禁止进入竞争性领域。战略性新兴产业中，国有企业凭借技术、资本、市场优势能获得更好的发展，同时还能发挥补短板的作用，为私营企业发展提供更大的支持和创造更大的发展空间。

学者们对国有经济如何发展战略性新兴产业，从思维转变、模式选择和具体路径等方面做了深入研究，提出了具体的合理建议。这对于进一步研究更好地发挥国有经济在战略性新兴产业中的作用具有重要的参考价值。

2.3　本章小结

本章对国有经济和发展战略性新兴产业的理论进行了梳理和总结。总的来看，一方面，现有的文献大多数是把国有经济和战略性新兴产业分开做专门研究，结合起来研究的相对较少，并且其中有不少是用西方经济学理论来阐释，脱离中国的实际。在新一轮的科技革命和产业革命呼之欲出的大背景下，结合十八大以来党中央全面深化国有企业改革的新思想和新要求，把国有经济和战略性新兴产业结合起来研究，系统阐述国有经济发展战略性新兴产业的必要性和发挥的重要作用，既能为推动战略性新兴产业的发展，实现中国经济的高质量发展，又能为提升国有经济对国民经济的控制力，发展和壮大国有经济服务。另一方面，通过理论梳理可以明显看出在对国有经济的认识、国有企业的改革和国有经济要不要发展战略性新兴产业等问题上，理论界存在着巨大分歧甚至尖锐对立。背后是马克思主义经济学同西方经济学特别是新自由主义经济学的分歧和对立。习近平总书记在哲学社会科学工作座谈会上强调，“坚持以马克思主义为指导，是当代中国哲学社会科学区别于其他哲学社会科学的根本标志，必须旗帜鲜明加以坚持”。[①] 因此，经济学要为中国经济建设服务，必须要坚持马克

① 习近平：“在哲学社会科学工作座谈会上的讲话”，《人民日报》2016 年 5 月 19 日第 2 版。

思主义政治经济学为基础，合理借鉴西方经济学的合理成分，构建、创新并发展中国特色社会主义政治经济学。不能忽视社会经济制度的不同和国情的差异而盲目照搬照抄西方经济学理论来指导中国经济的改革和发展。

国有经济发展战略性新兴产业是国有经济研究的新课题。我们首先要建立一个科学的系统化的理论体系，为国有经济发展战略性新兴产业提供理论支撑。

第 3 章

国有经济发展战略性新兴产业的理论基础

3.1　国有经济是社会主义经济制度的基础

3.1.1　国有经济的性质、地位和作用

（1）公有制经济和社会主义经济制度的性质

马克思的所有制理论是社会主义国有经济的存在和发展的理论依据。马克思在《资本论》中揭示了资本主义社会生产力和生产关系的基本矛盾，即社会化大生产和生产资料私有制之间的矛盾，资本主义私有制无法适应日益高度发展的生产力的要求，对生产力的进一步发展造成阻碍，并通过周期性的经济危机对生产力产生巨大的破坏。在未来的共产主义社会，应建立生产资料公有制，从根本上解决生产力和生产关系的基本矛盾，通过自由人联合体的新的社会生产方式更快速地发展生产力，实现共同富裕和人的自由全面发展。马克思、恩格斯在《共产党宣言》中指出，“无产阶级将利用自己的政治统治，……把一切生产工具集中在国家即组织成为统治阶级的无产阶级手里，并且尽可能快地增加生产力的总量”。①恩格斯在《反杜林论》中同样指出：“无产阶级将取得国家政权，并且首先把生产资料变为国家财产。”②

新中国成立后，中国共产党通过三大改造建立了社会主义经济制度，社会主义生产关系推动了生产力的快速发展，经济和社会发展取得了巨大成就。然而中国的社会主义制度毕竟是建立在落后生产力的基础上，这就需要通过调整生产关系适应生产力的发展阶段和水平，更好地解放和促进生产力。党的十三大确立了社会主义初级阶段的基本国情，提出了以经济

① 《马克思恩格斯文集》（第2卷），人民出版社2009年版，第52页。

② 《马克思恩格斯文集》（第9卷），人民出版社2009年版，第297页。

建设为中心，大力发展生产力为根本任务。党的十五大确立了社会主义初级阶段以公有制为主体、多种所有制经济共同发展的基本经济制度。一方面调整生产关系更好地适应和促进生产力的发展，另一方面强调公有制经济的主体地位，公有制经济决定了社会主义经济制度的性质，是实现共同富裕的制度保障。邓小平同志指出，“只要我国经济中公有制占主体地位，就可以避免两极分化”，① 他多次强调，“一个公有制占主体，一个共同富裕，这是我们所必须坚持的社会主义的根本原则”。② 江泽民同志在党的十四届五中全会上强调，“坚持公有制的主体地位，是社会主义的一项根本原则，也是我国社会主义市场经济的基本标志。……只有确保公有制经济的主体地位，才能防止两极分化，实现共同富裕”。③

（2）国有经济的地位和作用

在国家存在的情况下，生产资料全民所有制表现为国有经济。国有企业的社会主义性质是由生产资料和劳动者的新型结合方式决定的。我国《宪法》第六条规定：“中华人民共和国的社会主义经济制度的基础是生产资料的社会主义公有制，即全民所有制和劳动群众集体所有制。”“国家在社会主义初级阶段，坚持公有制为主体、多种所有制经济共同发展的基本经济制度。”第七条：“国有经济，即社会主义全民所有制，是国民经济的主导力量。国家保障国有经济的巩固和发展。”④ 在社会主义初级阶段，我们要自觉地把发展生产力和完善生产关系统一起来，把巩固经济基础和发挥上层建筑作用统一起来。在坚持“两个毫不动摇”的前提下，如何和更好地发挥国有经济在国民经济中的主导作用，是摆在面前的一项重要而艰巨的任务。

在完善生产关系方面，国有经济要发挥主导作用，必然要求国有经济在多种所有制结构中居于支配地位。发展和壮大国有经济是坚持公有制主体地位的根本途径和必然要求，为共同富裕提供制度保障和物质基

① 《邓小平文选》（第三卷），人民出版社 1993 年版，第 149 页。
② 《邓小平文选》（第三卷），人民出版社 1993 年版，第 111 页。
③ 《江泽民文选》（第一卷），人民出版社 2006 年版，第 468 页。
④ 《中华人民共和国宪法》，中国民主法制出版社 2004 年版，第 64、第 65 页。

础。确保发展生产力是为了全体人民的利益，而不是资本家少数人的利益。

在发展生产力方面，国有经济在整个国民经济中发挥主导作用，主要体现在几个方面：一是贯彻落实国家战略，国有企业作为执行国家政策的工具，发挥着顶梁柱的作用。通过大规模的基础设施投资和建设来保证国家的工业化和现代化；实现国民经济按比例协调与可持续发展；坚决执行党中央的各项决策部署，贯彻全面深化改革、推进供给侧结构性改革、落实新发展理念、实施“走出去”和“一带一路”倡议等，为增强国力和改善民生服务。二是国有经济发挥示范和引领作用，引导并支持私营经济的健康发展。国有经济在基础设施、基础研发、科技创新、人才培养等关键领域中拥有的优势，为非公有制经济迅速发展壮大提供支持。在新一轮的产业革命中，国有经济在基础研究和科技创新上取得的重大突破，在新的软硬件基础设施进行大规模的投资建设，大大推动了私营经济在商业应用领域的创新。比如没有 5G 网络、电信等基础设施的快速发展，就不会有互联网平台的迅速崛起和移动互联网商业产品的迅猛发展。三是在国际竞争中，国有经济是维护国家经济安全和产业安全的中坚力量。国际竞争日趋复杂和激烈，跨国公司在产品、技术、资本和产业链等方面具有强大的竞争优势，国内私营企业虽然发展迅速，整体实力和竞争力得到很大的提高，但根本不足以同跨国公司相抗衡。因而要培育和发展一批具有国际竞争力的国有企业，在同国际跨国公司的激烈竞争中保障国家经济安全、产业安全。事实也证明，无论在“世界 500 强”的数量上，还是具体行业，如高铁、航天、电信等方面，在国际市场上有国际竞争力和领先优势的绝大部分是国有企业。

从上层建筑来看，公有制经济是共产党执政的经济基础。共产党领导是中国特色社会主义的本质特征，只有共产党才能带领全国人民搞社会主义经济建设和实现共同富裕。因而要确保共产党的执政地位和巩固社会主义经济制度，必须要搞好国有经济，发展和壮大国有经济。江泽民同志指出，“我们这么重视搞好国有企业，就是要保证国有经济控制国民经济命脉，对经济发展起主导作用，就是要不断巩固和加强我们党执政和我们社会主义国家的经济基础”。[①] 习近平总书记在 2016 年全国国有企业改革座谈会上也明确指出，国有企业特别是央企，“是国民经济的重要支柱，在我们党执政和我国社会主义国家政权的经济基础中也是起支柱作用的，必须搞好”。强调“国有企业是壮大国家综合实力、保障人民共同利益的重要力量，必须理直气壮做强做优做大，不断增强活力、影响力、抗风险能力，实现国有资产保值增值”。[②] 党的十九届五中全会提出要深化国资国企改革，做强做优做大国有资本和国有企业。[③]

3.1.2 国有企业的改革历程和主要内容回顾

改革开放以来，国有企业改革经历了五个阶段：第一阶段，1979—1984 年，在计划经济中逐步引入市场调节机制并不断扩大市场调节的范围。经济体制改革从传统的计划经济转向计划经济为主、市场调节为辅，再到有计划的商品经济体制过渡。国有企业改革主要是通过放权让利，扩大企业经营自主权。第二阶段，1984—1993 年，国有企业改革主要是把国有企业从计划经济下政府与企业的附属关系转变为独立的市场主体。1984 年党的十二届三中全会提出政企分开，以承包经营责任制为重点进行所有权和经营权两权分离，充分调动企业和职工的积极性。1992 年党的十四大确立了社会主义市场经济的改革目标，把“国营企业”改为“国有企业”。第三阶段，1993—2002 年，国有企业进入制度创新阶段，目标是建立现代企业制度。1993 年党的十四届三中全会《关于建立社会主义市场经济体制若干问题的决定》提出，国有企业改革的方向是建立产权清晰、权责明确、政企分开和管理科学的现代企业制度。1998 年通过“抓大放小”实施国有资产重组，对国有经济进行战略布局调整，从轻工业等产业链下游向

---

① 《江泽民文选》（第三卷），人民出版社 2006 年版，第 71 页。

② 习近平：《理直气壮做强做优做大国有企业》，新华网，2016－07－04，http：//www.xinhuanet.com/politics/2016－07/04/c_ 1119162333.htm。

③ “中共中央关于制定国民经济和社会发展第十四个五年规划和二〇三五年远景目标的建议”，《人民日报》2020 年 11 月 4 日第 1 版。

重化工业等产业链上游转移，提高国有企业的竞争力和对国民经济的控制力。第四阶段，2002—2012 年，以深化国有资产管理体制改革为重点，推进国有企业的体制、机制以及管理制度等一系列创新①。第五阶段，党的十八大以来，国有经济进入全面深化改革阶段。在基本经济制度的宏观层面，提出要“两个毫不动摇”和“两个不能动摇”，发展和壮大国有经济，理直气壮做强做优做大国有企业。在国有企业微观层面，深化改革主要包括：一是完善基本经济制度的微观层面，对国有企业采取积极稳妥、因企制宜（宜混则混、宜独则独）、不搞“一刀切”、不设时间表的方式，推进混合所有制改革。二是国有企业内部推行商业类和公益类的分类改革。三是国有资产管理体制改革从管企业向管资本为主，提高国有企业的经营自主权。四是加强党的建设，建立党的领导和完善公司治理相结合的中国特色现代国有企业制度。

国有企业改革的主要内容包括：一方面，国有企业通过制度创新，从过去计划经济下的政府附属转为市场经济下的独立竞争主体。国有企业适应经济运行机制改革的要求，通过不断深化改革，已经转变为同市场经济相适应的独立的市场主体，同时以股份制作为公有制经济的主要实现形式，建立起新型的国有资产管理和现代企业经营管理制度。另一方面，国有经济通过战略布局调整，从过去的全行业覆盖到向能源、资源、基础设施等产业链上游集中，不断提高国有经济对国民经济的控制力。国有企业改革采取的基本路径包括：一是从增量改革转为存量调整改革。二是从局部改革向整体改革推进。三是选择从易到难的渐进性改革，从放权让利、两权分离到建立现代企业制度、国有资产管理体制等。

总体上说，国有企业改革是成功的。一方面国有经济已经同市场经济相适应，国有经济的活力不断增强，国有企业的效率不断提高。另一方面国有经济通过不断深化改革，国有资本和国有企业的实力增强，提升了对国民经济的控制力。

---

① 洪银兴主编：《现代经济学大典》（上），经济科学出版社 2016 年版，第 270—271 页。

3.1.3 坚持国有经济改革的正确方向

（1）理直气壮发展和壮大国有经济

现代社会是混合经济，国有经济存在于世界各国，但是资本主义国有经济和社会主义国有经济有着根本的不同。资本主义国有经济是服从于私人垄断资本的需要，是为资产阶级少数人的利益服务，资本主义经济制度要求国有经济只能是私有制经济的补充。而社会主义国有经济是公有制经济的主要存在形式，决定社会主义经济制度的性质，为实现共同富裕提供制度保障和物质基础。社会主义初级阶段基本经济制度是公有制经济为主体，多种所有制经济共同发展。坚持公有制经济为主体，首先要明确其含义，包括：一是公有制经济在社会总资产中占优势；二是国有经济在关系国民经济命脉的重要部门和关键领域占支配地位；三是国有经济对整个经济发展起主导作用；四是公有制经济特别是国有企业要适应社会主义市场经济发展的要求不断发展壮大自己。[①] 正因为社会主义国有经济不仅是社会主义经济制度的基础，而且也是共同富裕的制度保障和物质前提，所以国有经济的改革必须要坚持社会主义改革方向，理直气壮地发展和壮大国有经济，更好地发挥国有经济在国民经济中的主导作用，维护和提升全体人民的利益。

国有经济随着改革的深入推进，已经同社会主义市场经济初步适应，国有经济的质量不断得到提高，国有经济的活力、竞争力和影响力显著增强。但同时，相比私营经济的迅猛发展和在国民经济中的比重不断提高，公有制经济的比重在相对下降。公有制经济的比重减少显然会对公有制为主体进而对社会主义经济制度的性质造成影响，因而党中央对公有制经济比重减少的限度和前提也做了明确要求。江泽民同志2000年在西部开发座谈会上指出，“只要坚持公有制为主体，国家控制国民经济命脉，国有经济的控制力和竞争力得到增强，在这个前提下，国有经济比重减少一些，

---

① 《江泽民文选》（第一卷），人民出版社2006年版，第468页。

不会影响我国的社会主义性质”，又特别强调，“所谓比重减少一些，也应该有个限度、有个前提，就是不能影响公有制的主体地位和国有经济的主导作用。影响国计民生的重要大中型企业，必须掌握在国家手中”。[①] 要保障公有制经济为主体，就必须发展和壮大国有经济。党的十八大以来，习近平总书记多次强调要做强做优做大国有企业。他在 2014 年 3 月 5 日全国“两会”上海代表团讲话中提出，深化国企改革是大文章，国有企业不仅不能削弱，而且还要加强。在 2015 年 7 月在吉林长春考察调研时提出，推进国有企业改革要按照“三个有利于”标准，即“有利于国有资本保值增值，有利于提高国有经济竞争力，有利于放大国有资本功能”。在 2016 年 7 月全国国有企业改革座谈会上提出，国有企业是壮大国家综合实力、保障人民共同利益的重要力量，必须理直气壮做强做优做大。在 2016 年 10 月全国国有企业党的建设工作会议上强调，通过加强和完善党对国有企业的领导、加强和改进国有企业党的建设，使国有企业成为“六个力量”，即党和国家最可信赖的依靠力量；坚决贯彻执行党中央决策部署的重要力量；贯彻新发展理念、全面深化改革的重要力量；实施“走出去”战略、“一带一路”建设等的重要力量；壮大综合国力、促进经济社会发展、保障和改善民生的重要力量；党赢得具有许多新的历史特点的伟大斗争胜利的重要力量。

（2）坚持两个毫不动摇与两个不能动摇的统一

改革开放以来中国经济迅速崛起，经济增长的奇迹为世人所共睹，成为世界第二大经济体，根本原因是我们基于基本国情的正确判断对社会主义初级阶段做出准确定位，对基本经济制度的各方面做出相应调整，从而发挥出社会主义制度的优越性。恩格斯指出，社会主义社会“不是一种一成不变的东西，而应当和任何其他社会制度一样，把它看成是经常变化和改革的社会”。[②] 改革是社会主义制度的自我完善。党的十五大确立了“公有制为主体、多种所有制经济共同发展，是我国社会主义初级阶段的一项

---

① 《江泽民文选》（第三卷），人民出版社 2006 年版，第 72 页。

② 《马克思恩格斯文集》第 10 卷，人民出版社 2009 年版，第 588 页。

基本经济制度”，指出“公有制的主体地位主要体现在：公有资产在社会总资产中占优势；国有经济控制国民经济命脉，对经济发展起主导作用”。[①] 生产关系的调整包括三个层次：在所有制层面，实行公有制为主体、多种所有制经济共同发展的基本经济制度；在经济运行层面，建立和完善社会主义市场经济体制；在微观主体层面，通过国有企业改革激发出活力、创造力和提升效率，私有制经济从补充作用到共同发展。

社会主义初级阶段生产关系的调整，极大地解放和促进了生产力的发展，这是中国经济实现高速增长的根本原因。作为社会主义经济制度的基础，国有经济对社会主义经济建设做出了巨大贡献，为改革的顺利推进付出了沉重代价，同时也极大地支持了私营经济的发展和壮大。比如提供基础设施、输送成熟的产业工人和高技能人才、提供优质低价的原材料和能源、让出市场和发展空间等。私营经济获得充分和长足的发展，对推动经济增长、解决就业、提供税收等做出很大贡献，但也毋庸置疑，私营经济在国民经济中的比重已经超过了公有制经济而且距离还在不断拉大，公有制的主体地位已岌岌可危。根据中华全国工商业联合会编写的《中国民营经济发展报告 NO. 3（2005—2006）》提供的数据，2005 年私营经济在 GDP 中的比重达到 65% 左右。[②] 原统计局局长李成瑞（2006）[③] 认为，公有制经济确实已不占主体地位，2006 年 GDP 中的比重中，私有制经济占 63%，公有制经济仅占 37%。世界银行和国务院发展研究中心的研究数据显示，2010 年国有经济比重仅占到 GDP 的 27%。[④] 常辉（2016）依据世界贸易组织 2013 年按国有企业产值占经济总量的百分比计算，中国国有化比重占 33%。[⑤] 国外学者皮凯蒂团队研究的结论是中国公有财产占全部财

---

① 《江泽民文选》（第二卷），人民出版社 2006 年版，第 19 页。

② 周新城：“关于私营经济性质、地位和作用问题的若干思考——一个长期令人困惑而又十分混乱的理论问题”，《马克思主义研究》2016 年第 7 期。

③ 李成瑞：“大变化——我国当前社会经济结构变化情况及其复杂性分析”，《探索》2007 年第 6 期。

④ 世界银行、国务院发展研究中心联合课题组：《2030 年的中国：建设现代、和谐、有创造力的社会》，中国财政经济出版社 2013 年版。

⑤ 常辉：《20 世纪西方大国资本主义国有经济研究》，人民出版社 2016 年版，第 4 页。

产的比重从 1978 年的 70% 下降到 2015 年的 30%。[①] 在一段时期内，国内新自由主义不断进行舆论误导，大肆指责和妖魔化国有企业，学术界关于国企低效率论、垄断论、“国进民退”论、国企拖累经济增长论等各种观点花样翻新、层出不穷，要求降低国有经济比重、国有企业退出竞争性领域等论调甚嚣尘上。这些错误观点再通过媒体宣传放大，不仅公众对于国有企业存在种种误解和偏见，而且国有企业内部特别是一些领导的立场也产生了动摇。党的十八大以来，党中央多次强调基本经济制度要坚持两个毫不动摇和不能动摇。习近平总书记在 2015 年 11 月中共中央政治局第二十八次集体学习时指出，“要坚持和完善社会主义基本经济制度，毫不动摇巩固和发展公有制经济，毫不动摇鼓励、支持、引导非公有制经济发展，推动各种所有制取长补短、相互促进、共同发展，同时公有制主体地位不能动摇，国有经济主导作用不能动摇，这是保证我国各族人民共享发展成果的制度性保证，也是巩固党的执政地位、坚持我国社会主义制度的重要保证”。[②]

3.2　科技革命与发展战略性新兴产业的必要性

3.2.1　新一轮的科技革命和战略性新兴产业

人类社会进入 21 世纪，新一轮的科技革命已初现端倪，产业革命正喷薄欲出，带动世界经济加速向以现代科技为主要推动力的知识经济迈进。

高新科技的不断涌现和迅猛发展，移动互联网、信息技术、生物工

---

① “皮凯蒂：中国的资本积累、私有财产与贫富分化”，搜狐财经，2017-05-02，http://www.sohu.com/a/137714725_425345。

② “立足我国国情和我国发展实践发展当代中国马克思主义政治经济学”，《人民日报》2015 年 11 月 25 日第 1 版。

程、航天、新能源、新材料等领域新科技层出不穷，不仅深刻改变着人类的生产和生活方式，而且也催生了一大批具有广阔市场前景的新兴产业。在数字技术领域，云计算技术的出现大幅提高了数据收集、分析和处理能力，加速数字产业化的步伐。人类进入数字化时代，生产、生活中产生海量的动态数据，如2015年世界总共创造了44亿TB的数据，而数据大约每两年就会翻倍增长，但每年仅有不到10%的数据会被分析。采用云计算技术将大数据转化为有用信息，可以帮助提升政府、厂商、消费者的科学决策能力；在信息技术领域，互联网与物联网、软件和硬件加速融合发展，推动了产业数字化的发展。远程医疗、在线教育、可穿戴设备、智能家电、自动驾驶汽车等新产业不断出现，人民的生活更加便捷和丰富。机器人与自动化系统在工业、农业中的广泛应用，大幅提升生产效率。智慧城市建设加快，如使用分散探测系统实时监测城市交通、用水、用电数据，使得城市的管理更加智能化、科学化和运行有条不紊。3D打印技术的出现，融合信息业和制造业为一体，如备用零件、医疗设备可以进行3D打印，未来的房屋建筑甚至军队的后勤装备和补给也能用3D技术直接打印。3D技术可以使生产随时随地进行，具有广阔的发展前景；在新材料领域，材料科学的重大突破为人类带来更加先进的智能材料、记忆金属、纳米材料等，大幅提升生产力发展的水平。比如石墨烯，它的强度是钢的100倍，热、电能传导更加高效，用于航天飞机制造能大幅提升性能。在基因技术领域，基因技术的突破将在未来30年改变医学，利用患者基因培育出可供移植的器官，开发出基因药物来治疗许多目前无法救治的疾病，找到抗衰老基因大幅提高人类的寿命等。在新能源领域，页岩气、可燃冰等清洁的可再生能源不断被发现和利用，太阳能、风能、核能被更高效、更安全利用，预期将会在不远的未来出现新的能源革命。新能源汽车在世界各国正加速应用和推广，取代以汽油为主要燃料的传统汽车已经成为大趋势。

科学技术是第一生产力，高科技转化为现实的生产力集中表现为战略性新兴产业。战略性新兴产业是新一轮技术革命和产业革命的产物。战略性新兴产业具有以下特点：一是战略性。高科技产业对于国家转变经济发展方式、调整经济结构、转换经济增长动力，提高国家的科技实力和综合国力，实现国家高质量发展，具有重大的战略性意义。二是新兴性。新的科技革命带来新的产业革命，新兴产业具有广阔的市场前景，是新的经济增长点。同时新兴产业的“新”还体现在，技术尚未成熟、产业竞争优势尚未形成、新的商业模式还存在不确定性等特征，需要政府采取产业政策加以扶持和加快培育。三是产业性。高技术既可以产生一大批新的产业，又能带动传统产业的转型升级，通过以新带新，以新带旧，实现产业链上下游的相关产业变革。同时，高技术可以极大地提高劳动生产率，提升实体经济的整体效率。

3.2.2　科学劳动、劳动价值论的新发展和战略性新兴产业关系

（1）科学劳动的新变化和劳动价值论的新发展

马克思认为，复杂劳动在价值的创造中等于多倍的简单劳动。脑力劳动作为高级的生产劳动可以等同于多倍的体力劳动。在现代大工业中，脑力劳动和体力劳动的分工更加明显，但都是总体工人的一个组成部分，脑力劳动和体力劳动的结合成为总体工人。总体工人作为一个生产集体在协作中完成了物质资料生产的全过程，产品属于共同生产的结果。①

马克思高度重视科学技术在生产力中的作用，“科学的力量也是不费资本家分文的另一种生产力”“科学作为生产过程的独立因素”。② 他指出，科学技术作为独立的要素可以是直接的生产力，“固定资本的发展表明，一般社会知识，已经在多么大的程度上变成了直接的生产力”。③ 随着生产力的发展，财富的创造更多地取决于科学技术的进步。财富创造不同于价值创造，马克思从生产力的要素出发，他在 1857—1858 年的经济学手稿中指出，“随着大工业的发展，现实财富的创造较少地取决于劳动时间和已耗费的劳动量，较多地取决于在劳动时间内所运用的作用物的力量，……取决于科学的一般水平和技术进步，或者说取决于这种科学在生产上

① 马克思：《资本论》（第 1 卷），人民出版社 2004 年版，第 582 页。

② 马克思：《机器　自然力和科学的应用》，人民出版社 1978 年版，第 190、第 206 页。

③ 《马克思恩格斯全集》（第 31 卷），人民出版社 1998 年版，第 102 页。

的应用。”[①] “直接劳动在量的方面降到微不足道的比例……同一般科学劳动相比，同自然科学在工艺上的应用相比……却变成一种从属的要素”。[②]

坚持和发展劳动价值论是构建中国特色社会主义政治经济学的重要原则。卫兴华教授（1980）[③] 在国内最早突破传统的生产力二要素和三要素的争论，首次提出生产力的多要素论。他认为，马克思在《资本论》里所讲的三要素仅仅是劳动过程的简单要素，不能把简单要素当成全部要素。明确提出生产力的要素还包括：“工人的平均熟练程度，科学的发展水平和它在工艺上应用的程度，生产过程的社会结合，生产资料的规模和效能，以及自然条件。”[④] 其中，科学技术日益大规模的应用于生产极大地提高了生产力水平，要把科技工作和经营管理作为劳动的重要形式。2017年，卫兴华教授[⑤]又再次提出发展马克思的生产力理论，认为马克思讲的资本主义发展的三个阶段，也是讲生产力发展的三个阶段，应该随着社会发展重视并应用新的生产力的要素，比如说信息、网络这一类要素的发展以使得生产力进入更高的阶段。

陈征教授（2001）[⑥] 认为，现代社会中要深化对劳动的新特点的认识，一是商品价值创造由体力劳动为主转变为以脑力劳动为主，经济发展转向以脑力劳动为主的创造商品价值的新阶段。二是科学劳动对生产和经济生活的作用更明显，从一般脑力劳动发展到科学劳动，即高级或超高级的脑力劳动，是创造商品价值领域的新情况。科学劳动成为价值生产中的主要因素，商品价值来自工厂中从事生产的工人的直接劳动的部分已经降低到微不足道的程度，变成从属要素，而主要取决于科学技术的进步及其在生

① 《马克思恩格斯文集》（第8卷），人民出版社2009年版，第195—196页。

② 《马克思恩格斯文集》（第8卷），人民出版社2009年版，第191页。

③ 卫兴华：“生产力的内容和发展生产力的问题”，《哲学研究》1980年第11期。

④ 马克思：《资本论》（第1卷），人民出版社2004年版，第53页。

⑤ 卫兴华：“学好、用好《资本论》的生产力理论”，《政治经济学评论》2017年第3期。

⑥ 陈征：《论现代科学劳动——马克思劳动价值论的新发展》，福建人民出版社2017年版，第6—8页。

产中的应用。他（2004）① 又提出，科学劳动是掌握现代科学技术的科学劳动者所进行的高级脑力劳动，既包括科学的发现和发展的过程，通过大量实践经验的积累和总结，对科学的发现、发明、创造和学习继承过程的劳动，也包括科学的应用过程，由科学到技术，再由技术到生产应用于实践过程的劳动。坚持和创新劳动价值论，科学劳动在现代社会中的内容应该扩展为：现代科学劳动是当代社会劳动的主要方面；范围既包括物质生产领域，也包括非物质生产领域；从事生产、管理、服务、科技、精神等劳动是现代科学劳动的具体劳动形式；科学劳动中的总体工人范围应该从具体生产部门扩大到社会文化、教育等领域的劳动者。

邓小平同志提出科学技术是第一生产力，是对马克思科学的劳动价值论的坚持和发展。科学劳动是人们利用、改造并驾驭自然力的重要手段。随着现代社会生产力的迅猛发展，商品使用价值的创造主要取决于科学技术的进步及其在生产中的应用；在商品的价值中，劳动是作为抽象的一般劳动的凝结，其中脑力劳动形成的是复杂劳动，而复杂劳动等于多倍的简单劳动，因而科学劳动者本身所创造的价值更高。科学劳动不是靠单个人，而是由劳动组合起来的系统劳动，研发中是研发团队，生产中是整个流水线。因此，商品的价值是作为总体工人的劳动在整体上创造的。

科学技术作为第一生产力的重大意义是，脑力劳动者和体力劳动者一样，都是生产工人，都是生产劳动者，他们共同创造物质财富，共同构成总体工人。随着时代的新变化，以科学劳动作为发展劳动价值论的内容需要在以下几个方面深化认识科学劳动并加以推进：第一，作为生产劳动的脑力劳动已不再局限于直接生产过程中的劳动，而扩展到间接生产过程中的劳动，扩展到在经济领域中提供服务的劳动。第二，脑力劳动者成为生产劳动的主体，成为社会生产力发展的关键因素。社会主义初级阶段的根本任务是大力发展生产力，满足人民日益增长的物质文化生活需要。而且从效率方面超过资本主义，体现出社会主义制度的优越性，那就更需要借

---

① 陈征：《论现代科学劳动——马克思劳动价值论的新发展》，福建人民出版社2017年版，第13页。

助科学劳动更快地发展生产力。第三，脑力劳动作为劳动的重要形式，在价值和新价值的创造中起着重要作用。第四，劳动力的价值的新变化。马克思认为，劳动力本身的价值即工资，包括劳动者维持自身和家属所必需的生活资料，还包括劳动者受教育和培训所花费的费用。[①] 同样，科学劳动者的科学劳动力具有使用价值和价值，其中劳动力价值的生产和再生产中包含的受教育和培训的比例越来越大。

（2）战略性新兴产业与科学劳动

随着生产力的发展和科技的进步，以及劳动过程日益复杂，科学劳动的主要特征表现为：一是以前沿科学、基础理论和专业技术结合，科技转化为现实的生产力发展速度和规模不断增长；二是技术和产业的变动客观上推动了工人的培训和终身学习；三是人力资本的提升表现在科学研发和技术提高，取决于教育水平和投入。

发展战略性新兴产业，科学劳动是关键。

第一，价值创造和科学劳动之间的紧密关系。劳动价值论认为，商品价值由社会必要劳动时间决定，个别厂商通过率先使用高科技，能够使自己生产商品的个别劳动时间低于社会必要劳动时间，因此在实现商品价值的同时可以获得超额利润。而且一个新兴产业的产品或服务在率先投入市场时，由于供不应求，可以通过高于市场的定价实现超额利润。

第二，创新和科学劳动之间的紧密关系。创新是一种劳动，主要内涵就是依靠科学劳动。新兴产业离不开创新，新兴产业是新技术和新产品、新市场的组合，这些创新最重要的是靠科学技术驱动，是科学劳动在产业领域的具体应用。

第三，战略性新兴产业与科学劳动之间的紧密关系。人类社会从传统经济向知识经济迈进，知识经济的特点是以现代科学技术为核心，形成新的产业，这种新兴产业既可以形成新的经济增长点，极大地推动经济增长，也对一个国家的经济结构的转型至关重要，实现从传统型经济向创新型经济和创新型国家转型。

---

① 马克思：《资本论》（第1卷），人民出版社2004年版，第199—200页。

3.2.3　发达资本主义国家纷纷布局战略性新兴产业

纵观资本主义发展史，每一次科技革命都带来产业革命，带动生产力的跨越式发展。这不仅体现在国内经济的高速发展和经济结构的升级和转型，而且体现在国际竞争力上，各国纷纷抓住科技革命不甘落后，或者借助科技革命实现弯道超车，打破资本主义国家间的发展平衡。英国凭借第一次工业革命超越西班牙、荷兰成为世界经济霸主，美国凭借第二次工业革命超越英国成为世界霸主，日本第二次世界大战后凭借强大的科技实力成为亚洲霸主。

随着 21 世纪新一轮科技革命的到来，新的产业革命呼之欲出。对于全世界而言，战略性新兴产业既是带动全世界经济增长的新动力，也是各国纷纷发力抢滩国际竞争力的战略支点。2008 年世界经济危机后，美国、德国和日本等主要资本主义国家在内的世界各国，针对新一轮的科技革命，纷纷加大对高新技术研发的扶持力度，提前布局战略性新兴产业。一方面，寄希望于通过产业革命摆脱危机和衰退，希望借此带动新一轮的经济复苏和繁荣。另一方面，谋求新的国际竞争优势，在高科技领域和高端制造领域领先和控制，希望继续占领国际竞争力的制高点和维持对世界经济的主导。而发展中国家也不甘落后，希望借助新兴产业实现弯道超车，发展本国经济的同时，摆脱对发达国家的追赶和依附地位。因此，世界各国不仅把目光聚焦于战略性新兴产业，而且付诸行动，发达国家和发展中国家都纷纷加大科技和研发的投入，投入巨大的人力、物力和财力来培育战略性新兴产业，以振兴本国经济，提升国际竞争力，赢得未来竞争的主动权。

美国在 2009—2016 年提出多项计划，通过引领新技术革命，推动经济结构重构。2008 年以来，美国政府先后出台《制造业促进法案》《重振美国制造业政策框架》《美国创新战略》等多项政策。2012 年又发布《美国制造业创新网络计划》，在全国范围内建立多个制造业创新中心，希望在新兴领域加快布局，重新获得制造业核心竞争力。美国最新公布的

《2016—2045 年新兴科技趋势报告》①，通过对近 700 项科技趋势分析，最终明确了 20 项最值得关注的科技发展趋势。目的在于，一方面，总体上把握未来 30 年可能影响美国国家力量的核心科技；另一方面，为确保美国在未来世界中的战略优势，为资本提供投资方向。

在欧洲，德国 2013 年发布《确保德国制造业的未来：对实施“工业 4. 0”战略计划的建议》，发起以智能化为标志的第四次工业革命，试图通过制造模式和制造技术的革命性突破来打造制造业的未来竞争力。2019 年 11 月 29 日，德国联邦经济和能源部部长阿尔特迈尔正式发布《国家工业战略 2030》，总体目标是稳固并重振德国经济和科技水平，保持德国工业在欧洲和全球竞争中的领先地位。② 法国 2013 年 9 月提出《新工业法国》，通过加大教育科研等方面的投入，整合创新资源，加快技术与产业融合步伐，推动制造业的增长。英国 2013 年推出了《制造业的未来：英国的机遇与挑战新时代》。

日本是典型的政府政策干预模式，非常注重政府在产业发展方面的宏观战略作用。针对新产业革命，日本实行了“产业重生战略”。2013 年 1 月，日本经济再生总部制定了“经济增长战略探讨课题”，提出重振战略制造业方针草案。日本政府针对性地出台了《产业竞争力强化法案》《国家战略特别区域法》等多达数十部涉及各领域的法律和改革法案。2015 年，日本又发布了《机器人新战略》，目标是实现全行业智能化生产，建立新的制造业标准化生产模式。

这些发达国家发展战略性新兴产业的经验值得我们借鉴，包括：①持续加大投入培育和保持制造业核心竞争力，建立新的战略支点。②对创新高度重视，以支撑先进制造业创新。③政、产、学、研、用相结合，整合创新资源。④政府为创新和创业营造宽容的环境，为加快培育新兴产业提

---

① 《美国公布长达 35 页的〈2016—2045 年新兴科技趋势报告〉》，神经科技，2017 - 07 - 16，http：//mp. weixin. qq. com/s/ - PvJE1TTG3BfSV - cMCg6yw。

② 《德国正式发布〈国家工业战略 2030〉》，https：//mp. weixin. qq. com/s/7sgPL9ScFhgQ2hLX7Mm0nw。

供各种资源，如税收优惠、早期市场支持等。[①]

3.2.4 中国发展战略性新兴产业的必要性、可行性与意义

（1）发展生产力要高度重视科学技术和发展战略性新兴产业

发展生产力是社会主义初级阶段的根本任务，关键是依靠科学技术。邓小平同志在改革开放之初就做出了科学技术是第一生产力的论断。随着科学技术发展日新月异，江泽民同志也提出，“我们必须抓住新科技革命的机遇，大力推进我国的科技进步和创新，尽力缩小同发达国家在科技发展水平上的差距”，争取实现社会生产力的跨越式发展。[②] 胡锦涛同志强调，“科技创新是提高社会生产力和综合国力的战略支撑，必须摆在国家发展全局的核心位置。”[③] 必须“始终坚持科学技术是第一生产力的战略思想，充分发挥科学技术推动经济社会发展的关键作用。……当今世界，科技进步日新月异，知识创新迅速发展，高新技术成果向现实生产力转化越来越快，特别是战略高技术日益成为经济社会发展的决定性力量”。[④] 发展战略高技术能够“为加快调整经济结构、转变经济增长方式提供强大支撑，为保持我国经济长期平稳较快发展提供强大支撑，为提高我国国际竞争力和抗风险能力提供强大支撑”。[⑤] 2015 年 10 月，党的十八届五中全会通过了《中共中央关于制定国民经济和社会发展第十三个五年规划的建议》，确立了“创新、协调、绿色、开放、共享”五大发展理念，强调创新是发展的第一动力。

就战略性新兴产业而言，就是要抓住科技革命带来的机遇，大力发展生产力。2009 年，温家宝同志最早提出发展战略性新兴产业。2010 年他在

---

① 刘明达、顾强：“从供给侧改革看先进制造业的创新发展——世界各主要经济体的比较及其对我国的启示”，《经济社会体制比较》2016 年第 1 期。

② 《江泽民文选》（第 3 卷），人民出版社 2006 年版，第 121 页。

③ 《胡锦涛文选》（第 3 卷），人民出版社 2016 年版，第 629 页。

④ 《胡锦涛文选》（第 2 卷），人民出版社 2016 年版，第 387 页。

⑤ 《胡锦涛文选》（第 2 卷），人民出版社 2016 年版，第 388 页。

《政府工作报告》中强调，"发展战略性新兴产业，抢占经济科技制高点，决定国家的未来，必须抓住机遇，明确重点，有所作为。要大力发展新能源、新材料、节能环保、生物医药、信息网络和高端制造产业"。2010年10月，《国务院关于加快培育和发展战略性新兴产业的决定》提出了具体发展目标，战略性新兴产业增加值占国内生产总值的比重要在2015年达到8%左右，2020年比重达到15%左右。中国2015年推出《中国制造2025》，力图从制作大国变成制造强国。明确提出要发展先进制造，通过创新驱动提高质量，抢占制造业新一轮竞争制高点。《十三五规划纲要》中关于战略性新兴产业又做了详细规划，要求"瞄准技术前沿，把握产业变革方向，围绕重点领域，优化政策组合，拓展新兴产业增长空间，抢占未来竞争制高点，使战略性新兴产业增加值占国内生产总值比重达到15%"。强调把新兴产业作为新的经济增长点。

（2）中国发展战略性新兴产业的必要性

首先，从国内环境变化来看。

第一，在供给端，面临经济发展方式的转变。中国经济持续高增长的同时遇到资源约束，特别是加入WTO以后，中国利用国际产能转移，依靠外向型经济成为加工制造大国，靠的是低成本的劳动力、资源低价格和环境、生态的超负荷。现在人口老龄化导致人口红利消失，劳动力供给数量减少和成本上升，资源、环境和生态破坏等一系列瓶颈不足以支持这种粗放型增长，传统制造业优势不复存在，而且以人民为中心的发展理念也不容许继续这样发展。中国经济进入新常态，必须进行经济发展方式的转变。党的十九大提出中国特色社会主义进入新时代，中国经济将由高速增长阶段转向高质量发展阶段。中国经济发展的战略目标是在质量变革、效率变革和动力变革的基础上，不断增强经济创新力和竞争力。① 习近平总书记在2017年12月中央经济工作会议上强调，"要推进中国制造向中国创造转变，中国速度向中国质量转变，制造大国向制造强国的转变"。②

---

① "中国经济已经由高速增长阶段转向高质量发展阶段"，《北京日报》2017年10月31日第1版。

② "中央经济工作会议在北京举行"，《北京日报》2017年12月21日第1版。

第二，在需求端，中国面临的内外部环境发生剧变。2008年以前，中国经济增长以出口导向，靠外需为主和投资拉动。2008年美国金融危机引发全球性经济危机以后，发达资本主义国家纷纷进入衰退期，并祭起了保护贸易的大旗，中国面临外部需求减少而导致的产能过剩，解决出路要靠内需。经济增长必须依靠国内需求的扩大。而随着人民收入和生活水平的提高，国内的需求已经发生变化，要求更高质量的产品和服务，传统的需求无法解决产能过剩问题。党中央适时提出供给侧结构性改革，核心是提高供给体系的质量和效益，使新的供给适应变化了的新的需求。党的十九大又提出社会主要矛盾发生转化，表现为供给的不平衡不充分发展不能适应人民对美好生活的需要。而发展战略性新兴产业正是解决发展不平衡和不充分的重要途径，中国需要通过战略性新兴产业改善供给体系的质量，提供更高品质的新产品和新服务，为更好地满足人民群众日益增长的美好生活的需要服务。

其次，从国际环境变化来看，2008年美国金融危机以来，欧美等发达国家都实行再工业化，纷纷投入战略性新兴产业，借此带动经济的复苏和建立新的核心竞争力，以继续保持在国际竞争中的优势地位。2018年后美国发动贸易战，通过各种手段、联合其他西方国家通过断供芯片、驱逐出市场等方式打压和遏制中国的高科技企业发展。中国经济着眼于当前的实际问题和今后的高质量发展，发展战略性新兴产业成为一种必然选择。从生产国际化角度来看，中国制造业的成本上升使得发达国家把制造加工产业转移到其他成本更低的国家，这种趋势不可避免。中国一方面要进一步化解跨国公司加工制造转移形成的产能过剩，一方面要形成新的增长点，实现经济结构的转型、升级，以及增长方式的转变。发展战略性新兴产业，不仅可以产生巨大的经济和社会效益，而且可以在新一轮的国际竞争中占据优势地位。

（3）中国发展战略性新兴产业的可行性分析

首先，从市场和需求来看，市场是生产迅速扩大和产业发展的外在动力。2008年之后，中国经济从靠投资和外需拉动转向依靠内需拉动。据统计，2018 年最终消费支出对 GDP 的贡献率为 76.2%，[①] 消费对经济增长的稳定器作用不断增强。一是中国近 14 亿的人口是足够大的市场，加上人民收入不断得到提高形成的购买力，足以支撑任何一个新的产业的发展。二是新兴产业形成的新产品、新服务，如果能满足人民生活水平提高后的需求，将会形成生产和消费的良性互动，推动新兴产业的进一步发展。

其次，从供给来看，发展战略性新兴产业具备基础条件。

制造加工的完整的产业链优势。中国拥有完整的工业体系，是全世界唯一拥有联合国产业分类中 41 个工业大类、207 个中类、666 个小类的全部工业门类的国家。[②] 经过制造加工业积累形成高效的产业链，拥有人才、成本、技术和资本积累的优势，可以实现产业集聚和规模效应。第一，有利于成本的降低。产业链从产品设计、仓储运输、原料采购、订单处理、批发经营到终端销售的各个环节达到最优，通过标准化的市场、内部费用的严格控制和管理，有效地降低了成本。第二，有利于催生出新的企业。通过产业集群的优势很容易获得企业发展所需的资金、原材料、技术、研发团队和高素质的劳动力，大大降低企业成长的风险。第三，有利于企业的创新。知识创新具有外溢性，信息资源在产业链中交流、汇集，促进技术和产业的联动创新。企业在相互的合作和学习交流中，技术创新得以迅速消化、吸收和模仿，得到推广和商业化应用。第四，有利于形成集群优势。产业集群中企业彼此可以共享到市场信息、基础设施、生产能力、人力资源和供应链网络，提供最好的解决方案和最优的成本，形成产业的整体竞争力。第五，有利于区域经济的发展。产业集群是区域经济发展的基础，产业链的延伸带动相关配套企业的发展壮大，带动区域经济的发展。

中国的劳动力结构变化。第一，人口老龄化问题突出，劳动力供给数量减少，劳动力成本迅速上升，数量型人口红利消退，我国劳动力供给数量从 2014 年首次出现负增长且延续减少，使得传统制造业优势不复存在。据中国社会科学院研究预测，中国青年人口的数量未来 5 年将净减少 3000

---

① “中华人民共和国 2018 年国民经济和社会发展统计公报”，《人民日报》2019 年 3 月 1 日第 10 版。

② 巨力：“从三个历史节点看中国经济发展奇迹”，《求是》2019 年第 20 期。

万人。中国18—44岁青年人口2017年为5.48亿人，2022年将降低到5.18亿人，而且18—35岁年龄段青年人口将从2017年的3.66亿人减少到2022年的3.44亿人，净减少2200多万人。① 制造业从业人员平均工资从1998年的7064元上升至2015年的62029元。第二，高等教育大众化导致劳动力供给质量上升。一方面，劳动者受教育年限延长。2019年，我国劳动年龄人均受教育年限10.7年，受过高等教育的比例为23.4%。新增劳动力平均受教育年限13.7年，其中受过高等教育的比例已达50.9%。② 高校普通本专科生与研究生在校生人数分别达到3031.5万人、286.3万人，位居世界第一。另一方面，我国高端制造业发展缓慢，对知识型劳动力需求严重不足。大学生就业难成为社会现象，大学生初次就业率一跌再跌，2015年仅为71.3%，月平均工资仅为3349元，甚至低于“蓝领”平均工资。因此，顺应劳动力的结构变化发展新兴产业，可以发挥知识型劳动力的比较优势，形成制造业技术竞争新优势，为经济发展提供新的人口红利。

最后，发挥集中力量办大事的社会主义制度优势。举国体制优势是社会主义制度优越性的体现，可以依靠国家力量实现重大科技的突破和跨越。2016年5月习近平总书记在全国科技创新大会、“两院”院士大会、中国科协第九次全国代表大会上指出，“过去我们取得重大科技突破依靠这一法宝，今天我们推进科技创新跨越也要依靠这一法宝，形成社会主义市场经济条件下集中力量办大事的新机制”。特别是在新一轮的科技革命下，其他发达国家也在积极干预，各国政府投入大量的人、财、物希望率先取得科技突破，因此，面对更加激烈的国际竞争环境，发挥社会主义制度的优越性是实现科技重大突破的可行性手段。

（4）发展战略性新兴产业的意义

党的十九大报告提出，中国经济着眼于未来，要从高速增长阶段转向高质量发展阶段。新的科技革命推动生产力的跨越式发展，带动经济质量

① 《社科院：未来5年年轻人口减少3000万》，搜狐网，2018年1月13日，http://www.sohu.com/a/216585458_822396。

② “这五年，教育优先更有保障”，《人民日报》2020年10月27日第1版。

的整体跃升。科学技术转化为现实的生产力，在经济上集中体现在战略性新兴产业。因此，当前需要从国家战略的高度把发展战略性新兴产业作为支点。

第一，战略性新兴产业可以加快经济发展方式的转变。进入新常态以来，中国经济的新一轮腾飞要从传统的要素驱动向创新驱动转变，必须依靠科技和教育转变发展方式。我国经济过去主要是粗放型增长，依赖人口红利带来的低人工成本，对资源、环境和生态不够重视，现在人力成本上升，资源不堪重负，环境和生态破坏，对生产力的进一步发展形成制约。发展战略性新兴产业可以突破传统资源的瓶颈，利用新能源、新材料逐步取代传统能源，通过环保技术重复利用以前的工业、生活废弃物，既可以净化环境，还可以实现绿色和可持续发展。

第二，战略性新兴产业可以带动产业结构的调整和升级。战略性新兴产业具有科技创新性、高成长性、产业关联性和政策导向性等特征，代表着科技创新和产业发展的方向，能够带动产业结构调整和升级。一方面，形成一批高技术新兴产业。如新材料、新能源、人工智能、集成电路、生物制药、第五代移动通信等。另一方面，对传统产业进行改造和升级。通过大数据、物联网等新技术的应用，推动传统产业在生产技术、管理和销售方面的创新，促进传统产业升级，推动中国制造从中低端向中高端迈进。

第三，战略性新兴产业加快了新兴技术和新兴产业深度融合，有助于形成一批新的产业集群，为经济的发展提供新动能。战略性新兴产业可以带动一批新的经济、技术和组织形态的产业群，形成产业集群效应，能够引致社会新需求，扩大就业，实现经济的可持续发展。进一步，既可以降低世界经济衰退对中国的不利影响，又可以带动中国经济新一轮的高增长。

第四，战略性新兴产业推动创新型国家战略。党的十八届五中全会提出新发展理念，强调创新是首位，并将其作为国家发展全局的核心。党的十九大报告提出加快建设创新型国家，把创新作为引领发展的第一动力和建设现代化经济体系的战略支撑。发展战略性新兴产业对于新发展理念的落实和创新型国家的建设，抓住世界前沿科技进行前瞻性基础研究，构建国家创新体系，培育新的经济增长点，并发挥科技和创新人才的作用等极其关键。

3.3　构建国有经济发展战略性新兴产业理论的必要性

社会主义初级阶段的根本任务是大力发展生产力，为实现共同富裕奠定物质基础。科技革命势必带来新一轮的产业革命，战略性新兴产业对于形成新的经济增长点、实现经济增长方式的转变和经济结构的优化，向创新型经济和创新型国家的转型至关重要，决定着中国能否从制造大国向创造大国的转变。那么国有经济在战略性新兴产业中，究竟应该发挥什么样的作用、如何发挥作用，这是摆在我们面前的研究任务，这也就是构建国有经济发展战略性新兴产业理论的必要性。

中国革命和建设的历史经验告诉我们，革命和建设的成功离不开正确的理论指导。国有经济理论是中国特色社会主义政治经济学的基础部分和重要内容。无论对于发展和壮大国有经济，还是国有经济发展战略性新兴产业都需要有正确的理论指导。习近平强调指出，要立足于国情和发展实践，“揭示新特点和新规律，提炼和总结我国经济发展实践的规律性成果，把实践经验上升为系统化的经济学说，不断开拓当代中国马克思主义政治经济学新境界”。① 我国改革开放取得的辉煌成就，离不开国有企业的贡献甚至为此牺牲的利益，需要对国有企业取得的成绩和国企改革的成功实践，总结升华为理论，为国有经济的进一步发展提供理论指导。

我们需要把马克思主义原理同中国实际相结合，建立完整、系统的、适合中国社会主义初级阶段的国有经济理论。在理论上，改革始终应坚持

① “立足我国国情和我国发展实践发展当代中国马克思主义政治经济学”，《人民日报》2015 年 11 月 25 日第 1 版。

中国特色社会主义方向。习近平总书记强调中国不是什么别的主义，而是社会主义。在两个“毫不动摇”的前提下，强调“公有制主体地位不能动摇，国有经济主导作用不能动摇”，把两者统一起来，在共同发展中保证公有制的主体地位和发挥国有经济的主导作用。新自由主义把中国改革开放以来取得的成就归功于私有制经济发展的结果，否定国有经济在改革中的重要作用，把国有企业贬为一无是处，低效率、垄断、腐败等，认为国有企业拖累中国经济，只有私有化才是未来国企改革的唯一出路。我们需要在理论上解释社会主义国有经济改革和发展取得成就的原因，既要客观分析国有企业存在的问题，找到解决的办法，也要对强加于国有经济的各种不实批评甚至诋毁的新自由主义思潮做出有力的回击，理直气壮地发展和壮大国有经济。实践中，如果没有一套完整、系统的国有经济理论，势必仍然要用西方经济学理论来解释和指导国有经济的改革，结果势必造成理论与实践脱节，成为“两张皮”。缺少一个科学的国有经济理论做指导，既无法使国有经济的干部和职工统一思想，也容易在实践中不知所措，有的坚持社会主义，有的按西方经济学的指导走。因此，需要及时总结我国国有经济的实践，总结改革开放以来国有企业改革得失两方面的经验教训，特别是社会主义市场经济体制建立以来国有企业和市场经济有机结合的实践。

具体到战略性新兴产业，一方面，国有经济与战略性新兴产业关系的理论是国有经济理论的具体组成部分，为国有经济发展战略性新兴产业提供理论依据。国有经济和战略性新兴产业是目的和手段的关系，国有经济通过发展战略性新兴产业来发展和壮大。同时，总结国企在发展战略性新兴行业的成功经验和问题，将之上升为系统化的国有经济发展战略性新兴产业理论，用于更好地指导实践。另一方面，系统化经济学说还包括国有经济的政策体系，为国有经济更好地发展战略性新兴产业提供合理的具体政策建议。以马克思主义为指导，建构中国的国有经济系统化理论并发展出一套完整的国有经济政策，尤为关键和极其紧迫。

3.4　国有经济发展战略性新兴产业的理论基础

3.4.1　公有制经济理论

马克思主义政治经济学中，国有经济作为公有制经济的存在形式，发展和壮大国有经济为共同富裕提供制度保障和物质基础。国有经济是先进生产力和生产关系的统一，战略性新兴产业代表先进的生产力，国有经济作为先进的生产关系能更好适应、促进战略性新兴产业的发展。因此，国有经济发展战略性新兴产业有其内在逻辑和客观的必然性。通过发展战略性新兴产业来发展和壮大国有经济，有利于巩固公有制经济的主体地位。

（1）国有经济是先进生产力和先进生产关系的统一

①从先进的生产力角度看，快速发展生产力是社会主义制度优越性的集中体现。

马克思在《资本论》里运用经济规律揭示了资本主义制度必然被更高的社会主义制度所取代的社会规律。以公有制为基础的社会主义生产关系，能适应并促进生产力的发展，实现人的全面自由发展。

然而仅有先进的社会生产关系是不够的，公有制的建立虽然对生产力的发展起到解放和促进作用，但并不意味着生产力能够自动快速发展，需要通过充分调动生产力的各要素及其组合，在生产力和生产关系的相互推动下，更快速地发展生产力，充分体现社会主义制度的优越性。列宁在《伟大的创举》中指出，“劳动生产率，归根到底是使新社会制度取得胜利的最重要最主要的东西。……资本主义可以被最终战胜，而且一定会被最终战胜，因为社会主义能创造新的高得多的劳动生产率”。[①] 苏联建立社会

① 《列宁专题文集》（论社会主义），人民出版社2009年版，第151页。

主义制度后，迅速从传统落后的农业国转变为强大的工业国，虽然经历了第二次世界大战对经济的破坏，但经过短短几十年的发展就成为同资本主义头号强国——美国相抗衡的超级大国。新中国成立后，尽管一段时期受到极左路线的影响，但总体上经济增长率仍然高于同期资本主义国家的经济增长率。改革开放以来，党中央确立了以经济建设为中心，社会主义初级阶段的根本任务是大力发展生产力。邓小平同志指出，“社会主义比资本主义的制度优越。它的优越性应该表现在比资本主义有更好的条件发展社会生产力”。[①]“马克思主义最注重发展生产力……社会主义阶段的最根本任务就是发展生产力，社会主义的优越性归根到底要体现在它的生产力比资本主义发展得更快一些、更高一些，并且在发展生产力的基础上不断改善人民的物质文化生活”。[②] 党的十八大以来，中央根据国际、国内形势的变化提出经济进入新常态，先后提出供给侧结构性改革和新发展理念，都是着眼于提高生产力发展的质量。党的十九大确立中国特色社会主义进入新时代，提出我国社会主要矛盾已经发生转化，为了更好地满足人民群众对最美好生活的需要，进一步要求解决生产力不平衡、不充分的发展。

国有经济作为先进生产力的代表，从政治经济学的角度来看，公有制是适应社会化大生产的必然结果，能够解放和促进生产力的发展，因而国有经济体现社会主义制度的优越性就表现在劳动生产率或效率上超过私营经济。实践证明，国有经济是先进生产力的代表，现在能在国际和发达国家竞争的高铁、航天、大飞机等领域，基本上均出自国有企业特别是央企，而且也实现了高利润率。从西方经济学的角度看，国有企业只是弥补市场失灵的产物，进入的只是外部性强的基础设施和公共品领域，国有企业的功能不是盈利而是为私人垄断资本提供更好的服务。因而私有制下国有企业的效率和利润率当然不能也不允许高过私人资本。

国有经济作为先进生产力的代表，积极发展战略性新兴产业是必然要求。国有经济应该通过发展战略性新兴产业，把握科技和生产力发展的最

---

① 《邓小平文选》（第 2 卷），人民出版社 1994 年版，第 231 页。
② 《邓小平文选》（第 3 卷），人民出版社 1993 年版，第 63 页。

前沿，根据产业变化的特点，发挥在产业链上游的技术和资本等优势，占领未来科技和产业的制高点，既能产生巨大经济效益，又能给国民经济整体发展带来社会效益；既能发展和壮大国有经济，又能转变我国的经济增长方式，实现经济结构的优化和调整。

②从先进的生产关系角度看，虽然机器作为生产工具是生产力的要素，但在社会生产中，生产力不是单独存在的，必须要和一定的社会关系相结合。机器的使用分为机器的资本主义使用和机器的社会主义使用。

第一，机器的资本主义使用与新变化。马克思分析了机器和机器的资本主义使用的不同。机器在生产中的应用，对生产力发展大大促进的同时，也受到了资本主义生产关系的局限。在资本主义社会中，科学技术的应用大大提高了生产力，创造出了巨大的物质财富。但同时，科学被异化为资本的生产力，成为剥削工人的工具。马克思指出，“从这些社会劳动形式发展起来的劳动生产力，从而还有科学和自然力，也表现为资本的生产力”。[①] “把劳动的社会生产力转换成资本的物的属性——这种做法已如此根深蒂固，以致机器、科学的应用、发明等等的好处，在它们的这种异化形式中，……所有这一切都被看做是资本的属性。”[②] 科学被作为资本的生产力同工人相对立，成为剥削工人的手段，马克思认为，“在机器上实现了的科学，……以社会劳动为基础的所有这些对科学、自然力和大量劳动产品的应用本身，只表现为劳动的剥削手段，表现为占有剩余劳动的手段，因而，表现为属于资本而同劳动对立的力量”。[③]

在资本主义制度下，一方面，科学大量应用于生产却成为排挤工人和压低工人工资的手段。作为资本积累的一般规律，机器的资本主义使用既推动了资本有机构成提高，同时相对过剩人口的规律也造成了大量工人失业。随着失业人口或工人后备军的不断增加，现有的工人的竞争压力提高，工资下降，受剥削更重。马克思在《资本论》里谈到资本主义使用机器的界限。资本家使用机器的目的，并不是为了节约劳动，而是为了取得

① 《马克思恩格斯文集》（第8卷），人民出版社2009年版，第394页。
② 《马克思恩格斯文集》（第8卷），人民出版社2009年版，第541页。
③ 《马克思恩格斯文集》（第8卷），人民出版社2009年版，第395页。

更多的剩余价值。“对资本说来，只有在机器的价值和它所代替的劳动力的价值之间存在差额的情况下，机器才会被使用。”[①] 经常是英国发明的机器却只能在北美等地而不是本国使用，“直到现在还有时不用马而用妇女在运河上拉纤”。[②] 因为相对生产马和机器所需的劳动，维持过剩人口中的妇女所需的劳动却微不足道，对资本家来说机器反而会使生产变贵。马克思对此曾深刻批判道：“恰恰是英国这个机器国家，比任何地方都更无耻地为了卑鄙的目的而浪费人力。”[③] 另一方面，科学还是作为资本压迫工人反抗的工具，迫使工人“无条件投降”。尤尔在《工厂哲学》里曾讲到，“资本招募科学为自己服务，从而总是迫使劳动的反叛之手就范”。[④] 因此，“科学对于劳动来说，表现为异己的、敌对的和统治的权力”，[⑤] 表现出了资本主义生产关系的局限性。达沃斯世界经济论坛的最新报告预计，在今后5年，机器人将导致全球范围内的510万人失业。据法新社报道，根据研究报告，2019年到2030年，机器人在全球范围内将会导致2000万人失业。[⑥] 麦当劳前首席执行官爱德·兰西认为，工人的最低工资如果提高到每小时15美元，将会迫使很多公司开始考虑使用机器人。因为购买一个机器人手臂只需要3.5万美元，这比养一个工人划算得多。而且工人的效率比不上机器人。[⑦]

在现代资本主义主导的全球化中，生产力的全球化伴随着生产关系的全球化发展。资本家在资本的全球化市场竞争更加激烈的外部压力下，在对剩余价值追逐的内部动力下，纷纷采用提高机器的方式，目的是为了获得超额利润。在价值规律的作用下，在价值的生产中，采用机器节省了社会必要劳动时间，单位商品的价值降低，但在价值的实现时，社会必要劳

---

① 马克思：《资本论》（第1卷），人民出版社2004年版，第451页。
② 马克思：《资本论》（第1卷），人民出版社2004年版，第453页。
③ 马克思：《资本论》（第1卷），人民出版社2004年版，第453页。
④ 《马克思恩格斯文集》（第8卷），人民出版社2009年版，第359页。
⑤ 《马克思恩格斯文集》（第8卷），人民出版社2009年版，第358页。
⑥ “机器人或抢走2000万人‘饭碗’”，《参考消息》2019年6月27日第4版。
⑦ 《富士康用机器人取代了6万个工人》，腾讯科技，2016-05-25，http://tech.qq.com/a/20160525/075599.htm。

动时间是全世界的平均劳动时间，所以率先采用机器的可以获得超额利润。这种对超额利润的追求，使得资本跨出国界，要求资源在全世界进行“合理”配置。资本的全球化，对剩余价值最大限度的追逐要求成本最小化，资本主义发达国家把加工制造即价值和剩余价值的生产过程，转移到人力、资源、环境等更廉价的发展中国家，并且根据成本的变化在不同的发展中国家中不断转移。因此，发达资本主义国家国内的去工业化和生产的国际化，本质上是资本主义主导的世界体系对剩余价值生产过程进行国际调整的两个方面，都是遵循资本追求最大限度的剩余价值表现出来的结果。机器在全世界的资本主义使用，带来的失业也是全球化的，特别是对发展中国家的影响更加明显。

第二，机器的社会主义使用。对于社会主义国家，同样存在机器的社会主义使用。机器的社会主义使用，创造更多的物质财富的同时解放了人，为人的自由全面发展提供了物质基础。但同时毋庸置疑，我国仍处于社会主义初级阶段，存在私有制经济并且鼓励同公有制经济共同发展，机器的资本主义使用的规律在私有制经济中同样出现，必然也会出现机器排挤人的问题。比如富士康昆山工厂，采用机器人生产，将工人从 11 万人裁减到了 5 万人。如果一个国家的劳动力大部分在私有制经济中就业，带来的失业问题以及由此引发的经济失衡和社会问题就不可避免。这就是为什么不仅要维护公有制的主体地位，而且要发展、壮大国有经济，这是保障大多数工人减少失业、实现人的全面自由发展的物质基础和制度保障。

在生产力高度发达的现代社会，劳动的形式和内容已经发生变化。无论现代化的工业还是农业，大量的不是依靠体力劳动，而是依靠脑力劳动及脑力劳动的物化——机器。机器的发明节约了甚至取代了体力劳动和简单劳动，特别是现在工业机器人的发明和在工业中的应用导致失业不断受到社会各界的高度关注。机器的资本主义使用本质上是生产力和生产关系的矛盾，而通过发展和壮大国有经济，采取机器的社会主义使用可以实现生产力和生产关系的统一，为更好地实现共同富裕和人的自由全面发展提供物质基础和制度保障。因此，国有经济发展战略性新兴产业，通过机器和机器的社会主义使用，不仅可以为国有经济的工人服务，还能对私有制经济进行引导，减少机器的资本主义使用对工人的副作用。

（2）国有经济发展战略性新兴产业的必要性与可行性

①国有经济发展战略性新兴产业的必要性。

社会主义制度下发展和壮大国有经济存在必然性。国有经济在社会主义初级阶段，一方面要通过先进的生产力体现出制度的优越性，更好更快地发展国有经济；另一方面，公有制经济还要发挥主导作用，鼓励、支持和引导私有制经济共同发展。国有经济发展战略性新兴产业，是社会主义初级阶段的基本经济制度中公有制的主体地位和国有经济的主导作用的要求，一方面能够发展和壮大国有经济；另一方面，能够对战略性新兴产业的健康发展起到支持和引导作用。

第一，国有经济发展战略性新兴产业是发展生产力的必然要求。实现生产力的跨越式发展首先是要靠科学技术推动。发展战略性新兴产业，一是创新驱动可以转变经济发展方式，在激烈竞争中拥有核心竞争力。通过发展战略性新兴产业抢占新兴技术高地、制定技术标准等，从技术跟随者转变为世界新技术领导者。二是战略性新兴产业市场潜力巨大，经济效益看好，可以拉动经济增长、扩大就业。但因为需要大量的研发投入，周期长和风险高，加上外部性强，私人资本无力和不愿意承担，所以需要国家和国有经济发挥作用。

第二，国有企业发展战略性新兴产业体现发展生产力和完善生产关系的统一。从生产力来看，科技是第一生产力，新一轮的科技革命方兴未艾，抓住科技革命实现生产力的跨越式发展，使生产关系推动生产力更快的发展，把握住发挥公有制的优越性，国有经济的功能和效率的统一主要体现在战略性新兴产业。从生产关系来看，建立、发展和壮大国有经济是适应和解放生产力的必然要求。国有经济积极发展战略性新兴产业，既加快了生产力的发展也带动生产关系的调整，让科技推动生产力发展的同时，为共同富裕提供制度保障和物质基础，更好地实现发展成果为全体人民共享。

②国有经济发展战略性新兴产业的可行性。

从国有经济发展战略性新兴产业的基础来看，第一，在自主创新的尖端科技方面具备技术条件。国有经济在高端科技特别是尖端科技方面具有绝对优势，是公共基础设施、国家重大工程、科技创新和高科技产业发展的主力军。新中国成立后依靠独立自主发展尖端科技成就辉煌。改革开放以后，关系到国计民生和国际竞争力的科技成就绝大部分也是国有经济取得的。在航空航天领域，运载火箭、北斗卫星导航系统、量子卫星技术尖端；在新能源领域，水电、风电、光伏和核电在建规模均位于世界第一，大型页岩气田、南海天然气水合物试采成功；在计算机领域，“神威·太湖之光”超级计算机，单光子量子计算机运算速度惊人；在交通领域，高铁建设稳居世界第一并出口，建成世界上最长的跨海大桥。这些对于提升整个经济质量和国际竞争力贡献巨大。据统计，在我国经济技术要求较高的生产资料和重要消费资料的生产领域，技术产品的80%以上都是由国有企业提供的。① 第二，从国有经济实力显著提升特别是利润来看，发展战略性新兴产业具备经济条件。国有经济通过改革已经和市场经济初步适应，市场经济和公有制的结合已经不是问题，下一步是如何在全面深化改革中更好地结合。国有经济的实力不断增强和利润不断攀升，为国有经济发展战略性新兴产业提供了坚实的物质基础。以央企为例，据国务院国资委的数据显示，2019年央企资产总额达63.4万亿元，净资产总额为22.2万亿元，实现营业收入31万亿元、利润总额1.86万亿元，企业全员劳动生产率每人56.3万元。②

3.4.2 国有经济职能理论

国有经济在世界各国都存在，既有相同的一般职能，也有不同社会制度下的特殊职能。研究资本主义国有经济的职能，既要分析它符合社会化大生产和市场经济发展的一般特点，也要分析它的本质特点。研究社会主义国有经济的特殊职能，要以马克思主义为指导，不能把资本主义国有经

---

① 宋方敏：“国企低效‘老调’重弹为哪般”，《红旗文稿》2017年第2期。

② 《以改革激发活力动力 央企高质量发展态势凸显》，新华网，2020-10-09，http://www.xinhuanet.com/2020-10/09/c_1126586676.htm。

济的特殊规律当作一般规律，代替社会主义国有经济的特殊规律，用于指导中国的国有企业改革。同时，应吸收和借鉴资本主义国有经济适应社会化大生产和市场经济的一般职能，为更好地发挥社会主义国有经济职能服务。

（1）资本主义国有经济的特殊职能和一般职能

①我们来分析资本主义国有经济的发展和职能演变。国有经济在资本主义经济发展中有很长的历史，最早的职能也不仅限于弥补市场失灵和提供公共品领域，国有经济在新兴产业的发展中往往起着不可或缺的作用。维尔纳·桑巴特（Werner Sombart，1928）[①] 认为，资本主义早期国有经济在产业发展的过程中起着主导作用。

1929—1933 年经济大危机大大推动了资本主义国有经济的发展。凯恩斯认为，危机的原因是有效需求不足，有效需求不足是由于边际消费递减、边际收益率递减规律和流动性偏好三大心理规律，引起实际消费和投资不足。如果经济要走出危机就必须靠国家进行投资扩大有效需求，促进经济增长和扩大就业。作为政府干预经济的重要手段，国有经济在第二次世界大战以后得以迅猛发展。发达的资本主义国家通过直接投资、对私企国有化和参股等方式大规模的发展国有经济，1972 年英国的国有经济占本国总资产的比重为 33%，法国为 20%，联邦德国为 30%，意大利为 30%。[②] 资本主义国有经济在欧洲的发展甚至受到当时苏联等社会主义公有制高效率的影响。前英国工党经济大臣和财政大臣 H. 盖茨克尔就曾认为，“效率是赞成国有化的论证的核心”，“国有化是能达到更高生产力和更大效益以及防止垄断的最好的或唯一的方法”。[③]

对于第二次世界大战后西方国家的国有化发展，吴易风（2001）[④] 认

① Werner Sombart. Der modern Kapitalismus，Ⅲ ［J］. Band：Das Wirtschaftsleben im Zeitalter des Hochkapitalismus，Ⅱ. Halbband（München－Leipzig 1928）.

② 常辉：《20 世纪西方大国资本主义国有经济研究》，人民出版社 2016 年版，第 105 页。

③ H·盖茨克尔：《社会主义与国有化》，商务印书馆 1962 年版，第 28、第 25 页。

④ 吴易风：“西方国家的国有化和非国有化”，《福建论坛》2001 年第 9 期。

为，资本主义国有化在很大程度上突破了传统的西方经济学理论，一是职能上突破了市场失灵理论，国有经济不只被当作矫正市场失灵的手段，也作为摆脱危机、促进经济增长的一种手段；二是活动范围上突破了传统的基础设施领域，国有经济延伸到一些重要的竞争性领域；三是目的不只是增进效率，还作为缓和社会矛盾的一种手段，特别是一些欧洲国家左翼政党上台后，试图把国有化同“社会主义”联系起来做幌子，在促进公平方面做了一些补救措施来改良资本主义。

即使在20世纪70年代，发达资本主义国家经历了私有化浪潮之后，仍在总体上保持着相当规模的国有经济成分，这些国有企业控制着国家的重要领域，对经济社会发展发挥着重要作用。据统计，主要发达资本主义国家的国有企业产值在GDP中比重分别为法国24%（1985年）、英国19%（1979年）、意大利20%（1979年）、德国13%（联邦德国1979年）。进入21世纪，特别是2008年世界经济危机之后，资本主义国家为了救市，又出现新一轮的国有化，大规模救助陷入破产的通用汽车、投资银行等实体经济和金融机构，以及投资新的战略性新兴产业。

②从凯恩斯国有经济理论的本质分析。

第一，凯恩斯的国有经济理论是资本主义发展到国家垄断阶段的产物。资本主义国有经济的产生，客观上是适应社会化大生产的一般规律，是资本的社会化在一定程度上的反映，属于生产关系适应生产力发展进行的部分调整，但在根本上代表的是私人垄断资本的利益。通过垄断资本和政府的结合，国家作为总资本家维护私人垄断资本的总体利益。恩格斯在《反杜林论》中指出，“无论向股份公司的转变，还是向国家财产的转变，都没有消除生产力的资本属性。……现代国家，不管它的形式如何，本质上都是资本主义的机器，资本家的国家，理想的总资本家。它越是把更多的生产力据为己有，就越是成为真正的总资本家，越是剥削更多的公民。工人仍然是雇佣劳动者，无产者。资本关系并没有被消灭，反而被推到了顶点”① 因此，资本主义国有经济对生产资料的占有并没有改变资本的性

---

① 《马克思恩格斯文集》（第9卷），人民出版社2009年版，第295页。

质，工人并没有所有权，仍然受雇于整个国家和国有企业，创造的剩余价值被整个资产阶级所无偿占有。

第二，凯恩斯国家干预理论直接的目的是反危机。经济危机发生后，生产相对过剩，大量企业破产，私人资本家面对市场的萧条投资谨慎，单靠市场机制的作用，无法快速实现经济复苏，经济陷入长期低增长乃至负增长。这时候就需要国家代表私人资本进行投资，拉动经济增长和熨平经济波动。从资本主义国家摆脱大危机和第二次世界大战后出现的一段长时间繁荣来看，凯恩斯主义实施的效果明显。但经济危机是由资本主义基本矛盾决定的，因此凯恩斯的干预理论只能缓解却不能根除，总供给和总需求的矛盾只能不断积累，最后发展成为20世纪70年代的“滞涨”。

③从资本主义国有经济的具体职能来分析。具体包括：

第一，提供基础设施、公共服务。是社会化大生产的需要，但无利可图或盈利水平低，从维护资本家整体利益出发，必须由国家来承担总资本家的职能。因而，国家作为资源配置的一种手段，直接在经济中发挥作用。

第二，国有经济作为宏观调控的重要手段，实现总体宏观目标。如保持宏观总供给和总需求平衡，促进国民收入增长，控制物价总水平防止通货膨胀和紧缩的产生，实现就业和社会稳定等。

第三，支持私人垄断资本的发展。通过国有经济的私有化，国有经济提供低价格的产品和服务，相当于把创造的一部分剩余价值转移给私人垄断资本家，保证私人垄断资本的低成本和高额利润。

第四，促进技术进步。国有经济依托国家投资和发展一些科研机构和高新科技产业，帮助私人垄断资本提高资本有机构成，节省私人垄断资本的科研支出，推动国民经济的总体技术进步。扶持新兴产业的发展，提升产业的国际竞争力。

第五，调整产业结构，利用财政资金和金融手段，有计划地对需要优先发展的产业部门进行投资。支持落后地区经济的发展，如美国开放大西部，改善地区结构。

资本主义国有企业的职能，因为是从私人垄断资本的总体利益出发，一方面，国有企业虽然技术进步和劳动生产率提高，但经营的目的决定了亏损或微利，需要靠国家进行大量补贴。另一方面，巨大的财政支出，造成国家财政负担，形成政府债务。20 世纪七八十年代，西方出现的国有企业私有化浪潮，一方面是因为资本主义各国陷入滞涨，财政困难；另一方面，新自由主义抬头，国企私有化以低价出售给私人垄断资本。

（2）学习和借鉴其他国家国有经济的一般职能

资本主义国有经济从根本上是服务于垄断资产阶级利益，这些反映资本主义制度的特殊职能对我国并不具有一般性。但资本主义国有经济又具有符合社会化大生产和市场经济运行机制成熟的一般特点，即国有经济的一般职能，对完善社会主义国有经济职能具有借鉴意义。

①我们来总结国有经济的一般职能。具体包括：

第一，弥补市场失灵和提供公共品。市场在对资源配置起决定性作用时，具有微观资源配置的灵活性优点，但同时市场具有自发性、盲目性，会对宏观经济和市场经济运行带来破坏和公共品因投资不足而短缺。需要国有经济为国民经济的整体发展提供基础性产业和公共服务，弥补市场失灵，保证市场经济机制的平稳有效运行。

第二，国有经济被用来作为国家干预经济的手段之一，对于宏观经济健康、稳定运行和宏观均衡发展起重要作用，包括：国有经济利用强大的资本，发挥人才和技术优势，承担一些重要部门和关键领域的创新，开拓新兴产业；协调和解决地区、产业结构发展不平衡问题。

第三，国有经济肩负着很多社会目标。包括保障国家经济安全、促进就业、维护社会整体利益。

②对于完善社会主义国有经济职能具有借鉴意义的内容包括：

第一，凯恩斯国有经济理论中的反危机作用，对于社会主义初级阶段仍有借鉴意义。吴宣恭（2016）[①] 认为，社会主义初级阶段两种所有制并存，公有经济和私有经济两种不同性质的经济规律必然起作用和相互影

---

① 吴宣恭：“坚持和完善社会主义初级阶段的基本经济制度”，《政治经济学评论》2016 年第 4 期。

响。当前市场经济的无序，产能过剩等问题，是私有制经济规律发生作用的结果。但既然私有制经济是一种客观存在，那就需要我们正视和重视这一问题。中国要承认有发生经济危机的可能性：一方面是中国参与到世界经济中，资本主义的生产过剩、经济危机、通货膨胀等就可能转移到中国；另一方面是在私有制经济占据比较大的比例，大多数工人在私营企业就业的情况下，如果工人工资得不到保证，不断扩大的供给和相对缩小的购买力之间必然会产生总供给和总需求的矛盾，商品相对过剩现象会出现。在这种情况下就要采用适当的反危机手段。

第二，对新兴产业的投资会启动新一轮的经济增长。资本主义经济危机后每一次经济复苏都是从大规模的固定资本更新开始的，私营经济面对萧条的市场和购买力不足，不愿冒风险而减少投资，会加重经济复苏的难度。比如2008年美国金融危机引发全世界的经济危机，美国经济陷入长期低迷，根本原因在于大规模的资本更新并没有出现在生产领域，而是“脱实入虚”。显然，从国民经济的整体性出发，大规模基础设施的投资，可以为整体经济发展注入活力和动力。强大的国有经济可以通过大规模的资本更新，特别是通过对新兴产业的投资带动经济复苏，优化经济结构，推动下一轮的经济繁荣。

（3）社会主义国有经济的特殊职能与发展战略性新兴产业

国有经济的一般理论对于社会主义性质的国有经济来说，显然是不够的。国有经济的发展和壮大是服从于邓小平强调坚持的社会主义的根本原则，即公有制占主体和共同富裕的要求。①

社会主义国有经济的具体职能包括：在制度上巩固公有制经济；在经济运行上弥补市场失灵，保障市场经济的平稳运行；在经济增长中，通过大规模的基础设施投资，强有力地拉动经济增长，特别是2008年美国金融危机引发全世界经济危机，国有经济对中国经济增速和金融市场的稳定发挥了定海神针的作用；在经济结构中，国有经济服从国家战略，调整战略布局，为国民经济整体经济质量的提高和经济结构的转型升级提供支持；

① 《邓小平文选》（第三卷），人民出版社1993年版，第111页。

在国际竞争力上，国有经济更是体现了竞争优势，不仅在高铁、航天、卫星通信、基础建设等拥有核心技术和国际竞争力，而且在“世界 500 强”中的数量和质量都在不断提升；在微观企业领域，国有企业作为先进生产力和先进生产关系的统一，内部的和谐劳动关系，员工的高工资和福利，对私企改善对立的劳资关系起到示范作用等。

①国有经济发展战略性新兴产业的特殊职能服从国家战略的职能。

第一，推进国家现代化。《中共中央、国务院关于深化国有企业改革的指导意见》指出，国有企业是推进国家现代化、保障人民共同富裕的重要力量，必须坚定不移地做强做大做优。在新常态下，中国经济面临发展方式的转变，从制造大国向创造大国的飞跃，从要素驱动向创新驱动转变。战略性新兴产业是关键抓手，国有经济在发展战略性新兴产业中需要发挥带头和引领作用。

第二，坚持公有制为主体和国有经济在整个国民经济中起主导作用。我国处于社会主义初级阶段，《宪法》中明确规定了公有制的主体地位和国有经济在整个国民经济中的主导作用，国有经济发展战略性新兴产业是发挥国有经济职能不可缺少的领域。社会主义经济制度的整体健康运行，要求增强计划性和加强宏观调控，要求国有经济对整个国民经济发挥主导作用，推动国民经济增长的同时实现产业结构的优化和升级。认为既然私营企业可以发展战略性新兴产业，就不需要国有企业的观点，一般与忽视或否定国有经济与社会主义制度的性质、国有经济的主导作用是联系在一起的，是错误的。

第三，发挥社会主义制度的优越性归根结底是靠国有经济的高效率来体现。公有制经济是社会主义制度的经济基础和共产党的执政基础，国有经济是公有制的主要存在形式。习近平总书记多次强调要发展和壮大国有经济，国有经济从自身发展出发，需要通过发展战略性新兴产业提高劳动生产率，实现国有经济量的增加和质的提升（结构优化）。需要通过优化国有资本的投资方向，加快淘汰国有工业落后产能，向高利润和战略性产业进行布局和调整。从国有经济提高竞争力的角度，必须培育出具有国际竞争力的支柱产业。

②支持和引导私营企业共同推动战略性新兴产业的健康发展。

第一，国有经济发展战略性新兴产业可以带动整个国民经济，为私营经济的发展提供支持。战略性新兴产业是中国经济进入下一轮增长周期和在新的世界经济竞争中取胜的关键性产业。国有经济要从服务整个国民经济角度，对战略性新兴产业这个关键性领域进行投资建设。一方面，通过战略性调整和布局，推动经济结构调整中起带头和主导作用。国有经济作为国家调控经济的一种重要手段，可以支持、引导私营经济发展战略性新兴产业，实施创新型国家战略。另一方面，也为私有制经济发展战略性新兴产业和创新提供基础设施。比如网络和信息化的基础设施绝大部分是国有经济建立的，为私营企业大规模的互联网商业应用提供了坚实的基础，能大大支持如阿里巴巴、京东等电商及各种互联网应用企业的发展。

第二，私营企业在发展战略性新兴产业中存在短板，需要国有经济对私营经济提供支持和引导。战略性新兴产业具有投资大、风险高、周期长和市场的需求不确定性，而且具有明显的外部性特点，私营企业可能愿意投入资金进行应用性创新，但不会主动或没有足够实力发展战略性新兴产业，因而战略性新兴产业的发展就不能完全依赖于市场的自发行为。国有经济可以弥补这种市场失灵，为战略性新兴产业发展提供基础性研究，以及技术、资金和市场等的支持。

第三，对私营经济的引导作用还表现在，把科技和科技的资本主义使用弊端降低到最小。机器和机器的资本主义使用在本质上是生产力和生产关系的矛盾，新的生产力要求突破旧的生产关系的束缚，而旧的生产关系又会尽可能把生产力控制为资本的生产力为资本服务。在资本主义制度下，科技作为资本的生产力，一方面创造了大量的物质财富，另一方面提高了资本有机构成，形成相对人口过剩规律，工人为了不失业就必须保证劳动力成本低于资本家购买和使用机器的成本。在社会主义初级阶段下私有制经济仍然是资本主义性质，在私有制经济存在的领域同样存在科技和科技的资本主义使用的矛盾。一方面，科技创造大量的财富，并降低单位商品的价值。另一方面，科技作为资本的生产力，工人始终无法摆脱而且是变本加厉受资本的控制，比如机器人用于工业，采用机器人进行生产的工厂用机器人代替工人，工人就被迫延长劳动时间，增加劳动强度。比如，IT 公司的“996”现象（即工人每天工作时间从早 9 点到晚 9 点，一周工作 6 天），IT 工人超负荷劳动且加班情况严重。国有企业通过科技和科技的社会主义使用，发挥生产力和生产关系统一的优势，能让劳动关系更和谐，对私营经济的弊端进行引导，缓和劳资关系，减少社会矛盾。

3.4.3　政府更好发挥作用理论

社会主义市场经济是有效市场和有为政府的统一。在社会主义市场经济体制改革中，最重要的是处理政府与市场关系。具体到战略性新兴产业，单靠市场自发性会存在市场失灵，应该依靠政府规划，制定产业的大方向并发挥扶持和引导作用。国有经济是政府发挥作用的一个重要手段，国有经济发展战略性新兴产业具有客观必要性。

（1）社会主义市场经济中政府与市场关系

在正确处理政府和市场关系问题上许多学者做了广泛而深入的研究，卫兴华（1989）① 最早提出纵向“二层次调节论”，主张计划调节市场，市场调节企业。二层次的调节机制是一种有机结合，不存在何者为主和为辅的关系，计划调节市场的导向作用不会因为市场调节起决定性作用而降低为“为辅”。在社会主义市场经济体制下，卫兴华（1999）② 提出无论资本主义市场经济还是社会主义市场经济，都需要将市场调节和政府调节相结合。国家对经济运行进行宏观调控，既对宏观经济进行调控，也要对微观经济实行间接方式为主和必要的直接调控。中国需要形成政府主导下的计划和市场相结合的市场经济模式，并且根据不同的发展阶段，需要采取不同的市场机制和政府调节组合。

刘国光（2015）③ 指出，在以公有制为主体的社会主义市场经济中，

---

① 《卫兴华自选集》，中国人民大学出版社 2007 年版，第 10 页。

② 《卫兴华自选集》，中国人民大学出版社 2007 年版，第 499—506 页。

③ 刘国光：“政府和市场关系的核心是资源配置问题”，《毛泽东邓小平理论研究》2015 年第 11 期。

核心的问题是市场作用和政府作用都要用好。政府和市场都是资源配置的手段，政府作用主要体现在宏观资源配置，保障宏观经济的有计划按比例发展。

周新城（2016）[①] 强调，市场经济属于运行机制的范畴，要排除新自由主义把市场经济地位抬高到第一位的错误观点。党的十八大报告强调必须更加尊重市场规律，更好发挥政府作用，恰恰是同新自由主义的根本区别。

逄锦聚（2016）认为，要把社会主义的制度优势和市场经济优势结合起来，在市场对资源配置起决定作用的同时，更好地发挥政府在提供公共服务、管理与调控宏观经济的作用。

程恩富（2015）[②] 认为，中国特色社会主义的市场决定性作用和新自由主义讲的市场决定性作用存在本质不同。社会主义市场经济强调市场在资源配置中的决定性作用，并不是指政府要将权力完全下放给市场，政府无需发挥作用，而是把政府调节和市场调节更好地结合起来，推动国民经济更好更快发展。

张宇（2016）[③] 认为，正确处理政府与市场的关系既是市场经济一般规律和社会主义制度的本质要求，也符合现阶段中国发展的实际。政府与市场关系随生产力、生产关系和上层建筑的发展而变化，是处于动态变化的过程。市场发挥决定性作用主要是在微观经济领域，而对宏观经济和社会发展要发挥党政有为的制度优势，体现社会主义市场经济的本质要求，不能被新自由主义错误主张的“小政府大市场”所误导。

邱海平（2015）[④] 认为，市场在资源配置方面具有二重性，既存在有

---

① 周新城：“关于社会主义市场经济的几个理论问题”，《政治经济学评论》2016 年第 4 期。

② 金瑶梅：“经济体制改革进程中的市场和政府——程恩富教授访谈录”，《晋阳学刊》2015 年第 1 期。

③ 张宇：“社会主义制度性的市场经济——关于中国特色社会主义政治经济学的若干问题（下）”，《经济导刊》2016 年第 7 期。

④ 邱海平：“使市场在资源配置中起决定性作用和更好发挥政府作用——中国特色社会主义经济学的新发展”，《理论学刊》2015 年第 9 期。

效性也存在低效甚至无效，并不是实现资源最优配置的绝对方式。因此，所有实行市场经济体制的国家在资源配置中，既要发挥市场的决定性作用，也要发挥政府的积极作用。

从以上相关研究可以发现，在建立和完善社会主义市场经济体制中，第一，政府与市场是协同关系而不是排斥关系。政府和市场都是手段，市场运行机制的成熟和完善需要政府发挥作用，即便是在资本主义国家，也不存在只有市场没有计划的单一的市场经济。社会主义初级阶段发展生产力，既要利用市场机制在微观配置资源的优点，解决过去计划经济中存在的一些弊端，也要客观认识到市场也有自发性、盲目性、事后调节的滞后性等缺点带来的宏观经济失衡。这就需要政府和市场的配合，把适合市场的交给市场，适合政府的交给政府，政府既不能越位，也不能缺位。

第二，实际上资本主义市场经济也不是强市场和弱政府组合。市场在资源配置中起决定性作用，并不是指市场发挥一切作用。新自由主义把政府和市场看作对立关系，主张市场经济中要减少甚至否定政府作用，本质是让其他发展中国家取消政府干预，配合资本的全球化进行掠夺和剥削。这是有前提条件的，即本国的产品有竞争力，金融资本有控制力。政府作用表现为通过加大研发投入培育国际竞争力，确立在高端制造领域的产品竞争优势，并且控制产业链的高端。如果产品没有核心竞争力，资本就不能通过全球化获得超额利润。政府如果不培育强大的资本市场，就不能通过金融资本控制定价权和产业链。正如斯蒂格利茨所说的，不要看美国怎么说，而要看美国怎么做。

第三，政府作用是社会主义经济制度的重要属性。社会主义市场经济同资本主义市场经济区别在于制度，在于所有制不同。市场经济不能脱离基本经济制度而单独存在，市场经济的一般只能存在于特殊之中，必须要和基本经济制度相结合并且服务于经济制度。这就要求政府不仅要发挥作用，而且要发挥关键作用。一方面，在建立和完善社会主义制度中需要发挥政府作用，因为社会主义不同于以往的制度特征，以往的私有制经济制度特征是自发形成的，而社会主义制度是靠自觉，政府的作用不是削弱而是不断加强，使改革朝着正确的方向和既有的目标前进。另一方面，社会主义市场经济的建立和完善同样是需要政府的作用，市场在微观资源配置中起决定性作用，但同时宏观调控、国民经济的运行要靠政府作用，避免市场经济的自发和盲目性等缺点而带来的经济危机和波动。

（2）社会主义市场经济中政府的作用

在政府具体作用的研究方面，卫兴华（2015）① 基于社会主义市场经济和资本主义市场经济在资源配置上既有共同之处也有不同，认为市场决定资源配置限于微观经济，而社会主义宏观经济的资源配置是由党和政府决策决定，不是由市场决定。

吴宣恭（2015）② 认为，社会主义市场经济要充分利用国家所有制的优势，将国家作用和国有企业的作用结合起来，弥补国家进行宏观调控的不足，实现社会经济的协调发展和发展方式的转变。在依靠市场配置资源起决定性作用的同时，利用计划调节克服市场经济的盲目性和自发性，降低经济波动的幅度。

洪银兴（2016）③ 认为，发挥社会主义市场经济的强政府和强市场的协同作用，在发挥政府作用的领域，政府作用必须要强。强政府作用包括：一是政府决定公共资源的配置，按照公平原则满足公共需求；二是政府在国家安全、生态和环境、重大生产力布局、战略性资源开发等市场失灵的领域，要强有力地发挥作用；三是社会主义初级阶段下政府要发挥推动发展的职能，如城镇化、创新驱动、经济结构调整等。

胡家勇（2016）④ 认为，政府职能内生于现代市场经济的运行规律和社会主义的制度规定性。政府作用具体包括：一是构建包括法治秩序、产权制度、竞争规则和监管制度在内的市场经济制度框架；二是构建公共基础设施和骨干网络的总体生产力框架；三是构建宏观经济稳定框架；四是

① 卫兴华："关于市场配置资源理论与实践值得反思的一些问题"，《经济纵横》2015年第1期。

② 吴宣恭："对社会主义市场经济特有优势与国有经济主导作用的再认识"，《毛泽东邓小平理论研究》2015年第1期。

③ 洪银兴："十八大以来需要进一步研究的几个政治经济学重大理论问题"，《南京大学学报（哲学·人文科学·社会科学）》2016年第2期。

④ 胡家勇："试论社会主义市场经济理论的创新和发展"，《经济研究》2016年第7期。

构建包括养老、医疗、教育、失业等在内的社会福利框架。

首先，从以上相关研究可以发现政府的一般作用。第一，提供基础设施和公共品，弥补市场失灵。第二，都有宏观调控的功能，即资本主义也有计划，虽然程度比社会主义要小。这是成熟的市场经济标志即政府职能内生于现代市场经济的运行规律。一方面利用计划调节减少市场经济的盲目性和自发性，另一方面具有管理与调控宏观经济的作用，降低经济波动的幅度，推动整体国民经济更好更快地发展。

其次，可以发现社会主义政府的特殊职能。第一，从制度属性来看，经济基础和上层建筑之间的相互关系决定了政府作用必须要强。在社会主义社会，社会化大生产在客观上要求公有制与之相适应，公有制决定社会主义经济制度的性质，是共同富裕的制度保障和物质基础。政府作用体现在对经济基础的保护和支持作用，通过对国有经济的战略布局调整来发展和壮大国有经济。宪法明确规定，国家保障国有经济的巩固和发展。① 第二，公有制和市场经济的有机结合是社会主义市场经济的本质特征，是让市场机制更好地服务于社会主义基本经济制度。政府的宏观调控作用表现为，使社会生产按照有计划、按比例发展，保障宏观经济的总量和结构平衡。第三，从生产力发展来看，政府作用表现在作为宏观资源配置的手段，转变发展方式，优化经济结构，推动城乡、地区、产业发展平衡，实施国家创新战略，推动供给侧结构性改革，落实新发展理念等，实现从高增长到高质量发展的飞跃。第四，从社会主义目的来看，政府通过调节收入分配、精准扶贫等手段，全面建成小康社会，实现共同富裕。

（3）国有经济作为政府作用的重要手段具有发展战略性新兴产业的职能

政府在战略性新兴产业中需要更好地发挥作用，而国有经济作为政府发挥作用的重要手段，发展战略性新兴产业具有必然性。

第一，基于经济制度属性。国家和政府作为上层建筑，具有宏观资源配置的经济职能。发挥社会主义的制度优势，国家会对战略性新兴产业的

① 《中华人民共和国宪法》，中国民主法制出版社 2004 年版，第 64、第 65 页。

前瞻性基础研究、产业培育、基础设施建设以及健康发展进行总体规划。同时，发挥国有企业在坚决执行国家战略方面的带头作用，通过战略性新兴产业的重要抓手，实现创新驱动、优化经济结构的国家战略，推动国民经济的整体迈向高质量发展阶段。

第二，基于经济运行的职能，需要发挥为政府弥补市场失灵作用。战略性新兴产业具有投资大、周期长、风险高、市场不确定等特点，私营经济在发展战略性新兴产业中存在短板，因而存在市场失灵，单靠市场自发性无法解决。因此，需要国有经济在发展战略性新兴产业中发挥示范和引导作用，以及对私营经济的支持，共同推动中国制造向中国创造的转型。

第三，基于国际竞争形势和国家处于赶超阶段的特点。在新一轮的产业革命下，世界各国纷纷加快战略性新兴产业的发展，世界竞争会更加激烈。中国虽然是世界第二大经济体，但仍然处于社会主义初级阶段，仍然是一个发展中国家，从实现赶超发达国家的角度，需要政府主导的经济发展模式，利用举国体制的优势，支持战略性新兴产业的快速发展。

3.4.4 产业结构调整和升级理论

战略性新兴产业国民经济的结构升级，增长方式的转变起着推动作用。事实证明，世界各国都在使用产业政策，产业政策不仅发达国家在资本主义制度的形成和发展中，而且发展中国家在实施赶超战略中，都大量的使用。计划不等于计划经济，资本主义也有计划。产业政策作为宏观调控和计划的一种手段，对于本国产业结构调整和升级起着重要作用。因此，在战略性新兴产业的发展中产业政策是不可或缺的。

（1）产业经济学的一般理论

产业经济学是以产业经济活动规律和相关政策为研究对象，包括产业发展、产业结构、产业布局、产业组织、产业分工、产业关联、产业生态和产业政策等领域。① 20 世纪 50 年代，随着凯恩斯主义盛行，博尔丁

---

① 洪银兴主编：《现代经济学大典》（下），经济科学出版社 2016 年版，第 113 页。

（K. E. Boulding，1958）在《经济政策原理》中系统阐述了财政政策、货币金融政策、国民收入政策、国际贸易政策、劳动政策等内容的产业政策。但产业政策的概念首先出现在日本。第二次世界大战以后，日本认为要赶上欧美等发达国家，仅通过市场机制的自发作用和企业的努力是不够的，必须采用产业政策以加快经济振兴和实现赶超。日本通过国家干预建立新的产业结构的产业政策，是对凯恩斯主义经济政策的丰富和发展。①

产业结构调整离不开产业政策，事实上，产业政策全世界包括发达国家都在用。发达国家同样发挥着政府作用，通过财政和货币政策对经济进行有效干预，特别是对具有外部性强的产业进行干预，建立新的竞争优势或保持领先优势。巴罗（Barro，1998）、② Devarajan（1996）③ 研究认为，政府具有支持生产性公共产品的偏好，根据对总产出贡献程度的大小决定相应产业的投入力度。因此，战略性新兴产业一直是各国政府投入的重点。具体通过产业政策和财政税收政策来实现，产业政策主要是针对企业为企业的研发和生产提供补贴，财政税收政策主要是进行财政投入、财政补贴和税收优惠等。

产业政策在日本取得了巨大成功。日本通商产业省把实施的产业政策称为“产业合理化政策”，且通过立法保护。日本实施产业政策的理论依据和目的包括：一是后发优势理论。日本通过产业政策的保护和培育有比较优势产业，实现经济振兴和经济赶超。二是结构转换理论。日本通过产业政策实现了从劳动力密集型到资本密集型再到技术密集型的产业结构的不断调整和转换。三是规模经济理论。日本在赶超阶段通过牺牲竞争活力来先达到规模经济，保证扶持的产业迅速成长和获得国际竞争力。四是技术开发理论。日本针对技术开发具有外部性、高投入和高风险特点，通过产业政策干预实现技术不断进步，保持经济领先优势和经济快速增长。

---

① 杨治：《产业经济学导论》，中国人民大学出版社 1985 年版，第 5—6 页。

② Barro，R. J：Government Spending in a Simple Model of Endogenous Growth. *Journal of Public Economics*，1998，98（5）：103—126.

③ Devarajan，S.，Swaroop，V.，Zou，H. F.：The Composition of Public Expenditure and Economic Growth. *Journal of Monetary Economics*，1996，37（2）：313—344.

产业政策作为国家经济政策的一部分，首先是和市场失灵紧密相关的。产业政策是政府为修正市场机制作用和更好地推动经济发展，而对产业及产业结构发展和调整采取的经济政策。其次，产业政策又是后发国家实现经济赶超的工具。政府通过制订经济计划、对经济政策立法，以及采取经济措施来扶持战略性产业的发展，实现经济起飞和特定的经济目标。产业政策是一个政策体系，包括产业扶持政策、产业调整政策、产业技术政策、产业补贴和保护政策、产业组织政策等。产业政策的特点，一是维护社会整体利益；二是政府间接干预经济，而不是直接控制和参与；三是对经济发展过程的自觉干预。①

（2）供给侧结构性改革中的产业政策之争

面对中国经济进入新常态，表面上是总供给和总需求在结构上的不匹配，深层次原因是供给体系不合理。党中央适时提出供给侧结构性改革，目的是让供给适应变化了的需求，提高供给体系的质量和效益。在党的十九大报告中习近平总书记提出，中国特色社会主义进入新时代，中国经济已由高速增长阶段转向高质量发展阶段，要深化供给侧结构性改革，把提高供给体系质量作为主攻方向。供给体系存在的问题包括产业结构不合理，战略性新兴产业有利于优化产业结构，产业结构的升级和战略性新兴产业的发展离不开产业政策。

在要不要产业政策上，张维迎和林毅夫于2016年展开了激烈争论，并且吸引了众多经济学家的参与，成为当年经济学界最热门的讨论话题。张维迎反对产业政策，主要理由包括：一是认为由于人类的认知能力的局限和激励机制的扭曲，新技术创新和新产业的产生无法预测。二是认为产业政策是“穿着马甲的计划经济”，政府监管会扼杀和阻碍创新，而且产业政策一定会导致政府的寻租行为。三是市场而不是政府是发挥比较优势的最有效制度。中国经济增长归功于市场化的改革，而不是产业政策，相反产业政策导致过剩产能和结构失调。四是技术创新和技术进步源于企业家精神，“自由、私有产权和法治”是发挥企业家精神的最基本制度条件，

① 陈淮：《日本产业政策研究》，中国人民大学出版社1991年版，第3—14页。

产业政策不仅会打压企业家精神和个人权利，而且会对企业家的投资选择形成误导，并导致不公平竞争。因此，产业政策只会阻碍创新并且注定会失败。

而林毅夫提出反驳，理由主要有：一是任何成功的国家都采用过产业政策。世界近代经济史中，后发国家在追赶先进工业国时都使用了产业政策。如 19 世纪的美、德、法，20 世纪的日韩都采用产业政策来支持新产业的发展，并成功实现赶超。二是当代经济发展是产业结构不断变迁的过程，发达国家之所以能够继续领先，是因为政府支配研发资金决定着产业的发展方向。三是产业政策不仅能解决市场外部性问题，而且国家通过集中部分资源扶持某些优势产业能够推动经济持续增长。四是有效市场和有为政府两者不是矛盾，而是共同发挥作用，不能因为部分产业政策失败就否定产业政策。

这场论战吸引了很多经济学家，其中支持林毅夫的有：

曹和平①认为，第一，林张之争不是政策效益的高低和对政府行为优劣的评价问题，而是要不要政策工具的问题。张维迎宣称自己信奉的是哈耶克和米塞斯，属于市场原教旨主义（Market Fundamentalism），显然林毅夫的观点更为正确。第二，政府和企业间的关系是互补性的辩证关系，把政府和企业间的关系当作绝对矛盾和对立不客观。政府矫正市场失效依赖于公共品的提供。第三，强政府并不都是经济低效率，弱政府也不都是经济高效率，美国是强政府和高效率经济体，而很多发展中国家则是弱政府和低效率经济体。

侯若石②指出，第一，张维迎把产业政策比作“穿着马甲的计划经济”是错误的，和客观历史事实不符。2008 年金融危机以后，各国政府纷纷鼓励和刺激实体经济特别是制造业发展，使用产业政策成为普遍做法，而这

① 曹和平：“林毅夫与张维迎：政策见解差异背后的认识论思考”，《经济导刊》2016 年第 11 期。

② 侯若石：“中国应实行以市场为导向的产业政策——兼评张维迎林毅夫论战”，环球网财经频道，2016 - 09 - 21，http：//finance. huanqiu. com/roll/2016 - 09/9470404. html。

些发达市场经济国家显然都不是计划经济国家。第二，政府也是市场经济的参与主体，政府对公共产品的投资和政府采购都直接或间接地参与了财富创造。因此，政府的经济职能中就包括产业政策。

贾康[①]认为，林毅夫在认识框架上更合理。他提出产业政策不光要考虑如何设计，而且要考虑用什么样的机制来实施。他认为赶超战略可能会出错，但是没有赶超战略则不可能完成中国从追赶到赶超到现代化的过程。

支持张维迎的包括邓新华、盛洪、许小年、刘胜军等学者，都片面强调市场作用，认为政府在干预经济中对市场会产生扭曲。[②]

对于此次产业政策之争，《经济导刊》编辑部总结指出，第一，张维迎为代表的一些自由派学者坚持主张西方市场化理论，把中国过去30多年的经济成功归结为新自由主义的市场化、民营化和国际化，成绩都是企业家的贡献，问题都是政府改革不彻底所造成的。他们声讨产业政策的本意是彻底抹黑和否定政府作用。第二，当代各国政府对经济的干预早已超出"宏观调控，市场秩序"的范围，因此理论要服务于现实。林毅夫的国际视野和历史观，符合现实的国际竞争态势和国家总体发展目标。第三，关于产业政策的存废之争，反映出新自由主义思潮在学术界、媒体界的波涛暗涌，新自由主义主张"市场化、自由化、私有化"，把产业之争再次引向中国经济体制改革的方向之争，即社会主义道路和制度之争。

从以上综述可以看出，产业政策的争论一方面是社会主义市场经济的改革方向，一方面也与创新和战略性新兴产业如何发展有直接关系。

第一，产业政策全世界发达国家都用过。世界近代经济史中，英国通过产业政策（重商主义）最终通过工业革命成为世界经济霸主；18世纪末19世纪初美国通过产业政策超过英国成为世界经济霸主；德国通过李斯特主义成为欧洲霸主；第二次世界大战后日本同样通过产业政策成为亚洲霸

---

① "贾康点评张维迎与林毅夫之争：产业政策需要跨越式发展"，中青在线，2016－11－29，http：//news. cyol. com/content/2016－11/29/content_ 14773111. htm。

② "从产业政策争论到意识形态的交锋——从'林张之争'看当下学术舆论环境"，《经济导刊》2017年第2期。

主等。这些曾经处于落后国家在追赶先进国家时无一例外地都使用了产业政策，并且成功实现了赶超。

第二，关于要不要产业政策，争论的仍是政府与市场的关系，本质是经济基础和上层建筑的关系，焦点是政府有没有配置资源的功能，社会主义市场经济中要不要政府干预。新自由主义从维护私人资本家的利益出发，认为政府不应该进入经济领域，这就是反对产业政策的实质。新自由主义把市场机制的作用无限扩大，否定政府对经济进行任何干预，既否定了古典经济学讲的市场失灵，也否认了凯恩斯主义关注的宏观失衡的缺陷。他们运用科斯定理强调产权，认为微观上的市场失灵是私有化不够的结果，通过把公共领域、公共产品的私有化，把社会的外部成本通过企业内部化来解决，但内部化不代表没有了科斯所说的污染等外部性，而是把污染的排放权变成了一种交易，这是掩耳盗铃的做法。在宏观上，认为市场机制能够实现宏观经济的均衡，也不需要政府进行干预，但在 2008 年美国金融危机引发的全世界经济危机的事实面前破产了。

第三，产业政策中出现的问题和产业政策本身是问题，这是两个不同的概念，不能混淆。产业政策和企业决策一样可能成功，也可能失败，但不能因为有失败就不要产业政策。市场和政府都会存在失灵，为什么只否认政府作用，市场失灵为什么不否认市场作用呢？企业会因为害怕投资失败而选择不投资吗？在产业政策之争中，一些新自由主义经济学家强调不要政府干预，列举很多产业政策失败的案例来证明产业政策是错误的，借此否定产业政策，对美、德、日等国家产业政策运用成功的案例却故意回避。因为产业政策有很多失败就不要产业政策，是因噎废食。只要有决策就都有发生失误的风险存在，不能认为只要政府决策就一定不科学，不能把决策的失误当作手段本身的错误。产业政策在制定和执行中的不合理导致失败，并不能否定产业政策本身，而是要提高产业政策制定的科学性，加强对产业政策实施全过程的监督和管理。反对产业政策，实际上是对政府在社会主义市场经济中发挥积极作用的否定。

（3）产业结构升级中需要什么样的产业政策

供给侧结构性改革是当前和今后一段时期内工作的主线，涉及创新、发展战略性新兴产业和产业结构升级等问题，对于需要什么样的产业政策、如何发挥产业政策的作用，许多学者进行了深入研究。胡鞍钢、任皓(2016)① 提出产业政策集的概念，认为国家作为资源配置的手段，不只是一种产业政策，而是产业政策群。产业政策集是政府顺应产业发展规律，根据产业发展阶段的变化，采取的一套系统的、相互协调的干预产业经济活动的政策组合。它能够更好发挥市场决定性作用，利用后发优势、对外开放优势、自主创新优势、市场规模优势和国家政策促进优势等，合力共同推动高技术产业的健康发展，快速缩小与发达国家的相对差距进而实现全面超越。

江飞涛（2015、2016）② 认为，应调整现阶段中国产业政策，强化制造业技术创新体系，构筑实施中国制造强国战略的政策体系。并提出应通过功能性产业政策推动产业结构调整与转型升级。

李东霖等（2016）③ 认为，实行产业政策有助于弥补市场失灵、提高资源配置效率的同时，优化产业结构。为培育和发展战略性新兴产业营造良好的市场环境，加速培育战略性新兴产业，引导产业结构升级，增强产业的国际竞争力。

黄益平（2016）④ 认为，制定更有效的产业政策必须考虑五个因素：一是顺应市场，发展新兴产业必须顺应比较优势。二是鼓励而不是限制竞争。国家扶持的产业和政府补贴的创新应该对所有企业一视同仁，这样企业就会把工作的重点放在研发创新而不是政府公关上。三是谨慎干预。产业政策的目的是帮助化解新兴产业形成和发展的瓶颈。四是退出机制。产

---

① 胡鞍钢、任皓："中国高技术产业如何赶超美国"，《中国科学院院刊》2016 年第 12 期。

② 江飞涛："实施中国制造强国战略的政策体系研究"，《中国工程科学》2015 年第 7 期；"争议产业政策——中国应加快产业政策的转型"，《财经》2016 年第 64 期。

③ 李东霖、田丽："战略性新兴产业协同发展的产业政策研究"，《技术经济与管理研究》2016 年第 12 期。

④ 黄益平："怎样才算好的产业政策?"，中国经营网，2016 - 08 - 26，http：//www. cb. com. cn/index. php? m = content&c = index&a = show&catid = 73128&id = 1167433&all。

业政策是临时帮助新兴产业形成的，而不是长期支持。产业政策在制定的同时必须设计一个退出机制，防止“创新企业”变成了特殊的利益群体。五是事后评估。产业政策在执行中必须要设立评估制度，对产业政策的效果做出独立评估。决策者也需要承担相应的责任。

刘元春（2017）① 认为，中国制造业面临第三次工业革命、欧美国家再工业化和发展中国家同质性竞争等挑战，一方面，技术创新在不同产业之间的扩散形成技术融合，进而推动产业融合。另一方面，新产业、新产品的出现，将会加快产业创新的步伐，缩短产业结构升级的周期。因此，需要高度重视创新和产业融合发展，重构制造业竞争优势，带动整个经济的持续繁荣。

（4）国有经济发展战略性新兴产业推动产业结构的优化、升级

习近平总书记在党的十九大报告中提出，推动中国经济从高速增长阶段转向高质量发展阶段，要深化供给侧结构性改革，把提高供给体系质量作为主攻方向。

①国有经济发展战略性新兴产业推动供给侧结构性改革。

第一，供给侧结构性改革与战略性新兴产业的关系。供给侧结构性改革，首先是供给适应不了变化的需求。党的十九大提出社会主要矛盾的转化，指出当前的问题是“我国社会生产力水平总体上显著提高，社会生产能力在很多方面进入世界前列，更加突出的问题是发展不平衡不充分，这已经成为满足人民日益增长的美好生活需要的主要制约因素”。从需求来看，人民对更美好生活的向往、对个性化产品的需求、对高端化产品的需求都在扩大。需求拉动生产，新兴产业的新技术、新产品是人民更美好生活的一部分；从供给来看，低端供给产能严重过剩，中高端供给生产相对不足。供给要适应变化了的需求，就要求提高供给体系的质量和效益，就要求从供给端发力，解决不平衡和不充分的发展。

供给侧结构性改革要求发展战略性新兴产业，一方面，通过提供新产

---

① 刘元春：“采取有效措施促进产业的融合发展”，中国网，2017－09－26，http：//www. china. com. cn/opinion/think/2017－09/26/content_ 41649799. htm。

品和新服务，能更好地满足人民收入提高后消费需求的升级；另一方面，对于发展方式的转化、产业结构的调整和优化、增长动力的转变起着推动作用。

第二，供给侧结构性改革与国有经济发展战略性新兴产业的关系。习近平总书记2016年7月在全国国企改革座谈会上提出，国有企业要在供给侧结构性改革中发挥带动作用，推进结构调整、创新发展和布局优化。何干强（2017）[①] 认为，供给侧结构性改革要强调公有制为主体在调结构中的基础地位，一是从需求来看，按劳分配为主体能够避免收入两极分化，保障市场有购买力的需求随着生产供给同步增长；二是从供给来看，全社会能够形成整体利益和长远利益目标，保障社会再生产按比例发展；三是从国有经济发挥在国民经济的主导作用来看，一方面能及时把握经济结构的动态变化，另一方面能把市场机制的自发性控制在宏观经济结构不被破坏的范围。

国有经济要通过供给侧结构性改革实现自身的结构调整，尽快退出产能过剩行业，进入新的事关国民经济命脉的战略领域，如高铁、大飞机、核电、军工科技、城市轨道交通、医疗卫生、生态环保等重要领域。其中，国有经济通过发展战略性新兴产业，提供更好的新产品，可以满足人民群众收入水平提高后的需求变化。更好地满足人民需求可以推动人的全面自由发展。而劳动者是发展生产力的核心要素，人作为科学技术的载体和创新的主体，他们的全面发展可以更好地发展生产力。

②国有经济利用产业政策发展战略性新兴产业推动产业结构升级。

战略性新兴产业在国民经济的结构升级和增长方式的转变中起着重要的推动作用，国有经济可以在其中发挥重要的作用。

第一，国有经济执行产业政策，从服务国家大局出发，通过在发展战略性新兴产业中发挥示范和引领作用，投资到既符合市场需求又具有较好发展前景的产业如生态环保、信息技术、高端装备制造业等，对于整个国

---

① 何干强："调整好中国的经济结构必须纠正公有制经济被严重削弱的态势——论公有制在调结构中的基础地位"，《毛泽东邓小平理论研究》2017年第4期。

民经济调整生产力总体布局、优化产业结构和迈向产业中高端起着非常关键的作用。

第二，国有经济通过发展战略性新兴产业，在拉动经济增长、促进就业的同时，将产业结构的升级和国有经济的战略性调整相结合，提高国有经济发展的质量，国有经济的做大做强做优有利于巩固公有制经济的主体地位。

第三，国有经济在整个国民经济中发挥主导作用，必须根据产业发展趋势的动态变化进行适时的战略性调整，提高对国有经济的控制力和影响力，范围除了涉及国家安全、自然垄断和提供公共产品和服务等行业，还包括战略性新兴产业。

第四，产业政策之争的背后仍然与国有企业相关，认为政府通过产业政策把资源配置给了国有企业，而不是私营企业。作为服务于资本的全球化的工具，新自由主义强调私有化、自由化和市场化。在 20 世纪 70 年代西方陷入滞涨难题后，新自由主义主导了西方资本主义国家的国企私有化改革。中国改革开放以后，新自由主义作为全球化的工具输入到全世界包括中国，认为政府不应该具有配置资源的功能，更不应该有国有企业，坚决反对国有企业同私营企业竞争，与“民”争利。这就要求，一方面国家对战略性新兴产业的扶持，政府对创新的补贴对不同所有制企业应该平等对待，国有经济不应被排斥在外。另一方面，战略性新兴产业也是改革的一部分，是社会主义经济制度的自我完善和发展，国有经济通过发展战略性新兴产业优化国有资产布局，可以得到更快更好地发展。

3.4.5　国家创新体系和国际竞争理论

战略性新兴产业以科技和创新为先导，以新兴产业作为现实的生产力，培育经济增长的新动力。世界各国纷纷布局战略性新兴产业，一方面借助战略性新兴产业带动经济复苏，另一方面在新一轮的世界经济竞争中抢占先机。党的十八届五中全会提出了新发展理念，把创新放在首要位置，并作为发展的动力。党的十九大报告又提出新的“两步走”目标，即到2035年基本实现社会主义现代化，到2050年建成社会主义现代化强国。在第五部分“贯彻新发展理念，建设现代化经济体系”中，提出加快建设创新型国家，建设现代化经济体系的战略。发展战略性新兴产业是落实新发展理念，建设创新型国家和推动中国经济走向高质量发展阶段的重要一环。

（1）创新、国家创新体系和国家竞争优势的一般理论

创新是人类社会发展不竭的动力源泉。Lent A、Lockwood M（2010）①提出，知识和创新是人类经济、社会发展的重要动力源泉。创新是人类的共同财富，学习和借鉴西方经济学中关于创新的理论可以为提高国家的创新能力和国际竞争力提供帮助。

①熊彼特的创新理论。熊彼特（Joseph A. Scumpter）（1912）在《经济发展理论》中第一次将创新引入经济发展过程，创新作为经济增长的主要源泉，使经济摆脱原有的轨道形成一种非连续性的经济过程，用创新解释资本主义经济体系的发展和经济周期。熊彼特认为，创新有两个层面：一个是技术层面，采用一种新产品、新的生产方法、新的组织形式，开辟一个新市场，能为企业带来超额利润；另一个是制度层面，通过制度安排和调整包括竞争条件、市场的完善度、自由企业制度、培育企业家阶层，这种制度保障能为社会创造源源不断的创新。他还认为，创新不是一种简单的发明，而是将发明运用到实际的生产过程，将潜在的生产力变为强大的现实生产力。他强调发明的主体是科学家和技术人员，但创新的主体是企业家。②

熊彼特的创新理论，无论技术层面的创新，还是制度创新对于建设有中国特色社会主义无疑是值得学习和借鉴的，但仍要以马克思主义为指导具体分析为前提。

第一，熊彼特认为创新给经济带来一种非连续性过程，以此解释资本主义的经济周期，从根本是错误的。他把经济危机的阶段性归结为技

---

① Lent A，Lockwood M 2010. Creative destruction：placing innovation at the heart of progressive economics［R］. London：IPPR.

② 洪银兴主编：《现代经济学大典》（上），经济科学出版社2016年版，第490—491页。

术创新，实际上是否定了资本主义基本矛盾是经济危机发生的根本原因，把资本主义经济危机、复苏、活跃、停滞的阶段性特征解释为经济周期。但同时对于一般经济发展也有借鉴作用，因为资本主义经济的复苏是从大规模的固定资本更新开始的，机器的更新就表现为技术上的进步和创新。对于带动我国经济增长和推动生产力的进一步发展确实具有借鉴意义。

第二，熊彼特认为发明的主体是科学家和技术人员，但创新的主体是企业家，但实际上是基于资本主义生产关系片面强调资本家和技术人员的作用。而社会主义国有经济是一种新的生产关系，生产资料和劳动者相结合的新的生产方式，激发劳动者的积极性和创造性。在国有企业的创新过程中，既要发挥企业家的作用，也要紧密依靠广大国企职工。

第三，熊彼特把创新看作是将发明运用到实际的生产过程，将潜在的生产力变为现实生产力。认为创新可以建立新的竞争优势，获得垄断地位和取得超额利润。这对于我们发展产学研的创新体系，加快创新转化为现实生产力，国有企业通过创新获得一定程度上的超额利润具有合理性，是值得学习和借鉴的。

第四，熊彼特的创新不仅是技术创新，还包括制度创新。通过制度创新为社会出现源源不断的创新提供制度保障，通过制度创新推动生产力的发展。

②国家创新体系理论。20世纪80年代，许多学者对国家创新体系进行了全面深入研究。英国经济学家弗里曼（C. Freeman，1987）① 最早提出国家创新体系的概念，国家创新体系是公共和私有部门机构之间的制度网络，它们的活动和相互作用从技术研发、引进、改进到新技术扩散，推动国家的整体创新。他认为，英国、德国、美国和日本等从追赶到领先再到跨越的过程都是国家创新体系演变的结果。弗里曼（1995）② 还认为，国家

---

① Chris Freeman，Technology Policy and Economic Performance：Lessons From Japan，London：Printer Publishers，1987.

② Chris Freeman，The "National System of Innovation" in Historical Perspective，Cambridge Journal of Economic，Vol. 19，1995.

或区域的创新体系处于经济分析的关键位置。伦德瓦尔（B－A Lundvall，1992）① 认为，国家创新体系是一个社会系统，是一些要素及其相互联系作用构成的复合体。这些要素在生产、扩散和使用新的、经济上有用的知识的相互作用中形成一种网络系统。纳尔逊（R. Nelson，1993）② 认为，国家创新体系是一组机构，这些机构的相互作用决定了一个国家的创新行为。

1997 年 OECD 发表的《国家创新体系报告》中把国家创新体系定义为，一个为创造、储备和转让知识、技能和新产品的相互作用的国家网络系统。政府对创新政策的制定着眼于创造、应用和扩散知识的相互作用过程。创新体系具体要素包括：企业作为体系的核心，是创新活动的直接参与者和组织者，也是受益者；国家在创新体系中起引领和调控作用，国家政策和制度创新是科技创新的重要前提；研发机构，是推动技术创新的发动机；金融体系，灵活高效的资金融通体系有助于支撑科技投资和成果转化，加快高新技术产业化和市场化；还包括教育和培训体系、信息网络等。

国家创新体系理论充分说明了国家在资本主义发展中的巨大作用。显然，新自由主义强调的减少和否定政府干预并不符合事实。政府的作用表现在上层建筑对资本主义制度经济基础的保护，国家作为资源配置的手段还直接发挥作用。这对于在完善社会主义市场经济中更好的发挥政府作用，对于中国作为发展中国家在实现对发达国家的赶超中强调国家的作用，都具有借鉴意义。

③国家竞争优势理论。迈克尔·伯特（Michael E. Porter，2012）③ 从竞争力（competitiveness）出发，强调竞争力要上升到国家层面，提出国家是企业在国际上创造或保持竞争优势的决定因素的竞争优势理论。对企业来说，在特定产业领域内有意追求竞争优势与国家环境直接相关，国家通过推动创新能提高产业的竞争力。迈克尔·伯特认为，斯密和李嘉图提出

---

① B－A Lundvall，National Systems of Innovation：Towards a Theory of Innovation and Interactive Learning. London：Athem Press，1992.

② R. Nelson，National Systems of Innovation：A Comparative Study，Oxford：Oxford University Press，1993.

③ ［美］迈克尔·波特：《国家竞争优势》（上），中信出版社 2012 年版，第 1 页。

的比较优势理论，即一国的竞争力取决于劳动力、自然资源、资本等要素，并不适用于现在。国家竞争优势不仅决定于拥有的自然资源，更重要的是创造性的资源，关键是知识和人力资源对初级生产要素进行升级和改良的速度。要获得国家竞争优势，国家就应该放弃一些不具有竞争力的产业和市场，不能采取补贴、保护等干预措施强行来维持这些产业的生存，而应该把资源放到最有生产力的领域，推动国家经济结构的升级和国家整体水平的提升。

波特的国家竞争优势理论同样反映了资本主义发展到国家垄断阶段后，国家作用的范围不断扩大和程度大大提高。资本主义主导的全球化，反映了资本主义国家间发展不平衡，私人垄断资本的竞争发展为国家层面的竞争。对于社会主义国家，如何更好发挥政府的积极作用，无论从参与和融入资本主义全球化世界体系到同发达国家相竞争，甚至到主导世界经济新秩序，还是到国内建立新的竞争优势推动产业结构的升级，实现经济发展方式的转变，从中国制造到中国创造的转型，国家竞争优势理论都可以提供借鉴。

（2）国有经济通过发展战略性新兴产业推动内部创新和国家创新

党的十八届五中全会提出“创新、协调、绿色、开放、共享”五大新发展理念，强调创新是首位，创新是发展的第一动力。转变发展方式，优化产业结构，转换增长动力，关键要靠科技和创新。战略性新兴产业是把科技和创新转化为现实生产力的关键产业，能更好地推动新发展理念的落实。国有经济应站在国家战略的高度发展战略性新兴产业，通过国有企业的内部创新，带动国家创新，进而提高国家的竞争优势。

第一，国有经济发展战略性新兴产业是推动高速增长阶段转向高质量发展阶段的重要手段。中国进入新常态，中国经济增长动力要从传统的要素驱动向创新驱动转换，实现从数量追赶到质量赶超发达国家。我国长期以来的粗放型增长主要靠人口红利以及资源、环境和生态低价格等要素。人口、资源、环境、生态已经成为进一步发展生产力的瓶颈，人力成本上升，资源不堪重负，环境和生态破坏，而且人均的拥有量非常低，资源禀赋相对来说并不足。所以必须发展战略性新兴产业，依靠科技和教育，推动传统产业的转型和升级。

国有经济在战略性新兴产业中发挥主导作用，就是国有企业特别是央企在国家创新体系中，应该在发挥重大科技自主创新和构建国家创新系统中发挥核心作用。国有经济在发展战略性新兴产业发挥带头和引领作用，一方面，作为技术创新的源头，实现重大尖端和核心技术的突破；另一方面，作为技术扩散的源头，以战略性新兴产业的先导技术作为重大技术共性平台，发挥对整个国民经济技术进步的辐射作用。

第二，国有经济加快培育和发展战略性新兴产业，构建国际竞争新优势。改革开放以来中国融入世界经济，参与世界分工体系，是实现经济增长奇迹的重要因素。但资本主义主导的世界市场体系，本质上是符合国际垄断资本利益的要求，资本全球化的目的是追求价值实现和超额剩余价值或者超额利润，是一种不平等交换。如果要摆脱在国际竞争和分工中的不利地位，掌握未来发展的主动权，就需要国家的自主创新，国有企业在其中发挥着主导作用。在国内生产不出来的产品的情况下市场价格会非常高，而国内一旦制造出来，打破国际垄断，市场上同类的产品价格就会迅速大幅度下降，如芯片、大型计算机、医疗设备等价格变化都是如此。中国要参与更公平的新规则制定和国际经济体系的新治理，就必须要有科技实力做物质基础和技术前提，要有强大的国有企业做支撑。另外，2008 年经济危机以后，各国纷纷加大战略性新兴行业的扶持力度带动经济复苏的同时，希望在新一轮产业革命中取得优势地位，这更需要我国国有经济发展战略性新兴产业，这是增强国际竞争力、维护国家利益、保障国家经济安全和建立国际经济新秩序的要求。

3.5 本章小结

公有制的主体地位和国有经济在国民经济中的主导作用是由社会主义初级阶段的基本国情决定的。国有经济的作用和范围绝不只是存在于私有企业不愿经营的公共品领域，还要通过在国民经济中发挥主导作用来巩固和完善社会主义制度，包括完善基础设施推动经济增长，维护国家的经济安全和推进自主创新，促进民生建设保障公平正义，建立和谐的劳动关系，实现共同富裕等。这些都决定了发展和壮大国有经济的必要性。

国有经济要不要发展战略性新兴产业，始终存在两种截然对立的观点。这是马克思主义政治经济学和西方经济学在国有经济地位和作用认识上的对立在战略性新兴产业的延伸。西方经济学特别是新自由主义认为，国有经济存在的原因和范围是提供公共品和社会福利，弥补市场失灵是其任务，主张国有经济都应该退出竞争性领域，不应该在竞争性领域“与民争利”。而马克思主义政治经济学认为，一方面，国有经济是先进生产力和生产关系的统一。国有经济是先进生产力代表，发展战略性新兴产业有其客观的必然性，国有经济作为先进的生产关系能更好适应、促进战略性新兴产业的发展。另一方面，国有经济发展战略性新兴产业是发挥国有经济职能的重要领域。认为既然私营经济可以发展战略性新兴产业，就无需国有经济的观点，既没有看到国有经济同私有经济相比具有不可替代的作用，也忽视或否定了国有经济与社会主义经济制度的关系以及国有经济在国民经济中发挥主导作用，因而是错误的。

国有经济发展战略性新兴产业的理论基础包括公有制理论、国有经济职能理论、政府发挥作用理论、产业结构调整和升级理论、国家创新体系和国际竞争理论。国有经济通过发展战略性新兴产业，一是发展和壮大了国有经济，夯实了公有制为主体的社会主义经济基础，更好地发挥国有经济在国民经济中的主导作用。二是优化国有经济的结构，提高了国有经济的质量，提高了国有经济的国际竞争力。三是执行国家战略，对整个国民经济的转变经济发展方式、优化产业结构和转换经济增长动力起到示范和引领作用。四是实现先进生产力和先进生产关系的统一，在解放和促进生产力发展的同时，为共同富裕的目的提供制度保障和物质基础。

国有经济在发展战略性新兴产业中，究竟应该发挥什么作用？梳理并系统化国有经济在发展战略性新兴产业的具体作用是第四章要解决的任务。

第 4 章

国有经济在发展战略性新兴产业中的具体作用

我国经济已由高速增长阶段转向高质量发展阶段，正处于转变发展方式、优化经济结构、转化增长动力的攻坚期。党中央先后提出供给侧结构性改革和新发展理念，不仅着眼于通过“三去一降一补”解决短期面临的经济问题，而且要致力于解决国民经济长期发展所必需的质量变革、效率变革和动力变革，因此，发展高科技含量的战略性新兴产业就成为重要的国家战略。对于国有经济在其中应该发挥怎样的作用，2017 年 4 月，习近平总书记在广西壮族自治区南宁市考察时指出，国有企业要做落实新发展理念的排头兵、做创新驱动发展的排头兵、做实施国家重大战略的排头兵。

国有经济在战略性新兴产业中的作用可以分为四个层面：微观领域提升国有企业效率，实现功能和效率的统一；中观领域优化国有经济结构和产业布局，提升国有经济的质量；宏观领域通过示范、支持和引导私营经济发展战略性新兴产业，推动创新型国家战略的实施；全球范围保障产业和经济安全，增强国家竞争力。

4.1　国有企业发展战略性新兴产业的微观作用

社会主义市场经济体制建立以来，国有企业通过改革已经初步和市场经济相适应并且成绩突出，但同时私营经济发展更快，这就带来了公有制主体地位的稳固问题。目前，在我国企业法人数量中，私营企业占 90% 以上。数据显示，私营企业对我国 GDP 贡献率高达 60% 以上，提供了 80% 的城镇就业岗位，吸纳了 70% 以上的农村转移劳动力，新增就业的 90% 在私营企业，税收占比则超过 50%。[①] 公有制经济主体地位的削弱显然不利于发展社会主义。要巩固公有制经济的主体地位和发挥国有经济的主导作用，就必须要发展和壮大国有经济。发展和壮大国有经济的方法，不是通

---

① 王希：“以改革激发活力动力，央企高质量发展态势凸显”，新华网。

过在竞争中排斥私营企业的发展，更不是剥夺私有制经济，而是要在坚持两个毫不动摇的前提下，通过效率来超过私有制经济，让公有制经济发展比私有制经济更快一些，充分体现社会主义制度的优越性。

4.1.1 用功能代替效率客观评价国有企业的作用

从国有经济的微观主体——国有企业来看，马克思主义经济学和新自由主义长期围绕国有企业做大做强做优还是国企私有化的争论，关键在于国有企业的效率问题。新自由主义攻击国有企业的重要理由之一是低效率，一方面无视国有企业承担的社会功能、国有企业改革中面临的困难和需要的过程，另一方面把国有企业的高效率诋毁为垄断。也就是说，国有企业效率低了是烂泥扶不上墙，效率高了是通过不正当手段，总之认为私营企业就是比国有企业效率高，国有企业的存在是私营企业发展的障碍，主张国企私有化。

如何评价我国国有企业的效率呢？国有企业的存在，既是市场经济中参与市场竞争的一般企业，也是公有制经济下的特殊企业。这种特殊性表现在社会效益和经济效益的统一，换言之，国有企业是兼具社会功能和企业一般盈利功能的综合体。既要用市场经济的独立主体来考核经营目标，又要用目标的多元化来衡量它对整体经济和社会的贡献。因此，要从国有企业的总体功能评价整体效率，而不是单一的盈利目标，必须结合功能才能客观和真实评价国有企业的效率。

国有企业的功能即作用，包括：

第一，国有企业作为党的执政基础，在执行和落实国家各项方针、政策中起带头和带动作用。习近平总书记在2016年10月全国国有企业党的建设工作会议上，针对国有企业的作用提出“六个力量”：是党和国家最可信赖的依靠力量，是坚决贯彻执行党中央决策部署的重要力量，是贯彻新发展理念、全面深化改革的重要力量，是实施“走出去”战略、“一带一路”建设等的重要力量，是壮大综合国力、促进经济社会发展、保障和改善民生的重要力量，是党赢得具有许多新的历史特点的伟大斗争胜利的重要力量。

第二，国有经济在整个国民经济中发挥主导作用。具体包括：一是对经济发展具有支撑、引领、辐射和带动作用。通过在一些重要行业和关键领域发挥控制力、影响力，对实现国家的长远发展目标和战略布局，调节国民经济的发展方向、速度和结构等方面发挥积极作用。二是作为宏观调控工具的一种手段，维护宏观经济稳定运行，在国民经济长期动态平衡中发挥经济调节器和稳定器的功能。三是推动经济发展和实现现代化。抓住科技前沿和方向，整合国内外资源，加大研发投入，推动技术进步和自主创新。四是提高产业安全度，保障我国的经济安全和产业安全。五是承担社会责任。调节经济社会差距，保障就业，保护环境和生态。六是参与国际高端竞争，提高在全球范围内配置资源的能力和国际竞争力。七是对私营企业起到鼓励、支持、引导和示范作用。积极引导私有经济向更高层次迈进，带动经济结构转型和升级，实现从制造业大国向创造大国转变的同时，缓和和改善私营企业内部劳资关系，减少对经济增长和社会发展的负面作用。八是通过做强做优做大国有企业，发展和壮大国有经济来保障、巩固和完善社会主义制度。

第三，国有经济发展战略性新兴产业发挥功能。科技是生产力诸要素中最活跃的一分子，对一个国家的经济增长和社会发展发挥着巨大的推动作用。人类进入崭新的 21 世纪，新科技革命喷薄欲出，信息技术、互联网、新能源、新材料等的科技创新，很多新兴产业得以孕育和快速发展。这既给资本主义获得更快发展提供了新的机会，发达资本主义国家纷纷出台政策，加大战略布局。对于社会主义国家更是如此，抓住这一轮科技革命带来的产业革命的机遇，国有经济通过发展战略性新兴产业，既能发展和壮大国有经济，又能转变我国的经济增长方式，实现经济结构的优化和动力转换。

4.1.2　国有企业发展战略性新兴产业实现功能与效率的统一

战略性新兴产业具有巨大的经济效益和社会效益，国有企业作为全民所有制企业通过发展战略性新兴产业，既可以发挥国有企业的社会功能，又能够实现高效率。因此，应把发展战略性新兴产业作为发展、壮大国有经济的重要手段，在承担服务社会公共利益功能的同时保障国有企业的高利润，实现功能和效率的统一。

（1）从功能上看

国有企业通过战略性新兴产业采用新的科技和创新，实现结构升级，提高国有企业的质量和竞争力。第一，在关系到国家综合经济实力和国际竞争力的战略性新兴产业中加快布局，可以不断提高国有经济的影响力和控制力。通过调整国有经济布局，实现产业结构优化升级和国民经济整体质量的跃升，推动中国经济从制造业大国向创造大国的转变。第二，把高新技术和技术的社会主义使用统一起来，让新兴产业更好地服务和惠顾全体人民，实现共享，推动社会主义生产关系的发展和完善。第三，国有企业通过在战略性新兴产业的布局，能更好地发挥对非公有制经济的支持和引导功能。国有企业对于投资高、风险大和周期长的新兴产业大规模的基础设施投资，可以为非公经济在高新技术的应用提供更大的发展平台。

（2）从效率上看

国有企业通过战略性新兴产业实现高效率，不断发展和壮大国有经济。

第一，在社会主义初级阶段，坚持两个毫不动摇和两个不能动摇是一个统一的整体，公有制的主体地位不能通过限制和剥夺私有制经济的方法，就必须要让公有制经济通过效率发展得更快一些。战略性新兴产业最能代表先进的生产力，国有企业在发展战略性新兴产业中，高度重视并通过科学技术在新兴产业中的应用来提高效率。

第二，科技作为新的生产要素突破了传统要素禀赋对于经济发展的制约，科技是突破资源瓶颈的最好方法。中国经济面对资源相对短缺，劳动力成本上升和生态环境的破坏，只有依靠科学技术解决资源瓶颈，提高劳动生产率。国有企业的高效率应该主要依靠的是技术驱动而不是要素驱动。21 世纪科技作为第一生产力已成世界共识，面对新一轮的科技革命，国有企业要积极发展战略性新兴产业，依靠科技提高效率。

第三，战略性新兴产业如信息产业、新能源、新材料、航天、计算机技术、生物医药等，既是新兴产业，也是高利润的产业。国有企业不断做优做大做强，要依靠资本、技术等优势大规模发展这些高技术产业。一方面，通过不断提高国有资本效率和增强国有企业活力可以实现国有企业的经营效率。另一方面，国有企业是先进生产力和先进生产关系统一的微观载体，通过提高国有资本的技术含量和国有资本的收益水平，为实现共同富裕提供坚实的物质基础和制度保障，可以更好地体现制度优越性。比如，2017年9月16日，我国发布新一代“北斗三号”的高精度导航定位芯片，实现亚米级的定位精度且安全加密，不仅对国防安全意义重大，而且可以广泛应用于车辆管理、汽车导航、可穿戴设备、航海导航、现代农业、物流、无人驾驶和工程勘探等商业领域，带来极大的经济效益。数据显示，2016年卫星导航与位置服务产业的总产值高达2118亿元，北斗对产业核心产值的贡献率达到70%。①

第四，国有企业在战略性新兴行业中，利用高新技术可以获取高利润，实现高效率，可以有力地回击新自由主义。自20世纪90年代国有经济战略性布局调整，资本密集型产业大都集中在资源、能源这些产业链的上游。这些资源、能源产业在世界各国既是涉及国家命脉的产业，又具有垄断的行业特征。而新自由主义长期诋毁和否定国有企业的理由就是低效率和垄断，要求国有企业从一般性竞争领域退出。因此，国有企业在新兴产业中通过技术提高效率，能更好地证明国有企业的制度优越性。

以高铁为例，高铁是从传统铁路发展出来的战略性新兴产业。作为国有经济的铁路，在全国物价上涨很多倍，特别是铁路的设备、材料、电力、员工工资不得上涨的情况下，连续17年没有涨价，对于稳定物价和惠济民生起到了极其重要的作用，目前来看只有货运有经济效益，客运一直处于亏损状态。高铁投入运营后，时速300多公里和良好的安全性、舒适性使得在1500公里的距离以内同航空支线相比有竞争优势。效率上，在与航空运输的竞争中赢得市场份额，除了自身的产值，带动高铁基础建设、

① “第三代北斗芯片正式发布”，《北京日报》2017年9月17日第3版。

技术研发、动车制造、设备零配件制造、新材料和软硬件技术应用、物流、服务业等相关上下游产业链一大批行业和企业的发展，据统计，2015年我国高铁产业的产值已经突破4000亿元，与高铁产业相关的上市公司达180多家。另外，高铁产业出口到许多国家带来了外汇收入，也成为中国高端出口的一张名片。功能上，“四纵四横”的高铁网络全部运行，拉动沿线地区经济，城市之间形成同城效应，推动城市群的区域经济发展；高铁可以替代短途支线飞机，有利于遏制波音公司对中国民用市场的垄断。国际上，有力支持“一带一路”建设，由我国通往俄罗斯、欧洲、中东、南亚的高铁建设连成了一张贸易网和新的经济体，不仅可以得到丰厚的经济效益，而且获得极大的国际战略意义。

4.2 国有经济发展战略性新兴产业的中观作用

随着习近平新时代中国特色社会主义深入发展，从国家战略上需要加快经济发展方式的转变、经济结构的调整和动力转换，解决的关键是供给侧结构性改革。党的十九大报告提出把供给侧结构性改革作为建设现代化经济体系的重要手段，“建设现代化经济体系，必须把发展经济的着力点放在实体经济上，把提高供给体系质量作为主攻方向，显著增强我国经济质量优势”。对于国有经济，不仅要求数量要保持一定的规模，更重要的是质量占优，优化国有经济整体结构和产业布局。优化国有资本投资方向的一个重要方面就是推动国有资本向战略性新兴产业集中。

4.2.1 推动国有资本向战略性新兴产业集中

战略性新兴产业不同于传统产业，战略性新兴产业以高新技术为特点，具有产业关联性，是转变经济发展方式、优化产业结构、转换经济增长动力的重要途径，能更好、更快地发展生产力。战略性新兴产业以“重大技术突破”为基础，一旦取得重大技术突破，生产成本会大幅度下降、产品的质量和品种、性能都会大幅度提升，利润高和市场前景巨大。但要实现短期内技术的突破，需要巨额投资，承担巨大风险，且技术具有外溢性，一般的私营企业不愿意承担，也很难有实力承担。而国有经济的优势在于资本和技术实力雄厚，可以从社会利益和国家整体利益出发，对这些技术进行研发和自主创新。因此，要在战略性新兴产业中发挥国有经济的主导作用。

推动国有资本向战略性新兴产业集中是服从国家战略。习近平总书记在 2013 年全国“两会”期间就曾指出，要“发挥科技创新的支撑引领作用，加快从要素驱动发展为主向创新驱动发展转变，加快从经济大国走向经济强国”。其中，关键在于自主创新发展核心技术带动一批新产业的发展。2015 年 8 月，中共中央、国务院关于深化国有企业改革的指导意见，除了将国企划分为商业类和公益类，进行分类推进国企改革外，还特别指出，对于处于关系国家安全和国民经济命脉的重要行业和关键领域的国有企业，“在考核经营业绩指标和国有资产保值增值情况的同时，加强对服务国家战略、保障国家安全和国民经济运行、发展前瞻性战略性产业以及完成特殊任务的考核”。[①] 因此，国有经济作为坚决贯彻执行党中央决策部署的重要力量，在战略性新兴产业中发挥作用，是有理可据的，而且有具体政策的要求的。国有经济要在发展方式转变中起示范和引领作用，可通过国有经济向战略性新兴产业集中，带动中国经济整体产业结构升级。

从国有经济自身来讲，作为先进生产力的代表，就是要把握科技和生产力发展的最前沿，包括要发展战略性新兴行业。不应该仅固守在公益性部门和资源、能源等传统行业，而应该根据产业变化的特点，发挥在产业链上游的技术和资本等优势，积极发展战略性新兴行业，占领未来科技和产业的制高点，国有经济作为产业转型和升级的具体载体，借助新科技革命这个生产力最活跃的因素，要积极、主动发展战略性新兴行业，调整和

① “中共中央、国务院关于深化国有企业改革的指导意见”，《人民日报》2015 年 9 月 14 日第 6 版。

优化国有经济布局、结构，增强国有经济活力、控制力、影响力。面对新技术革命，国企改革不仅是内部体制机制的改革，而且也是产业布局和经营方向调整的改革，可以通过发展战略性新兴产业来更好地发展和壮大国有经济。

4.2.2 优化国有经济的产业布局与结构

国有经济的战略布局和结构并不是固定不变的，而是根据产业和经济发展的需要不断调整，是一个动态变化的过程。通过战略布局调整，可以大大提高国有经济的活力和效率。20 世纪 90 年代国有经济通过抓大放小，对国有资本实行战略性重组和布局调整，从当时产能严重过剩的纺织等轻工领域大举退出，集中进入基础设施和重化工业等战略领域，既化解了产能过剩矛盾，又为新一轮经济快速增长和产业结构升级奠定了坚实基础。21 世纪，面对新一轮的科学技术革命，战略性新兴产业发生了新的变化，国有经济要与时俱进，必须进行新一轮的产业布局和结构调整。

第一，对于国有资本来说，要对这些新兴产业进行战略布局，优化国有资本存量并提高增量，必须把产业结构升级和完善公有制结构统一起来。国有资本需要尽快从产能过剩领域退出，进入到更需要国有资本发挥引领作用的新兴产业中，带动新一轮经济增长和提升经济发展的质量。一些新的关系国民经济命脉的重点领域急需国有资本进入并发挥示范和引领作用，党的十九大报告提出，“要完善各类国有资产管理体制，改革国有资本授权经营体制，加快国有经济布局优化、结构调整、战略性重组，促进国有资产保值增值，推动国有资本做强做优做大”。战略性新兴产业意味着旧的产业或企业会被新的产业或企业所取代。在供给侧结构性改革中，可以通过国有资本的重组和产权转让等方式，实现“去产能”的同时，加快向新兴产业的发展。一旦这些领域获得重大技术突破，可以产生新的具有竞争力和高附加值的产品和新的产业。因此，国有经济通过调整产业布局，优化结构，有利于提升国有资本的质量，增强国有资本的保值增值能力，提高国有企业竞争力和效率。

在“去产能”中，减少国有经济在产能过剩领域的比重，无疑是间接支持私营经济，市场的供给减少可以推动价格的回升，减少竞争压力，提高企业的利润率。但值得注意的是，新自由主义否认私营经济生产过剩，把矛头对准国有企业，污蔑国有企业是“僵尸企业”。这完全不符合事实，以钢铁、煤炭行业为例，2016 年中央企业累计化解钢铁过剩产能 1019 万吨、煤炭过剩产能 3497 万吨，重组煤炭产能 8000 万吨，超额完成目标任务。[①] 而 2016 年《政府工作报告》中指出，全年共退出钢铁产能超过 6500 万吨、煤炭产能超过 2.9 亿吨。通过“去产能”的数据对比可以明显看出，私有经济的产能过剩问题比国有企业还要严重。再以经济总量排名前三的山东省为例，则更能说明把国有企业称为“僵尸企业”的说法完全是错误的。据山东省经信委组织摸底调查的结果显示，山东省内共有“僵尸企业”448 家，其中规模以上企业 307 家，而国有企业仅仅 9 家。[②] 因此，夏小林（2016）[③] 呼吁搞好基础数据的准确测算对于国家出台政策极其重要，他用翔实的数据调查发现，无论是产能过剩行业和地区还是工业亏损企业构成中，非国有企业都占据绝大多数。

第二，国有经济的战略布局调整，还要把新兴产业的发展和传统产业以及地区均衡发展结合起来，通过以点带面形成产业与区域经济的合力，加快形成新的经济增长点。一方面，加快培育壮大新兴产业的同时，还要用新技术大力改造提升传统产业，把传统产业的转型、升级和新兴产业的发展结合起来。另一方面，推动区域均衡发展，加快经济发展方式的转变。特别是发挥战略性新兴产业的带动作用，加强对中西部地区战略性新兴产业资源的投入，优化中西部产业结构，通过国有企业在中西部地区的投资，引导西部地区战略性新兴产业的发展由自然资源优势向技术优势的转变。

---

① “坚定不移做强做优做大国有企业——党的十八大以来国有企业改革发展的理论与实践”，《国资报告》2017 年第 7 期。

② “中国产能过剩地图：哪里的‘僵尸企业’最多”，《财经国家周刊》，2016－02－22，http：//finance. sina. com. cn/china/gncj/2016－02－22/doc－ifxprucu3098520. shtml。

③ 夏小林：“国企改革‘搞好基础数据测算’很重要”，《经济导刊》2016 年第 8 期。

4.3 国有经济发展战略性新兴产业的宏观作用

党的十九大报告提出了“贯彻新发展理念，建设现代化经济体系”，把创新作为引领发展的第一动力和建设现代化经济体系的战略支撑。战略性新兴产业是落实新发展理念和加快创新型国家建设的一个非常重要的载体。从国民经济的宏观层面来看，“两个毫不动摇”、不能动摇是社会主义初级阶段的基本经济制度，体现和应用在战略性新兴产业上，就是国有经济和私营经济在战略性新兴产业的分工和合作。国有经济在研发、技术和资本上有优势，私营经济在贴近消费者的市场方面、具体商业性开发和应用上有市场优势。充分结合两者的优势，国有经济通过发展战略性新兴产业，在推动产业结构升级、加快国民经济发展方式的转变中起示范和带动作用，可以对私营经济进行引导和支持，共同推动战略性新兴产业的发展和创新型国家的建设。

4.3.1 国有经济在战略性新兴产业中的示范和带动作用

科技创新是经济增长与社会发展的动力，战略性新兴产业是经济新常态下实现经济结构转型和经济增长的新动能。习近平总书记强调，推进国家现代化、实现国家发展战略、确保国家经济利益和安全，有效调控宏观经济，不断增强国家科技创新能力、产业创新能力和中国制造的国际竞争力，必须坚定不移依靠和充分发挥国有企业的重要作用。①

第一，国有经济发展战略性新兴产业有利于发挥国有经济在国民经济中的主导作用。国有经济通过调节和保障功能，可以发挥对战略性新兴产业的控制力和影响力。一方面，可以发挥国有经济对产业发展的调节功

① “理直气壮做强做优做大国有企业”，《求是》2016 年第 18 期。

能。国有经济可以通过培育和发展战略性新兴产业中的支柱产业和骨干国有企业来发挥示范和带动作用，引导整个战略性新兴产业健康发展。另一方面，发挥国有经济对产业安全的保障功能。战略性新兴产业关系到国家安全和经济安全以及产业的国际竞争力，国有经济必须进入这些关键领域并发挥主导作用。

第二，国有经济发展战略性新兴产业有利于国家创新体系的建设。一方面，国家创新体系要依靠自主创新，国有经济特别是央企要承担国家重大基础科学研究和尖端技术的研发，构建强大的自主创新生态系统必须依靠国有经济。另一方面，国家创新体系首先是在保障公共事业、公众利益和社会效益的基础上追求盈利目标，落实国家战略是首要任务；其次是形成创新的辐射源，具有强外部性的特征，私营经济以企业利润为目标不会做“亏本”的生意，只能依靠国家和国有经济承担这一重任。如信息产业的固定投资，2003 年以来有接近一半由政府或由政府主导的国有企业完成。①

第三，国有经济发挥社会主义制度优势有利于战略性新兴产业的快速发展。金碚（2015）② 认为，高铁、大飞机、航天等一系列的成功主要取决于研发和投入强度。国有企业在此方面具有明确的技术路线创新、聚集资源和人才、组织等优势，可以集中力量实现创新上的重大突破。

第四，国有经济发展战略性新兴产业有利于供给侧结构性改革的顺利推进和落实。供给侧结构性改革是当前和今后一段时期经济工作的主线，国有经济要在供给侧结构性改革中发挥带动作用。习近平总书记在 2016 年 7 月全国国有企业改革座谈会上强调，“要按照创新、协调、绿色、开放、共享的发展理念的要求，推进结构调整、创新发展、布局优化，使国有企业在供给侧结构性改革中发挥带动作用”。总供给和总需求的数量和结构失衡特征表现为：传统产业的供给过剩而新兴产业的供给不足。国有经济发展战略性新兴产业，既能发展新兴产业，也能利用新技术实现传统产业

---

① 徐波：“财政分权对信息化发展的影响：增长激励与制度阻碍”，《财经问题研究》2017 年第 7 期。

② 金碚：“技术创新离不开国企”，《光明日报》2015 年 4 月 1 日第 15 版。

的转型和升级，发挥结构调整作用和对经济增长的拉动作用。另外，近几年私营经济投资增速下降和“脱实入虚”受到社会广泛关注，民间或者私营企业对于战略性新兴产业处于观望状态，不敢投和不投资，这时就需要国有企业的担当。

4.3.2 国有经济对私营经济的引导和支持作用

改革开放40多年的实践证明，社会主义初级阶段基本经济制度这种生产关系是适应和促进生产力的发展。国有经济在国民经济中发挥着主导作用，对于私营经济起到的是引导和支持，而不是限制和否定的作用。国有经济在战略性新兴产业领域同样对私营经济的发展起着引导和支持作用。

第一，国有经济发展战略性新兴产业有利于弥补市场失灵，支持私营经济的发展。战略性新兴产业的发展不能依赖市场的自发力量，必须要依靠强有力的国家支持和保障。战略性新兴产业因为投资大、周期长、风险高、投资受益不确定、外部性强等特点，私营企业无法也不会承担这种大规模的投资，特别是产业链的上游，如基础科学研发、尖端技术的突破，而只会在一些市场见效快的短期商业应用上投资。因此，国有经济在战略性新兴产业的投资弥补了私有经济的投资不足，国有经济的补短板作用可以帮助私营经济发展得更快。

第二，国有经济为私营经济发展战略性新兴产业提供了技术支持和市场支持。在技术支持上，由于基础科学的创新和前沿技术的突破难度极大，研发成本高、周期长、结果的不确定性，一般的私营企业不愿承担也很难承担，更愿意对现有技术改进和对技术进行商业应用开发，而国有经济在基础科学和前沿尖端技术的溢出效应对私营经济提供了技术支持，带动了私营经济的产业结构升级。在市场支持上，国有经济为私营经济的发展和结构调整提供了基础设施，降低技术创新成本，新兴产业市场更容易打开。还有，国有经济在一些产业的退出为私营经济提供了市场和资源空间。比如互联网和信息产业，基础设施绝大部分是国有经济如中国移动、中国联通投资建立的，这为私营企业投资和开发大规模的互联网商业应用提供了坚实的基础，大大支持和加快了如阿里巴巴、腾讯、百度等互联网应用商的发展。

第三，国有经济和私营经济通过分工和合作，共同推动战略性新兴产业的快速成长和健康发展，实现从中国制造到中国创造的转变。社会主义初级阶段基本经济制度下，要坚持“两个毫不动摇”，公有制经济和私有制经济是共同发展，而不是互相排斥的关系。在战略性新兴产业的实践中，目前比较成功的发展模式有两种，一种是技术驱动为先导的模式，以高铁、航天和核电等为代表，国家重大技术突破引导市场；一种是市场驱动为先导的模式，以新能源汽车、移动互联网、滴滴打车等为典型，市场需求带动技术突破。前一种是生产决定消费，后一种是消费拉动生产。这大致也是国有经济和私营经济发展战略性新兴产业的两种主要模式。国有企业大多投资在资本密集型、资源型、技术型的产业链上游，私营企业优势在于发挥贴近市场和消费者的商业应用性的产业链下游。国有企业的科技实力强，科研成果丰富，但成果转化方面存在劣势，而私营企业在具体产品开发上有优势，因此可以通过分工和合作优势互补，在战略性新兴产业中践行“两个毫不动摇”。比如，私营企业和大型国有企业合作，做细分产品市场和为国有企业提供配套技术，实现资源互补，共同把某个产业链延伸、细化，做大战略性新兴产业。

第四，国有经济发展战略性新兴产业对私营经济的引导功能，减少私营经济的消极作用。马克思在《资本论》中指出，机器和机器的资本主义使用之间的矛盾，资本积累的一般规律导致资本有机构成提高，产生相对过剩人口，机器的应用不仅没有造福工人，而且工人的命运更加悲惨。同样，私营经济也产生了科技和科技的资本主义使用的矛盾，如采用机器人提高资本有机构成，取代工人，加剧工人失业的同时增加了在岗工人的竞争压力，以及降低工资、延长劳动时间和提高劳动强度。因此，要提高利用国有经济限制消极作用，引导私营经济促进劳动与资本关系在经济社会中的和谐与可持续发展。

4.4 国有经济发展战略性新兴产业的国际作用

进入21世纪以来，新一轮高科技如信息技术、移动互联网、生物技术、新能源、新材料、航空航天、3D打印技术等迅猛发展，科技革命预示着新一轮的产业革命即将到来。这些新兴产业不仅成为世界各国经济发展的主要驱动力，而且也成为国际竞争力和综合国力的重要标志。从近代世界各国的发展史可知，把握科技革命转化为现实的生产力，就能后来居上实现赶超。

2008年世界经济危机爆发后，世界各国特别是发达资本主义国家纷纷发力，出台各种扶持新兴产业的政策以支持其发展，抢占技术和产业的战略制高点。对于中国，过去由于科技落后，没有抓住产业革命，作为后发国家只能采取跟随策略，参与世界分工，现在我们要实现弯道超车甚至引领世界，就必须占据产业、技术的制高点。从国际竞争的视角来看，国有经济发展战略性新兴产业可以提高国际竞争力，在新一轮的科技革命和产业革命中，在激烈的国际市场竞争中乃至两个世界市场体系的竞争中立于不败之地。

4.4.1 资本主义主导的世界市场体系与全球化

全球化是资本主义主导的全球化，是资本主义生产方式的内在规律在世界范围的延伸，资本必须在不断运动中实现价值增值，全球化是资本从国内向全世界输出和转移的结果，因此，全球化在本质上是资本受最大限度地追求剩余价值在世界市场体系中运动的结果。

资本主义的全球化是生产力的全球化和生产关系的全球化的统一。全球化是资本主义生产力和生产关系充分发展的条件和充分发展的必然结果，资本主义这棵参天大树要长大，根系必须要扎到全世界，要在全世界充分地吸吮养分才能茁壮成长和发展到顶点。这就是马克思的六册结构理论，“考察资本主义经济制度是按照以下的顺序：资本、土地所有制、雇佣劳动；国家、对外贸易、世界市场”①。因此，全球化、金融化和去工业化是现象而不是本质，都是资本主义发展到世界市场阶段这个本质表现出来的现象或资本运动表现出来的形式。

当今世界是处于以美国为主导的资本主义世界市场体系。美国的去工业化和金融化是服从资本运动的结果。第一，去工业化和生产的国际化是一个硬币的两面。一方面，国内去工业化和生产国际化同步发展，是把剩余价值的生产过程转移到国外，因为发展中国家的工资和生产资料等其他生产成本低于美国本土，可以生产出更多的剩余价值。另一方面，去工业化只是把低端的制造和加工业转移到发展中国家，而高端制造和制造业的核心技术和研发仍然留在美国本土。第二，金融化是金融资本从国内到世界的运动结果，金融资本是参与剩余价值分配的，资本越出国界需要的是控制力。一方面，拥有产业链的控制权。控制生产过程，表现为国际投资和跨国公司，以及加工制造业的国际转移。另一方面，控制剩余价值的实现和剩余价值的分配。金融资本通过交易所和股市、债市等金融市场，控制大宗商品、期货的国际定价权，以及全世界生产的剩余价值的分配权。

改革开放以来，中国参与到资本主义主导的世界体系，利用制造加工业的国际转移，发展成为最大的制造业大国，并且跃居为世界第二大经济体。但中国是制造业大国而不是创造大国。客观来讲，我们需要认真研究美国，美国既是一个国家，也客观上主导着世界体系。因此，不能就美国谈美国，既要研究美国，也要研究美国主导的世界体系。需要认真学习和借鉴美国，但不能照搬照抄。比如，一方面服务业是工业化和制造业发展的必然结果，要大力发展服务业，使服务业和制造业的发展相匹配；另一方面，也不能以美国为模板，以美国和其他发达资本主义国家的服务业比重来做标准。我们国家要控制服务业特别是金融服务业的比重，保持服务业和制造业相互推动发展的合理比例，必须防止实体经济和虚拟经济的比

---

① 《马克思恩格斯全集》（第 31 卷），人民出版社 1998 年版，第 411 页。

例失衡。因为美国的服务业比重是和去工业化相联系的，如果要做到像美国一样的服务业比重，就必须复制出美国主导的世界体系，以及它的金融化和生产的全球化等，否则过高的服务业对中国弊大于利，这就是中国要保证最完整的工业体系的必要性和原因。如杨虎涛（2021）[①] 对比近年来发达国家和新兴经济体的制造业占比份额变化，认为这是技术变迁以及全球经济变化等多种因素综合作用的结果。针对近几年西方发达国家制造业占比回升现象，他提出要高度重视中国制造业占比的持续下降问题。

4.4.2 资本主义国家的政府在发展战略性新兴产业中的作用

资本主义发展的历史和现实表明，发达资本主义国家竞争优势或比较优势不是靠所谓的市场自发形成的，而是政府干预下特别是靠产业政策支持下形成的。战略性产业同样如此，不能依靠自发的市场，而要依靠强有力的国家支持。2008 年以后世界各国在战略性新兴产业的布局，也说明政府在发展战略性新兴产业中发挥着强有力的作用。

第一，发达资本主义国家一直是靠产业政策提高国际竞争力，取得竞争优势的。

新自由主义经济学崇尚市场作用，否定政府作用，然而事实上政府在经济中的作用从未缺席，特别是产业政策全世界都在用。世界上发达资本主义国家在确立自己的霸主地位时，都不同程度地利用产业政策和保护贸易。美国确立世界第一，德国确立欧洲霸主，日本确立亚洲霸主，都是如此。例如，美国产业政策自建国后一直都在用，美国首任财政部部长汉密尔顿 1791 年向国会提交了涵盖钢铁、铜、煤炭、谷物、棉花、玻璃等众多产业的制造业发展计划，并用保护贸易对本国的这些幼稚产业进行保护，推动美国工业化的发展。美国在 1890 年成功实现了对当时的世界霸主英国的超越，成为世界第一大工业国和世界经济霸主，靠的就是产业政策。美

① 杨虎涛：“为什么保持制造业比重基本稳定十分必要”，《光明日报》2021 年 4 月 13 日第 11 版。

国政府利用两次世界大战获得了巨大利益，在第二次世界大战后控制了世界经济（世界贸易组织）、政治（联合国）、金融（世界银行）体系，通过对欧洲实施马歇尔的救助计划，巩固并强化了其世界霸主的地位。20 世纪 70 年代后，美国加快了生产国际化和金融化步伐，继而在全世界推行新自由主义。

资本主义已经发展到国际垄断阶段，随着垄断不断加强，垄断不会消除竞争，只能让竞争程度更加激烈和竞争范围更加国际化。私人垄断需要借助国家的产业政策，培育强大竞争优势，这就形成资本主义国家之间竞争的壁垒。所以，产业政策是国家垄断的一种表现形式，完全不是新自由主义宣扬的比较优势。在国际垄断的世界市场体系中，国家竞争力是核心。美国推行的新自由主义的本质是，发达资本主义国家为了本国私人垄断资本的全球化，通过产业政策形成比较优势，而让其他发展中国家接受新自由主义不要采取包括产业政策在内的政府干预。这和当年英国通过工业革命，产品有足够的国际竞争力后，斯密提出强调绝对优势的自由贸易理论如出一辙，实际上就是为了维持和扩大英国对全世界的竞争优势。李斯特针对斯密的自由贸易理论指出："这本来是一个极寻常的巧妙手法，一个人当他已攀上了高峰以后，就会把他逐步攀高时所使用的那个梯子一脚踢开，免得别人跟着他上来。亚当·斯密的世界主义学说的秘密就在这里。"①

迈克尔·伯特在《国家竞争优势》一书中指出，国家是企业在国际上创造或保持竞争优势的决定因素，国际市场上企业竞争的背后是国家竞争。从实际情况来看，每个发达国家都有鼓励研发的产业政策，各国政府只有程度的大小不同，但重要的科技研发都是由官方研究机构直接引导（见表 4－1）。②

---

① 李斯特：《政治经济学的国民体系》，商务印书馆 1961 年版，第 343 页。

② ［美］迈克尔·波特：《国家竞争优势》（下），中信出版社 2012 年版，第 144 页。

表 4－1　　主要资本主义国家私人和政府在研发中的比重

国别	民间产业部门占全国研发比重（%）	政府占全国研发的比重（%）
美国（1988 年）	53.5	46.5
英国（1986 年）	49.2	50.8
德国（1987 年）	59.1	40.9
日本（1986 年）	78.8	21.2
瑞典（1987 年）	58.4	41.6
丹麦（1985 年）	55.7	44.3
意大利（1987 年）	43.7	56.3

资料来源：［美］迈克尔·波特：《国家竞争优势》（下），中信出版社 2012 年版，第 146 页。

国家的竞争优势不只是产业内部，更重要的是在产业集群上。比如，人们通常认为美国硅谷的产业集群是市场自发作用的结果。但实际上，政府作用在其中的作用并没有减弱反而是不断强化。美国在大学研究所、职业培训、专业性基础设施等专业性生产要素上进行大量投资。在产业集群的成型过程中，美国州政府和地方政府起到了不可或缺的作用。① 马里亚纳·马祖卡托在《创业型政府》里也指出，是政府这只“看得见的手”促成了创新的发生，投资绝不会因“风险资本家”或者“车库创业者们”的存在而出现。1971—2006 年在美国全球领先地位和国民经济最重要的 88 项技术发明中，完全由美联邦政府的科研经费、研究项目和出资机构所贡献的有 77 项，占 88%，而剩下 11 项中也有政府提供资金支持。② 以苹果公司为例，苹果手机中的“智能”的互联网、全球定位系统、触摸屏显示器和 Siri 语音助手等技术是得益于政府扶持创新的成果。因此，斯蒂格利茨曾说：不要看美国怎么说，而要看美国怎么做。

第二，2008 年世界经济危机后的实践表明，各国在不同程度上都利用产业政策培育和扶持其国内产业，力图在新一轮的国际竞争中抢得先机。美国实施了“先进制造业国家战略计划”，德国提出了“关于实施工业 4.0 战略的建议”，日本实行了“产业重生战略”等。一方面 2008 年金融危机

① ［美］迈克尔·波特：《国家竞争优势》（下），中信出版社 2012 年版，第 166 页。
② 文一：“如何正确理解国企与民企的关系”，《政治经济学季刊》2018 年第 1 卷第 2 期。

后各国希望通过大规模的资本更新带动经济走向复苏和繁荣；另一方面，各国也希望在新一轮的国际竞争中取得或保持竞争领先优势。

虽然西方发达资本主义国家运用产业政策其根本上维护的是垄断资本的利益，但既然是同市场经济的稳定运行、同产业结构的转型和升级联系在一起，对于社会主义国家也同样适用。同时，我国是最大的发展中国家，作为后发国家要赶超发达国家，在战略性新兴产业的发展中采取政府作用，发挥国有经济提高国际竞争力，维护国家经济安全和产业安全，就显得尤为重要。

4.4.3　国有经济在战略性新兴产业中提高国际竞争力的作用

我国要参与主导世界经济体系，提高话语权和主导权，参与世界竞争规则的制定和构建人类命运共同体，首先必须在战略性新兴产业上建立起国家竞争优势。因此，只有加快发展战略性新兴产业，才能维护国家经济安全，实现中国制造向中国创造的转型，这也为国有经济提供了迅速发展和壮大的战略机遇。

（1）从现实来看，国家经济安全和产业安全不能完全依靠私营经济

资本主义发展到国家垄断，甚至国际垄断阶段。私人垄断需要借助国家的产业政策，获取竞争优势。在这种情况下，单纯地依靠市场自发机制成长起来的私营企业是无法和跨国公司抗衡的。私营企业只是从企业自身利益出发，以利润最大化为经营目标，而不是以整个国民经济的整体利益最大化为目标。面对日益激烈的国际竞争环境，从国家经济安全的角度出发，国民经济的产业和产品国际竞争力，不仅要靠量的增加，而且要靠质的提升，企业的行为不仅要考虑经济利益，更要考虑社会利益，这就必须要有强大的国有经济做支撑。如果没有强大的国有经济，在开放经济的今天，国有企业退出后留出的行业和市场，不是理所当然地留给私营企业，而可能是跨国公司。外资靠自身积累的产品、技术和资本优势，甚至靠国家补贴、不正当竞争等手段，可以迅速打垮国内的私营企业。

中国并购研究中心的《中国产业地图》一书的研究结果表明，除电

力、军工等极少数国家核心行业以外，在全国 28 个主要产业中，外资在 21 个产业中拥有多数资产控制权。比如啤酒行业，60 多家大中型企业只剩下青岛和燕京两个民族品牌，其余全部合资；玻璃行业，最大的 5 家已全部合资，外资控制度达到 40% 以上；电梯行业，最大的 5 家均为外商控股，占全国产量的 80% 以上；家电行业，18 家国家定点企业中 11 家属于合资；化妆品行业，被 150 家外资企业控制，外资品牌占市场份额的 60% 以上，且国内有竞争力的民族品牌大都被外资收购"冷藏"；汽车工业，外国品牌占销售额 90%；水泥行业，外资控制产能占 30%—40% 以上；机械行业，外资总体控制力度达 40% 以上；仪器仪表制造业，外资市场占有率则超过 60%……

跨国公司不仅在一些市场上占据绝对垄断地位，例如，据国家工商总局调查，美国微软占有中国电脑操作系统市场的 95%，瑞典利乐公司占有中国软包装产品市场的 95%，法国米其林占有中国子午线轮胎市场的 70%，而且严重威胁到国家安全，比如粮油市场上，外资四大粮商 ABCD（美国 ADM、美国邦吉 Bunge、美国嘉吉 Cargill、法国路易达孚 Louis Dreyfus），控制着全世界 80% 的粮食交易量，凭借对从种子、化肥等生产环节到流通环节的整个产业链条的控制，垄断粮油市场的定价权，已经严重威胁到国家粮食安全。比如，2001 年我国对外开放大豆市场，外资迅速控制了大豆的定价权，外资榨油企业只收购转基因大豆，不收国产大豆，逼迫豆农只能种植转基因大豆。一方面，威胁到 4000 万豆农生产，种植国产大豆的豆农年年赔本，不得以改种其他经济作物，造成 2000 万豆农集体"下岗"事件。另一方面，大量油榨企业倒闭，2004—2005 年，1000 多家内资榨油企业的倒闭率达 90% 以上，导致 10 多万人失业。

因此，全球化市场的今天，如果没有强大的国家做后盾，没有强大的国有经济做支柱，仅仅依靠私营经济，发展战略性新兴产业将无从谈起，国家经济安全和产业安全就没有保障。

（2）国有经济发展战略性新兴产业，维护产业安全和提高国际竞争力

国际竞争力的背后是科技的较量，当今世界是全球化加速发展的、资本主义主导的世界市场体系，经济的竞争首先是科技的竞争，具体到产业

方面就是战略性新兴产业。对于私营企业，如果在一个行业无法取得竞争优势，可以选择投入其他行业。私营企业如果不盈利，可以自由选择退出，只考虑经济效益，不考虑也没有义务考虑社会效益和国家利益。而国有经济不同，必须考虑国家利益和产业安全，在一些战略性的产业中是没有退路的。

战略性产业的核心技术，只能靠自力更生和自主创新。实践证明，第一，涉及国家安全、经济安全和产业安全的核心科技，买是买不来的。美国去工业化去除的永远是低端制造，不可能去高端制造和核心技术、研发。原因在于，如果把核心技术卖给其他国家，就意味着无法通过去工业化实现制造业的国际转移，或者在制造业国际转移中“制造”出自己的竞争对手。一方面，制造业国际转移不能控制产业链；另一方面，不能实现国际剩余价值生产的最大化。因此，美国不用说设计、研发和高端制造不可能去掉，就连近几年我国收购美国的一些涉及资源、能源和技术的企业，都被美国以国家安全名义所否决。例如，据媒体报道，2005 年中海油 185 亿美元收购美国尤尼科石油被否决；华为 2011 年收购美国 3Leaf 公司的专利技术被美国外国投资委员会（CDIUS）以威胁美国安全为由否决；2016 年华润集团和清芯华创收购飞兆半导体公司（Fairchild Semiconductor）被否决；特朗普政府 2017 年 9 月以国家安全问题为由否决中国收购美国芯片制造商莱迪思半导体公司（Lattice Semiconductor）等。

第二，靠市场换技术也是换不来的。我们过去和大众、通用、丰田等汽车厂商合作，想通过市场换技术，但最后连国产变速箱都研发不出来。发达资本主义国家的目的是占领市场，实现商品的价值和超额利润。如果我们能用市场换来技术，发达国家的产品不就有了竞争对手，不就市场受到威胁了吗？不就获得不了超额利润了吗？超额利润就是凭借技术和产品优势独占市场获得的，即同类商品花费的劳动时间少于社会必要劳动时间。如果发达国家把核心技术卖给了中国，不可能取得超额利润，最多只能获取平均利润，这在根本上不符合资本最大限度追求剩余价值和超额利润的目的。正是在价值规律作用下，资本家才竞相研发和采用先进技术，也就不可能拱手送人。

第三，国有经济是科技创新的主力军，也是战略性新兴产业的排头兵。我国在载人航天、探月工程、海洋科考、大口径射电望远镜、超级计算机、集成电路制造技术、移动通信、量子通信、诱导多功能干细胞、第四代核电高温气冷堆、第三代核电“华龙一号”、高铁、新能源汽车、特高压输变电技术、风能和光伏关键部件和设计制造技术等都取得国际领先的突破性成果，绝大多数都是国有企业取得的。

第四，国有经济是维护国家利益和产业安全的中坚力量。国有经济在核心技术的关键突破既是为了国家利益，也是为了全体中国人民的根本利益，包括降低私营企业的生产成本。比如，轮胎、润滑油中使用的石墨烯高端材料，国际市场上价格高达5000元/克，而2013年我国建成年生产能力300万吨的生产线后，石墨烯的价格降为3元/克；通信行业中交换机的关键部件，国外卖20万元/块，国内企业能够生产后，价格降到1万元/块；新能源市场上进口烷炝类气体国际市场上45000元/公斤，当国内生产出来，价格降低到28000元/公斤；过去国内无法生产自己的导航芯片，国外导航终端的国际市场价格高达1000多美元，现在国产北斗导航芯片强势出现，不仅累计销量突破5000万片，而且国际导航芯片的价格大幅下降到30美元，直到1美元。2017年度国家最高科学技术奖获得者侯云德主导了我国第一个基因工程新药的产业化，之前干扰素药品100%进口，价格高达300元/支，两三万元一个疗程。现在国产药占据国内市场的90%份额，价格下降为30元/支，造福上千万个患者，而且创造了数十亿元的经济效益。① 因此，国有经济发展战略性新兴产业，在获得国际竞争力和发展壮大自身的同时，也能保障国家经济安全、产业安全，更能造福包括私营经济在内的全体人民。

---

① “国家最高科技奖获得者侯云德：系‘中国干扰素’之父”，网易新闻，2018－01－08，http：//news.163.com/18/0108/10/D7KE0FSB0001875N.html。

4.5　本章小结

社会主义国有经济不仅决定着社会主义经济制度的性质，而且是发挥制度优越性的重要载体。国有经济在战略性新兴产业中的具体作用：

从企业的微观角度来看，国有企业是保障功能和效率的统一，在发挥社会功能的同时，高效率是发展和壮大国有经济的内在动力。

从国有经济的中观角度来看，推动国有资本向战略性新兴产业集中，优化国有资本存量和提高增量，调整和优化国有经济的结构，提高国有经济发展的质量，增强国有经济的活力。产业结构的升级和公有制本身结构的完善能为更好地发展和壮大国有经济提供基础。

从国民经济的宏观角度来看，党的十九大提出主要矛盾的变化，对于更好地满足人民日益增长的美好生活需要，供给方面反映为发展的不平衡和不充分，战略性新兴产业是实现经济发展方式转变的关键。国有经济在战略性新兴产业发展中起到示范和带动作用，同时支持和引导私营经济实现产业结构升级，通过国有经济和私营经济的分工和合作，共同推动战略性新兴产业快速、健康地发展。这就是国有经济在整个国民经济中的主导作用在战略性新兴产业中的体现。

从国家的竞争力角度来看，从外部来看，2008 年世界经济危机后，各国利用新一轮科技革命带来的机遇纷纷发力战略性新兴产业，投入大量的研发和进行产业布局，抢占战略制高点，保持未来的竞争优势。从内部来看，过去我们是抓住资本主义主导的国际市场的机遇，成为制造业大国和第二大世界经济体，但始终处于价值链的低端。要实现后来居上和弯道超车，就必须抓住战略性新兴产业的支点，面对激烈的市场竞争，发展战略性新兴产业必须依靠国有经济保障国家的产业安全，提高国际竞争力。

本章对国有经济发展战略性新兴产业的具体作用进行系统阐述，但具体作用的实际发挥和具体策略的选择受到现状的制约。本书第 5 章的任务是分析国有经济在具体的战略性新兴产业发展中的现状，分析哪些因素是促进作用的发挥，哪些因素是阻碍作用的发挥，在具体的策略选择上，分析哪些是国有资本发挥作用的领域，哪些是国有企业直接发挥作用的领域。为第6章更好地发挥国有经济的作用提供合理、可行的政策建议。

第 5 章

国有经济在战略性新兴产业中发挥作用面临的现状与策略选择

战略性新兴产业是根本性的创新，对于解决发展的不平衡不充分，提高整个供给体系的质量和实现生产力跨越式发展具有重要意义。国有经济在国民经济发展中发挥着主导作用，因而对国有经济在战略性新兴产业的快速、健康发展中发挥应有的影响力和控制力提出了新的要求。因此，需要根据目前国有经济在战略性新兴产业中的现状以及存在的优劣势做出分析和判断，为发挥国有经济作用提出具体建议。

5.1　国有经济在战略性新兴产业中的现状

5.1.1　我国战略性新兴产业的快速发展以及国际差距

改革开放以来，中国取得了举世瞩目的成就，实现了经济增长的奇迹，稳居世界第二大经济体，并对世界经济增长做出了巨大贡献。特别是2008 年美国金融危机以后，中国经济成为世界经济稳定复苏最重要的引擎。数据显示，国内生产总值从 1978 年仅 3679 亿元到 2020 年突破 100 万亿元，达 1015986 亿元。人均 GDP 从 1978 年只有 381 元增长到 2020 年人均国内生产总值 72447 元，稳居中等偏上收入国家行列。人均可支配收入由 1978 年的 343 元增加到 2020 年的 32189 元。与美国的差距也在不断缩小，中国 GDP 占世界 GDP 的比重从 1978 年的 1.8% 上升到 2020 年超过16%。而且对世界经济增长的贡献越来越大，2013—2020 年平均超过30%，超过美国、欧盟和日本的贡献率总和。随着经济总量的不断提高，我国的国际竞争力和创新力也在显著加强。从国际竞争力特别是高科技领域的竞争力来看，据亚洲开发银行发布的《2015 年亚洲经济一体化报告》显示，在亚洲高端科技产品出口中，中国所占份额从 2000 年的 9.4% 上升到 2014 年的 43.7%，位居亚洲第一，同期日本的份额从 2000 年的 25.5%下降到 2014 年的 7.7%。其中高铁、核电和卫星等以国有企业为主导的高端科技产品受到国际市场的认可。从创新力来看，世界知识产权组织发布的2017年全球创新指数排名，中国位列第22位，比2013年上升13位，居中等收入经济体首位。

（1）我国战略性新兴产业的迅速发展成为新的经济增长点，推动产业结构升级，国际竞争力得到显著提升

战略性新兴产业是我国国民经济发展的先导产业、重要的支柱产业，借助高技术的外部性、外溢性以及中国巨大市场的规模效应，战略性新兴产业对产业上下游链条的强拉动作用，对整个经济结构起到调整和优化，不仅能够提高经济增长的数量，成为新的经济增长引擎，而且极大地提高了经济发展的质量。

第一，战略性新兴产业发展很快，已经成为国民经济的新增长点。国家所确立的节能环保、新一代信息技术、生物、高端装备、新能源、新材料、新能源汽车七大产业占GDP的比重，从2010年约4%提升到2015年8%。[①] 从“十三五”期间实际发展来看，数字经济规模从2015年的18.6万亿元增长到2019年的35.8万亿元，占GDP的比重从27%上升到36.2%。[②] 以战略性新兴产业的上市公司为例（见表5－1），营业收入从2010年的1.3万亿元迅速增长到2015年的2.6万亿元，翻了一番。从研发强度（研发投入占营业收入的比重）来看（见表5－2），战略性新兴产业的公司高度重视研发，不仅研发强度快速提高，从2010年的3.8上升到2015年的6.2，而且远高于上市公司的总体水平，且差距不断拉大，2010年战略性新兴上市公司研发强度比总体高1.7，2015年则高出2.7。对研发投入比例的增加，极大地提高了企业的盈利水平和在市场竞争力。

第二，高技术产业发展对提高我国制造业整体水平作用明显，加快了制造业从低端到中高端的迈进。我国高技术产业的发展得益于充分利用了国内与国际两个市场和两种资源，经过自主创新实现技术突破，建立高新

① 《2016—2020〈中华人民共和国国民经济和社会发展第十三个五年规划纲要〉解释材料》，中国计划出版社2016年版，第58页。

② “信息通信业提供用得上用得起用得好的服务——便捷通信连接美好生活”，《人民日报》2021年2月15日第1版。

技术开发区的产业化发展，以及利用加入 WTO 后市场的扩大，引进外资消化、吸收发达国家技术等方式，高技术产业不仅发展得非常快，而且经过十几年的努力已经实现了对发达国家的赶超。据胡鞍钢、任皓（2016）① 研究，我国的高技术产业同美国相比，从 2000 年到 2015 年逐步从缩小差距到实现超越。

表 5－1　2010—2015 年战略性新兴产业上市公司的营业收入与占上市公司总收入的比重

	2010 年	2011 年	2012 年	2013 年	2014 年	2015 年
营业收入（万亿元）	1.3	1.5	1.7	1.9	2.2	2.6
占总收入比重	6.8%	6.7%	6.8%	7.1%	7.7%	8.9%

资料来源：《2017 中国战略性新兴产业发展报告》，科学出版社 2016 年版，第 4 页。

表 5－2　2010—2015 年战略性新兴产业上市公司研发强度与上市公司总体对比

	2010 年	2011 年	2012 年	2013 年	2014 年	2015 年
战略性新兴上市公司	3.8	4.4	5.5	5.8	6.0	6.2
上市公司总体	2.1	2.4	3.1	3.2	3.3	3.5

资料来源：《2017 中国战略性新兴产业发展报告》，科学出版社 2016 年版，第 9 页。

一方面从中美两国的高技术产业增加值占世界的比重（见表 5－3）来看，中国从 2000 年仅占世界比重的 3.16%，提升到 2015 年占世界的 29.08%；而同期美国则从 2000 年的 37.75% 下降到 2015 年的 28.94%。

表 5－3　2000—2015 年中国和美国高技术产业增加值占世界比重及赶超系数②

年度	中国占世界比重（%）	美国占世界比重（%）	赶超系数（%）
2000 年	3.16	37.75	8.4
2005 年	9.39	32.83	28.6
2010 年	17.92	31.38	57.1
2014 年	27.10	28.69	94.5
2015 年	29.08	28.94	100.5
2000—2015 年变化量	25.92	－8.81	

资料来源：美国数据来自美国国家科学基金会，中国数据来自工信部。

注：2015 年数据为推算，我国 2015 年全年高技术产业增加值比上年增长 10.2%。

①② 胡鞍钢、任皓："中国高技术产业如何赶超美国"，《中国科学院院刊》2016 年第 12 期。

另一方面，从中美两国的高技术产业增加值占各自国家 GDP 的比重（见表 5－4）来看，中国的高技术产业增加值占 GDP 的比重 2000 年为 2.47%，同期美国为 3.47%，而 2015 年中国高科技产业增加值占 GDP 的比重增加到 4.89%，而美国则不断下降，同期为 2.94%。

表 5－4　　中国和美国高技术产业增加值占 GDP 的比重

年度	美国	中国
2000 年	3.47	2.47
2005 年	2.86	4.73
2010 年	3.17	4.49
2015 年	2.94	4.89
2000—2015 年变化量	－0.52	2.41

资料来源：高技术产业增加值来源为美国国家科学基金会，GDP 数据来源为世界银行数据库。

第三，从战略性新兴产业未来发展的潜力来看，劳动力结构的优化是基础。劳动者受教育年限延长，知识型劳动力供给迅速增加。高等教育大众化使得质量型人口红利显现，倒逼产业结构升级。2017 年 6 月国家统计局发布的数据显示（见表 5－5），高等教育毛入学率 2016 年达到 42.7%，比 2012 年提高 12.7 个百分点。每年的高校毕业生不断攀升，2012 年为 624.7 万人，2013 年为 638.72 万人，2014 年为 659.36 万人，2015 年为 680.88 万人，2016 年为 765 万人，2017 年有 795 万人毕业。

表 5－5　　2012—2017 年国内大学生、研究生毕业人数　　单位：万人

	2012 年	2013 年	2014 年	2015 年	2016 年	2017 年
大学生毕业数	624.7	638.72	659.36	680.88	765	795
研究生毕业数	48.65	51.36	53.58	55.15	56.39	58

资料来源：统计局网站 www.data.stats.gov.cn. 中国教育在线网站 www.eol.cn。

从出国留学和留学归国的数据来看（见表 5－6、图 5－1），一方面，随着出国人数的增加，归国人数也在明显上升，而且随着 2008 年经济危机的发生，国外经济复苏放缓，国内经济和社会发展的环境越来越好，留学归国的人数不断增加，从 2009 年的 10.83 万人增加到 2015 年的 40.91 万人，且比例显著上升，从 2009 年的 47.23% 迅速上升到 2015 年的 78.12%。

表 5－6　　2009—2015 年出国留学和归国人数　　单位：万人

	2009 年	2010 年	2011 年	2012 年	2013 年	2014 年	2015 年
出国留学	22. 93	28. 47	33. 97	39. 96	41. 39	45. 98	52. 37
学成归国	10. 83	13. 48	18. 62	27. 29	35. 35	36. 48	40. 91
归国比例	47. 23%	47. 35%	54. 8%	68. 29%	85. 41%	79. 34%	78. 12%

资料来源：统计局网站 www. data. stats. gov. cn。

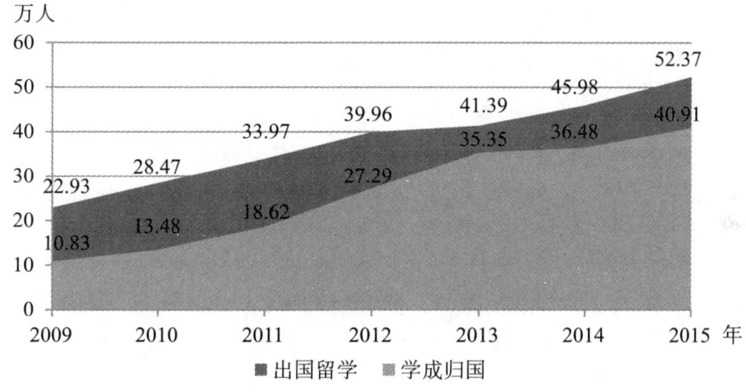

图 5－1　2009—2015 年出国留学和归国人数

资料来源：统计局网站 www. data. stats. gov. cn。

大量的高校毕业生和留学回国人员，给社会带来就业压力。大学生初次就业率一跌再跌，2015 年仅为 71. 3%，月平均工资仅为 3349 元，甚至低于“蓝领”平均工资。如果顺势发展战略性新兴产业，不仅可以缓解就业压力，而且能带来人口质量提升的红利。

（2）我国的战略性新兴产业发展同发达国家相比，还存在着很大的差距

第一，同国际上的高技术产业（High Technology Industry）的标准尚存在差距。美国商务部 1985 年《美国高技术贸易与竞争力》的判定指标是：①研发（Research and Development，R&D）强度，即研发费用在总附加值所占的比重超过 10%；②科学家、工程师、技术工人等研发人员占职工总数的比重超过 10%。美国国家科学基金会（National Science Foundation）认为的高技术产业标准是，研发费用占销售额的比重达到 3. 5% 以上，科学家和高级工程师占职工总数的 2. 5% 以上。显然，美国商务部的标准更

加严格，按此标准，美国高新技术产业主要是信息技术、生物技术和新材料技术。[①] 而经济合作与发展组织（Organization for Economic Co - operation and Development，OECD）提出高技术产业的五个特征包括：研发强度高；对政府具有重要的战略意义；产品和工艺更新快；资本投入风险大、数额高；研发成果的生产及贸易具有高度的国际性和竞争性。1986 年提出研发费用占产品销售额的比重远远高于平均水平的产业，研发支出占总产值的 4% 以上的行业定为高技术产业，20 世纪 90 年代将比重提高到 8% 。2001 年按照新的国际标准产业分类划分，航空航天、医药、计算机及办公设备、通信设备以及医疗、精密和光学仪器等五类产业。

第二，和美国、日本比较在研发投入强度上还有差距。

中国经济进入新常态，从增长动力来讲，需要抓住科学技术是第一生产力，实现从要素驱动向创新驱动的转变。21 世纪以来，中国非金融企业的研发投入（R&D）大幅度增加，从量上来看，由 2001 年的 246. 38 亿美元增长到 2010 年的 1567. 26 亿美元，2014 年达到 2663. 99 亿美元。从表 5 - 7 的数据可以看出，中国企业的研发投入在总量上已经超过日本，与美国的研发投入差距也在不断缩小。但在研发投入强度上，同美国和日本仍有距离。因此，我们需要有清醒的认识，正视差距，在前沿技术的突破和研发投入上要下足功夫。

表 5 - 7　　　　中国和美国、日本非金融企业 R&D 的比较

		2010 年	2011 年	2012 年	2013 年	2014 年
全球 R&D 投入（万亿美元）	中国	1567. 26	1838. 92	2140. 64	2423. 24	2663. 99
	美国	2789. 77	2881. 43	2907. 81	3053. 11	—
	日本	1075. 85	1120. 05	1121. 24	1175. 86	1238. 03
全球 R&D 投入强度（%）	中国	1. 27	1. 36	1. 47	1. 54	1. 58
	美国	1. 86	1. 9	1. 87	1. 94	—
	日本	2. 49	2. 6	2. 56	2. 65	2. 79

资料来源：高玉婷（2017）[②]。

① 桂黄宝：《中国高技术产业创新发展研究》，科学出版社 2016 年版，第 7 页。

② 高玉婷：“中央企业国际竞争力的多维度评价”，《国民经济评论》2017 年第 1 期。

5.1.2　国有经济在战略性新兴产业中的现状

从总体上看，国有经济目前在战略性新兴产业中并不占有优势。据《2017 中国战略性新兴产业发展报告》的数据显示，2015 年，1031 家战略性新兴产业 A 股上市公司中，私营企业共有 680 家，占比达 66%。战略性新兴产业上市公司的利润超过 40% 是由私营企业贡献的，贡献率超过国有上市公司 7.4 个百分点。①

对国有经济在战略性新兴产业中现状的具体分析首先要看数据，但由于某些客观原因②，国有企业在战略性新兴产业中的数据绝大部分的统计数据中无法得到。鉴于战略性新兴产业和高技术产业都是以高技术为特点，产业和数据上存在很多重合，只能采用《中国高技术产业统计年鉴》③中的不同所有制经济的数据来作为参考，对国有经济在战略性新兴产业中的发展做大致判断。

首先，从总体上来看。通过数据（见表 5－8）可以发现，国有企业在高技术产业中的企业数量、就业人数、业务收入、利润总额和出口交货值中，除了航空航天及设备制造外，总体上均不占优势。以 2015 年为例，高科技产业中内资企业数占比为 74.48%（22070/29631），国有及国有控股的企业数仅占 5.35%（1584/29631），当然这可能与私营企业规模小、数量多有关（见图 5－2）。国内企业就业人数占比为 50.47%（683.2903/1354），国有企业仅占 11.23%（152.0934/1354）（见图 5－3）。从企业吸引人才方面看，国内企业吸引高科技人才不如外企，国有企业的就业人数总体上又远远小于国内私营企业。从主营业务收入占比来看（见图 5－4），

① 《2017 中国战略性新兴产业发展报告》，科学出版社 2016 年版，第 5 页。

② 2017 年 12 月 30 日，《中共中央关于建立国务院向全国人大常委会报告国有资产管理情况制度的意见》指出，要从制度建设和技术创新上，解决国有资产底数不够清楚、管理不够公开透明、人大监督所需信息不够充分等突出问题。

③ 《中国高技术产业统计年鉴》中对于高技术产业有具体界定，包括：医药制造业，航空、航天器及设备制造业，电子及通信设备制造业，计算机及办公设备制造业，医疗仪器设备及仪器仪表制造业和信息化学品制造业 6 大类。

国内企业占比为 50.96% （71327.6/139969），而国有及控股企业仅占10.32% （14449.4/139969）。从利润总额占比来看，国内企业占比62.96% （5658.4/8986），而国有企业仅占 8.64% （776.5/8986）。从利润和收入比来看（见图 5－5），显然国有企业的盈利能力确实低于国内企业平均水平。图 5－6 是高技术产业的出口交货值对比。

表 5－8　　2011—2015 年中国高技术产业数据

全行业指标		2011 年	2012 年	2013 年	2014 年	2015 年
企业数（个）	全部	21682	24636	26894	27939	29631
	国有及国有控股	1413	1532	1504	1488	1584
	内资企业	14075	16641	18841	20179	22070
从业人数（万人）	全部	1147	1269	1294	1325	1354
	国有及国有控股	137.5122	141.8484	141.3200	144.9714	152.0934
	内资企业	466.7126	542.2678	579.4568	638.7453	683.2903
主营业务收入（亿元）	全部	87527	102284	116049	127368	139969
	国有及国有控股	9801.0	11161.9	12149.4	12828.4	14449.4
	内资企业	32551.4	41355.4	50119.7	59338.1	71327.6
利润总额（亿元）	全部	5245	6186	7234	8095	8986
	国有及国有控股	728.6	677.4	778.6	759.6	776.5
	内资企业	2754.2	3421.8	4071.4	4636.6	5658.4

资料来源：《中国高技术产业统计年鉴》（2016），中国统计出版社 2016 年版，第 3—33 页；《中国高技术产业统计年鉴》（2015），中国统计出版社 2016 年版，第 3—39 页。

注：（1）根据国家统计局 2013 年颁布的《高技术产业（制造业）分类（2013）》（2011 年以后为年主营业务收入 2000 万元以上的法人工业企业）；（2）企业数 = 内资企业 + 港澳台 + 外资；内资企业 = 国企 + 私企

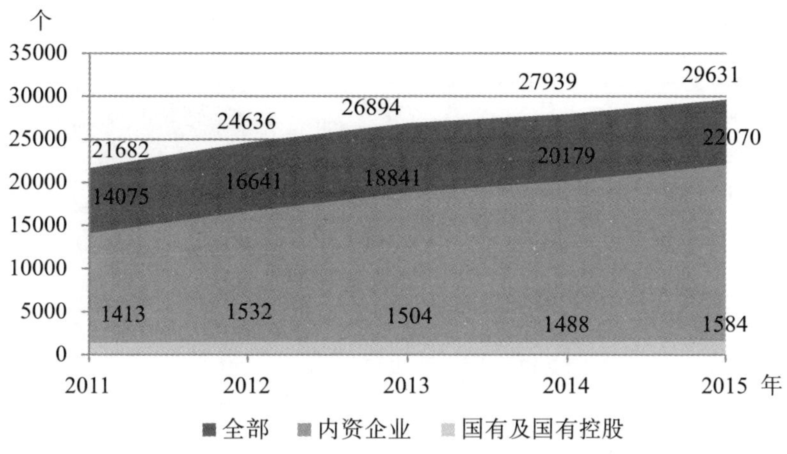

图 5－2　高技术产业的企业数量对比

资料来源：《中国高技术产业统计年鉴》（2016），中国统计出版社 2016 年版。

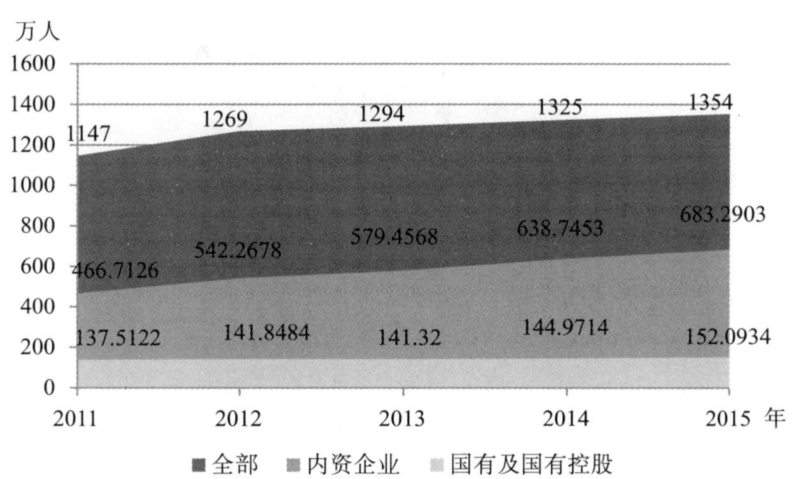

图 5－3　高技术产业的从业人数对比

资料来源：《中国高技术产业统计年鉴》（2016），中国统计出版社 2016 年版。

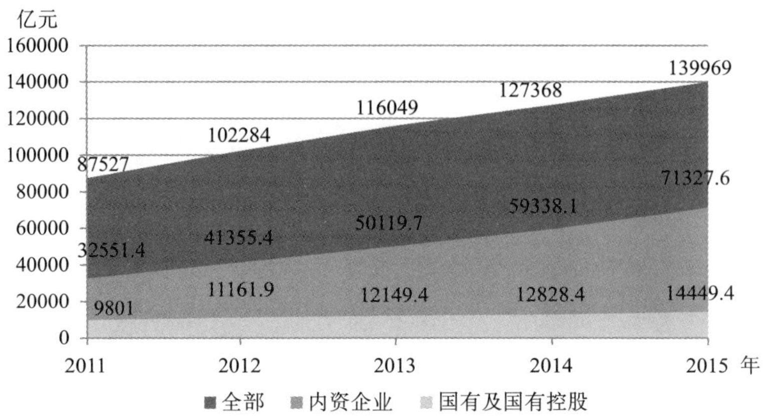

图 5 -4　高技术产业的主营业务收入对比

资料来源：《中国高技术产业统计年鉴》（2016），中国统计出版社 2016 年版。

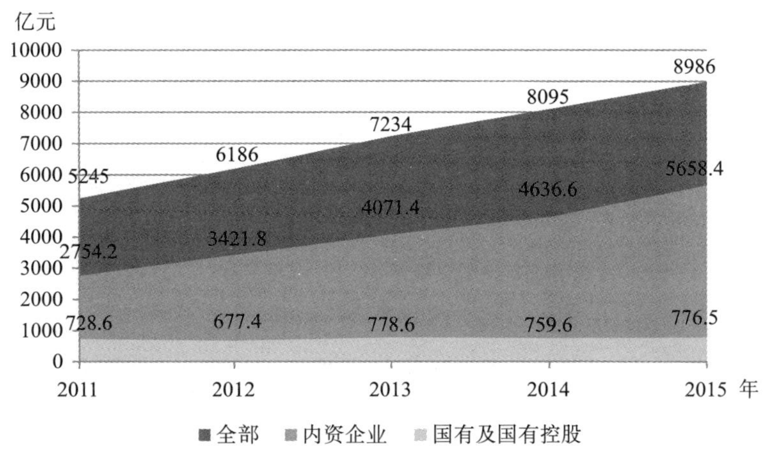

图 5 -5　高技术产业的利润对比

资料来源：《中国高技术产业统计年鉴》（2016），中国统计出版社 2016 年版。

其次，分行业来看，行业差别明显。以医药、航空、电子通信、医疗行业为例。由于国家战略安全地位的原因，航天产业属于尖端科技，国有企业拥有优势地位，在其他产业并不具备优势，而且可以说处于较大的劣势地位。

（1）医药制造业

以 2015 年为例（见表 5 -9），从企业数来看，国内企业数量为 6517

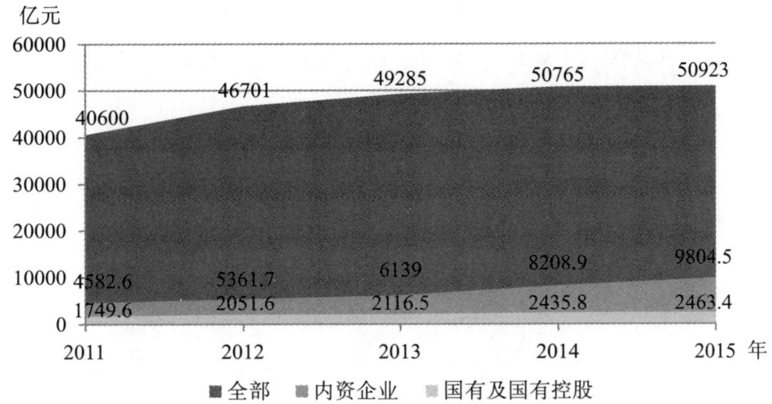

图 5－6　高技术产业的出口交货值对比

资料来源：《中国高技术产业统计年鉴》(2016)，中国统计出版社 2016 年版。

表 5－9　医药制造业对比

医药制造业		2011 年	2012 年	2013 年	2014 年	2015 年
企业数（个）	全部	5926	6387	6839	7108	7392
	国有及国有控股	420	426	418	417	423
	内资企业	4975	5441	5886	6193	6517
从业人数（万人）	全部	178. 6022	196. 6586	208. 5498	215. 9430	222. 9376
	国有及国有控股	30. 5063	30. 9598	31. 1558	29. 9944	30. 3579
	内资企业	139. 2475	154. 6117	166. 0902	174. 1850	182. 4742
主营业务收入（亿元）	全部	14484. 4	17337. 7	20484. 2	23350. 3	25729. 5
	国有及国有控股	2023. 1	2226. 4	2301. 5	2265. 8	2339. 9
	内资企业	10932. 7	13281. 6	15945. 4	18298. 3	20509. 8
利润总额（亿元）	全部	1606. 0	1865. 9	2132. 7	2382. 5	2717. 3
	国有及国有控股	246. 6	233. 4	232. 5	224. 0	269. 5
	内资企业	1193. 4	1394. 7	1628. 4	1796. 8	2065. 3

资料来源：《中国高技术产业统计年鉴》(2016)，中国统计出版社 2016 年版。

家，占比 88. 16%（6517/7392）。其中，国有及国有控股企业仅有 423 家，占比 5. 72%（423/7392）；从从业人数来看，国内企业的从业人数为 182. 47 万人，占比 81. 85%（182. 4742/222. 9376），其中，国有及国有控股企业人数为 30. 36 万人，占比 13. 62%（30. 3579/222. 9376）；从业务收入占比来看，国内企业平均业务收入占比 79. 71%（20509. 8/25729. 5），而国有及国有控股企业占比 9.09%（2339.9/25729.5）；从利润总额占比来看，国内企业平均利润占比 76.01%（2065.3/2717.3），而国有及国有控股企业占比 9.92%（269.5/2717.3），高于收入占比 9.09%，说明国有企业的盈利能力要高于平均水平。

（2）航天器及设备制造业

以 2015 年为例（见表 5－10），从企业数来看，国内企业数量为 306 家企业，占比 80.1%（306/382），而其中国有及国有控股企业有 179 家，占比 46.86%（179/382）；从从业人数来看，国内企业的从业人数为 35.36 万人，占比 91.36%（35.3553/38.7006），而国有及国有控股企业人数为 33.79 万人，占比 87.31%（33.7895/38.7006），说明国有企业是绝对主导；从业务收入占比来看，国内企业平均业务收入占比 78.34%（2673.5/3412.6），而国有及国有控股企业占比 70.34%（2400.5/3412.6）；从利润总额占比来看，国内企业平均利润占比 65.58%（128.6/196.1），而国有及国有控股企业占比 52.07%（102.1/196.1）。

表 5－10　　航天器及设备制造业对比

航空航天		2011 年	2012 年	2013 年	2014 年	2015 年
企业数（个）	全部	224	304	318	338	382
	国有及国有控股	130	161	161	161	179
	内资企业	167	239	247	267	306
从业人数（万人）	全部	34.9995	35.9315	33.9551	36.5708	38.7006
	国有及国有控股	32.0925	31.9157	29.6604	32.1990	33.7895
	内资企业	32.1920	32.7538	30.4993	33.1733	35.3553
主营业务收入（亿元）	全部	1934.3	2329.9	2853.2	3027.6	3412.6
	国有及国有控股	1519.5	1787.6	2131.4	2155.9	2400.5
	内资企业	1616.3	1944.3	2365.1	2442.8	2673.5
利润总额（亿元）	全部	104.0	121.8	139.3	170.3	196.1
	国有及国有控股	75.0	80.3	76.2	80.5	102.1
	内资企业	82.4	96.7	99.0	109.7	128.6

资料来源：《中国高技术产业统计年鉴》（2016），中国统计出版社 2016 年版。

对比企业数（见图 5－7）和从业人员数（见图 5－8）可以发现，国有企业在航天产业里面是典型的尖端技术密集型，而且属于国家安全和战略领域。企业的个数，国有企业占全行业比例从 2011 年的 58%（130/224）下降到 2015 年的 46.9%（179/382），但从业人员的比例却从 91.7% 才下降到 2015 年的 87.3%。

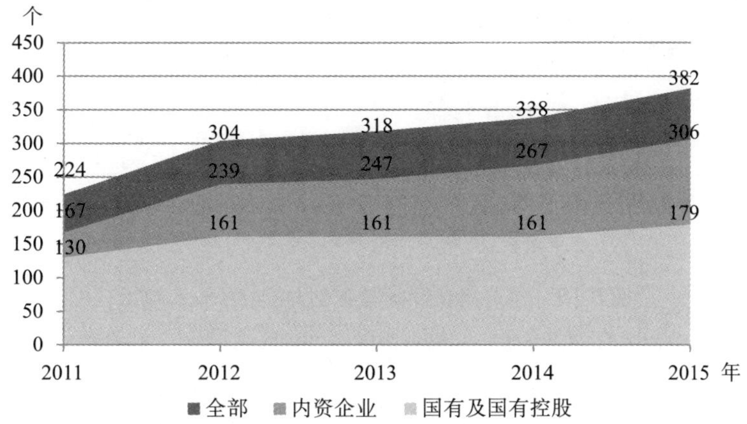

图 5-7　航天器及设备制造业企业个数

资料来源：《中国高技术产业统计年鉴》（2016），中国统计出版社 2016 年版。

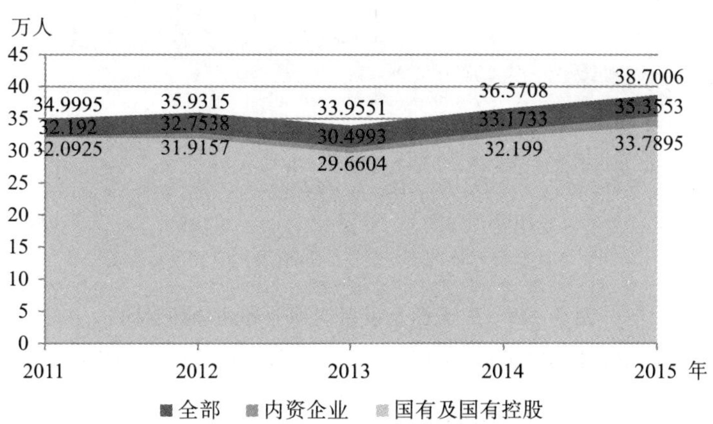

图 5-8　航天器及设备制造业从业人数对比

资料来源：《中国高技术产业统计年鉴》（2016），中国统计出版社 2016 年版。

对比图 5-9 和图 5-10 可以发现，虽然行业利润额在上升，但国企的利润在行业的比重下降，从 2011 年的 72.1% 下降到 2015 年的 52.1%，同期，国企员工的收入在行业中收入的比重从 2011 年的 78.6% 下降到 70.3%。

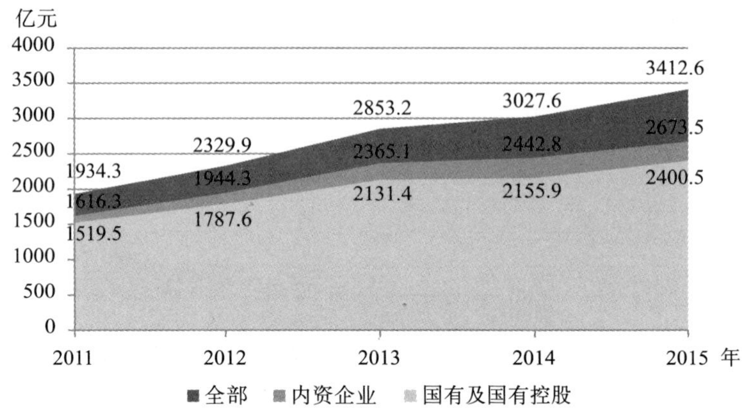

图 5 -9　航天器及设备制造业主营业务收入对比

资料来源：《中国高技术产业统计年鉴》(2016)，中国统计出版社 2016 年版。

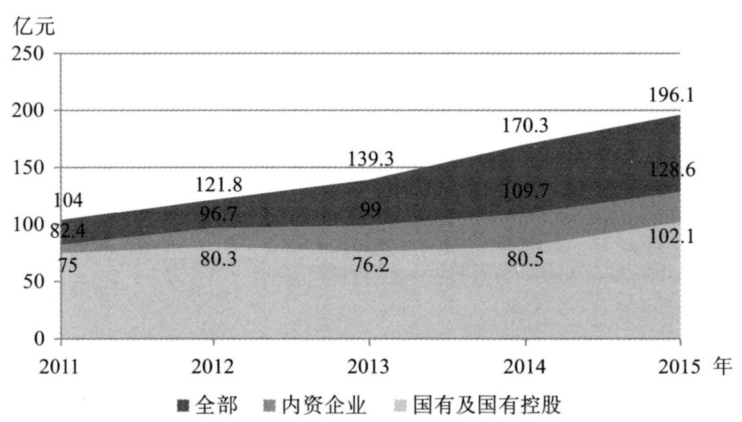

图 5 -10　航天器及设备制造业利润总额对比

资料来源：《中国高技术产业统计年鉴》(2016)，中国统计出版社 2016 年版。

(3) 电子及通信设备制造业

从表 5 -11 的数据资料明显可以看出，电子和通信设备行业外资数量占比很大，国有企业数量很少，比重非常低。一方面是因为电子和通信设备行业属于竞争性领域，国有企业总体在退出；另一方面外资企业在国内市场占有非常大的优势，品牌影响力大，而且属于出口加工制造行业。以 2015 年为例，从企业数来看，国内企业数量为 9832 家企业，占比 67. 18% (9832/14634)，其中，国有及国有控股企业有 620 家，占比 4. 11% (620/

14634）；从从业人数来看，国内企业的从业人数为 336. 22 万人，占比 41. 3%（336. 2191/814. 2256），而国有及国有控股企业人数为 65. 76 万人，占比 8. 1%（65. 7554/814. 2256）；从业务收入占比来看，国内企业平均业务收入占比 45. 14%（35350. 3/78309. 9），而国有及国有控股企业占比 9. 47%（7419. 6/78309. 9）；从利润总额占比来看，国内企业平均利润占比 56. 7%（2465. 7/4348. 9），而国有及国有控股企业占比 6. 64%（288. 9/4348. 9）。

表 5－11　　　　电子及通信设备制造业对比

电子及通信设备制造		2011 年	2012 年	2013 年	2014 年	2015 年
企业数（个）	全部	10220	12215	13465	13973	14634
	国有及国有控股	545	613	598	599	620
	内资企业	5387	6974	8211	8956	9832
从业人数（万人）	全部	635. 6687	730. 7914	748. 2696	773. 4261	814. 2256
	国有及国有控股	55. 0682	59. 7446	61. 5718	63. 6315	65. 7554
	内资企业	203. 9218	255. 5144	275. 0244	317. 1598	336. 2191
主营业务收入（亿元）	全部	43206. 3	52799. 1	60633. 9	67584. 2	78309. 9
	国有及国有控股	4728. 3	5527. 4	6097. 1	6663. 6	7419. 6
	内资企业	13821. 8	18694. 9	23154. 4	28541. 9	35350. 3
利润总额（亿元）	全部	2161. 9	2679. 5	3326. 8	3744. 4	4348. 9
	国有及国有控股	255. 3	243. 4	352. 8	341. 0	288. 9
	内资企业	943. 3	1303. 0	1608. 1	1904. 5	2465. 7

资料来源：《中国高技术产业统计年鉴》（2016），中国统计出版社 2016 年版。

（4）计算机及办公设备制造业

从表 5－12 同样可以看出，计算机及办公设备制造业中外资企业数量占比很大，国有企业比例非常低。一方面是因为计算机和办公设备属于民用竞争性领域，国有企业在逐渐退出；另一方面，外资企业在国内市场占有非常大的优势，技术研发强，品牌影响力大，计算机及办公设备制造业中从业人数绝大部分在外资企业，是典型出口加工制造行业。以 2015 年为例，从企业数来看，国内企业数量为 984 家企业，占比 58. 05%（984/1695），其中国有及国有控股企业 61 家，占比 3. 4%（61/1695）；从从业人数来看，国内企业的从业人数为 34.85 万人，占比 23.75%（34.8477/146.7024），说明私营企业竞争力弱，市场被外资垄断。而国有及国有控股企业人数为 8.2 万人，占比 5.56%（8.1503/146.7024）；从业务收入占比来看，国内企业平均业务收入占比 17.63%（3422.5/19407.9），收入比低于就业人数比，说明私营企业的科技含量非常低，竞争力弱。而国有及国有控股企业占比 5.26%（1021.7/19407.9）。

表 5-12　　　　计算机及办公设备制造业对比

计算机及办公设备		2011 年	2012 年	2013 年	2014 年	2015 年
企业数（个）	全部	1313	1387	1565	1629	1695
	国有及国有控股	55	61	57	57	61
	内资企业	552	655	799	882	984
从业人数（万人）	全部	194.5089	198.1602	190.5640	184.2440	146.7024
	国有及国有控股	5.5619	6.4084	6.1735	7.1939	8.1503
	内资企业	22.8596	25.2258	28.3354	31.2571	34.8477
主营业务收入（亿元）	全部	21163.5	22045.2	23214.2	23499.1	19407.9
	国有及国有控股	725.1	792.2	765.0	871.9	1021.7
	内资企业	1737.3	1983.6	2330.4	2790.0	3422.5
利润总额（亿元）	全部	710.4	790.5	810.4	889.2	622.1
	国有及国有控股	66.4	50.1	48.5	46.0	56.8
	内资企业	115.5	122.0	142.1	169.6	199.2

资料来源：《中国高技术产业统计年鉴》（2016），中国统计出版社 2016 年版。

（5）医疗仪器设备及仪器仪表制造业

由表 5-13 可知，以 2015 年为例，从企业数来看，在医疗仪器设备及仪器仪表制造业中，国内企业数量为 4090 家，占比 80.8%（4090/5062），其中，国有及国有控股企业 263 家，占比 5.2%（263/5062）；从从业人数来看，国内企业的从业人数为 84.65 万人，占比 73.78%（84.65/114.7356），而国有及国有控股企业人数为 11.26 万人，占比 9.82%（11.2621/114.7356）；从业务收入占比来看，国内企业平均业务收入占比 75.17%（7872.0/10471.8），而国有及国有控股企业占比 8.82%（923.7/10471.8）。

表 5－13　　　　医疗仪器设备及仪器仪表制造业对比

医疗仪器及仪表		2011 年	2012 年	2013 年	2014 年	2015 年
企业数（个）	全部	3999	4343	4707	4891	5062
	国有及国有控股	263	271	270	254	263
	内资企业	2994	3332	3698	3881	4090
从业人数（万人）	全部	103.1360	107.1305	112.3485	114.8428	114.7356
	国有及国有控股	14.2806	12.8199	12.7585	11.9526	11.2621
	内资企业	68.4917	74.1621	79.5075	82.9701	84.6500
主营业务收入（亿元）	全部	6738.6	7772.1	8863.5	9906.5	10471.8
	国有及国有控股	805.0	828.3	854.4	871.3	923.7
	内资企业	4443.5	5451.0	6324.4	7265.1	7872.0
利润总额（亿元）	全部	662.6	728.7	824.6	908.9	938.8
	国有及国有控股	85.3	70.1	68.6	68.0	56.1
	内资企业	419.6	505.3	593.9	656.0	706.1

资料来源：《中国高技术产业统计年鉴》（2016），中国统计出版社 2016 年版。

综上所述，从以上各行业的数据比较来看，一方面，国有企业在战略性新兴产业中的比重并不占优势，而且同国内企业相比处于劣势。另一方面也能看到，国有企业的尖端技术并不包括在内，尖端技术如果应用到商业中，经过产业化的培育到发展，国有企业在战略性新兴产业中的发展空间会更大，前景广阔。由此可知，国有企业发展战略性新兴产业任重而道远。

5.2　国有经济在战略性新兴产业中发挥作用存在的优劣势

国有经济发展战略性新兴产业是执行国家创新战略，既要分析优势，也要分析劣势和不足，以确定如何更好地发展战略性新兴产业，从要素驱动到创新驱动战略中，发挥国有经济的作用。

5.2.1 国有经济在发展战略性新兴产业中的优势

随着国有经济改革的深入推进，已经同社会主义市场经济体制初步相适应，重新焕发出了活力。国有经济良好的发展态势以及取得的技术、资本和产业优势，为发展战略性新兴产业奠定了强大的基础。

第一，国有经济整体效益显著提高，积累了国有资本在数量上的优势。党的十八大以来，国企改革的成效显著。据国务院国有资产监督管理委员会（以下简称国资委）的统计资料显示，国资委监管的国有企业无论资产还是纳税，实现利润近年来都有了非常大的提高。从资产总额来看，2016 年总额达到 144.1 万亿元，比 2012 年翻一番，增长了 101.8%；从营业收入来看，2016 年达到 43.5 万亿元，同比增长 4%；从实现利润来看，2016 年实现总额达到 2.3 万亿元，同比增长 6.3%；从上缴税费来看，2016 年约占全国税收的 1/3；从对 GDP 的贡献来看，2016 年约占全国的 1/7。① 据财政部资产管理司数据显示，2017 年 1—11 月，国有企业营业总收入为 467397.6 亿元，同比增长 14.5%；国有企业利润总额为 26008.1 亿元，同比增长 23.5%；国有资产总额 1518300.3 亿元，同比增长 11.1%；负债总额 1000776.2 亿元，同比增长 10.8%；所有制权益 517524.1 亿元，同比增长 11.6%。② 这同党中央多次强调加强国有企业的地位和作用，加强国有资产监管以及党的领导是分不开的。据国资委公布的数据显示，中央企业 2017 年营业收入高达 26.4 万亿元，同比增长 13.3%，实现利润 14230.8 亿元，首次突破 1.4 万亿元，较上年增加 1874 亿元，同比增长 15.2%，中央企业累计上缴税金 2.2 万亿元，同比增长 5.5%。在战略性新兴产业方面，有 10 家国有资本投资运营试点企业加快培育战略性新兴产

① “坚定不移做强做优做大国有企业——党的十八大以来国有企业改革发展的理论与实践”，《国资报告》2017 年第 7 期。

② “2017 年 1—11 月全国国有及国有控股企业经济运行情况”，财政部网站，2017 - 12 - 23。

业，提高国有资本配置效率，全年效益同比增长 31%。①

第二，国有企业特别是中央企业的国际竞争力不断提升，国有资本的质量优势得到加强。以世界 500 强为例，一方面，入选的数量在增加。2018 财富中文网发布了最新的《财富》世界 500 强排行榜（见表 5 - 14）。120 家中国企业上榜，上榜企业数量接近美国的 126 家。其中，国有企业上榜总数为 83 家，包括 48 家中央企业，11 家财政部出资企业和 24 家地方国有企业。② 另一方面，运行质量全面提高。2018 年上榜的 48 家央企平均利润为 15.92 亿美元。比如 2018 年盈利能力最强的中国移动，利润为 109 亿美元，而且是在固定宽带资费水平两年来下降了 86%、移动宽带资费水平下降了 65% 的基础上取得的。③

表 5 - 14　世界 500 强央企数量

年份	入围央企数	总入围数
2011 年	38 家	69 家
2012 年	43 家	79 家
2013 年	44 家	95 家
2014 年	47 家	100 家
2015 年	47 家	106 家
2016 年	50 家	110 家
2017 年	48 家	115 家
2018 年	48 家	120 家

资料来源：财富中文网，《财富》世界 500 强排行榜。

我国企业越来越接近世界 500 强企业的整体水平。以 2014 年非金融企

① “国资委晒 98 家央企 2017 年成绩单　利润首破 1.4 万亿”，搜狐网，2018 - 01 - 17，https://m.sohu.com/a/217184587_115239?_f=m-index_business_news_4&strategyid=00009&_once_=000022_shareback_wechatfriends_tips。

② “国资报告独家解读 2018 年《财富》世界 500 强上榜国企”，国务院国有资产监督管理委员会网站，2018 - 07 - 22，http://www.sasac.gov.cn/n2588025/n2588164/n4437287/c9279024/content.html。

③ 刘青山：“48 家央企入围 2017 年财富世界五百强”，《国资报告》，2017 - 07 - 21，http://mp.weixin.qq.com/s/MU6NpYdPjmiwviSUW0lnVA。

业对比为例（见表5-15），入选500强的中国和美国、日本企业平均营业收入分别为609.72亿美元、682.18亿美元、532.56亿美元，中国企业超过了日本。从入选500强的中央企业来看，平均营业收入最高，达到749.62亿美元，超过了美国企业平均营业收入的682.18亿美元。

表5-15　中国、美国、日本企业入选世界500强的非金融企业平均营业收入比较　单位：亿美元

	2010年	2011年	2012年	2013年	2014年
央企	530.51	634.54	688.86	743.12	749.62
中国	479.03	541.79	547.28	605.59	609.72
美国	566.02	631.43	651.92	678.79	682.18
日本	459.65	512.73	540.00	539.13	532.56

资料来源：高玉婷（2017）。①

从非金融企业的资产来看（见表5-16），入选世界500强的中国企业总资产7.22万亿美元超过了美国入选的非金融企业6.98万亿美元。其中，央企2014年资产总额达到5.01万亿美元。

表5-16　世界500强非金融企业资产总额的比较　单位：万亿美元

	2010年	2011年	2012年	2013年	2014年
央企	2.78	3.56	4.02	4.64	5.01
中国	3.55	4.65	5.55	6.50	7.22
美国	5.96	6.31	6.44	6.63	6.98
日本	3.55	3.47	3.32	3.22	2.92

资料来源：高玉婷（2017）。

第三，国有企业的盈利能力大大增强，积累了国有资本的后发超越优势。改革开放以来，国有企业特别是中央企业的运营效率不断提高。仍以世界500强为例，从平均利润来看（见表5-17），2014年央企的平均利润17.95亿美元高于内地其他企业的13.38亿美元，体现了国企的高效率。

① 高玉婷："中央企业国际竞争力的多维度评价"，《国民经济评论》2017年第1期。

但与美国的世界 500 强非金融垄断大企业相比，央企的平均利润仅为 37.32%，净利润还有差距。

表 5－17　　世界 500 强非金融企业平均利润的比较　　单位：亿美元

	2010 年	2011 年	2012 年	2013 年	2014 年
央企	18.19	18.50	18.96	17.39	17.95
中国	16.14	15.54	14.16	13.32	13.38
美国	37.84	42.50	39.98	51.29	48.11
日本	10.39	6.83	10.00	21.47	18.50

资料来源：高玉婷（2017）。

从人均利润来看（见表 5－18），央企的人均利润虽然高于国内其他企业，但同美国和日本都有差距，特别是美国的差距很大。如果缩小差距，必须在创新方面下功夫，提高企业的技术创新能力。

表 5－18　　世界 500 强非金融企业人均利润的比较　　单位：万美元

	2010 年	2011 年	2012 年	2013 年	2014 年
央企	0.62	0.71	0.79	0.76	0.76
中国	0.6	0.68	0.72	0.69	0.74
美国	3.02	3.15	2.94	3.72	3.53
日本	1.03	0.8	1.05	2.17	1.74

资料来源：高玉婷（2017）。

从前文的数据比较分析可以看出，国有企业同市场经济已经基本适应，国际竞争力得到显著提升；培育一批具有国际竞争力的中央企业对于中国经济未来的发展极其关键。

第四，国有企业的自主创新能力不断提高，积累了国有资本的技术优势。在具体的核心技术突破上，航空航天、深海探测、高速铁路、特高压输变电、天眼、5G 网络、北斗导航、国产大飞机等，这些具有世界先进水平的核心技术，无一不是出自国有企业。包括未来的新能源汽车会更依赖充电桩基础设施的建设，无人驾驶要依赖卫星导航提供的精准定位和高质量服务。国际激烈竞争的背后是国家的竞争，必须上升到国家命运的高度。战略性新兴产业除了从经济利益考虑外，更要从国家安全、社会利益来考虑，而私人企业单纯为经济利润为目标难以承担这一重任，因而必须依靠国有经济。

第五，国有企业的科技创新投入和产出优势明显，积累了国有资本的产业优势。要在新一轮的战略性新兴产业方面拥有竞争力，首先要在科技创新上加大投入，在科技成果的获得上取得优势，国有企业在这方面的优势极其明显。从科技创新的研发投入和产出效果来看，全国研发经费投入中，中央企业的研发就占了近 1/4；而在产出方面来看，从 2013 年到 2016 年，中央企业获得的国家科技奖励项目高达 335 个，占奖项总数的比重将近 1/3。[①] 更重要的是，世界各国的竞争优势，不是靠中小企业，而是靠大型甚至巨大型的具有国际竞争力的跨国公司取得的。据统计，世界 500 强都是研发投入和科技创新的主角，占据研发投资的 80% 和技术创新的 71% 。[②] 因此，发展战略性新兴产业这个世界各国都要占领的产业制高点，就必须培育一批具有国际竞争力的大企业。国有经济特别是央企既有规模大的资本优势，也有技术创新能力和研发投资投入巨大的优势，为国有经济发展战略性新兴产业提供了产业基础。

第六，国有经济的战略性调整的经验，积累了国有资本优化产业结构优势。

发展战略性新兴产业需要调整资本结构，重新进行产业布局，国有经济在 20 世纪 90 年代战略布局调整的经验对于发展战略性新兴产业也有很大的帮助。过去，国有经济化解了纺织、轻工等产能过剩，转向产业链上游的重化工业和基础设施等新的战略领域，提高了国有经济的质量，增强了对国民经济的控制力和影响力。

---

① 国务院国资委党委：“坚定不移做强做优做大国有企业——党的十八大以来国有企业改革发展的理论与实践”，《国资报告》2017 年第 7 期。

② 李阳：“要把央企作为自主创新的国家队”，《中国人才》2013 年第 9 期。

5.2.2　国有经济在发展战略性新兴产业中的劣势

我国《宪法》规定的公有制占主体地位，决定了国有企业在整个国民经济中发挥着主导作用，理论逻辑上当然包括战略性新兴产业。但目前国有经济在战略性新兴产业中作用发挥仍存在着一些制约因素。

第一，目前公有制比重过低，国有企业职工人数少，不足以覆盖整个战略性新兴产业。现在我国处于社会主义初级阶段，国有企业在战略性新兴产业中发挥的作用取决于在国民经济中的比例大小。改革开放以来，特别是社会主义市场经济体制建立以来，国有企业通过改革已经初步和市场经济相适应并且成绩突出。2012—2017 年央企累计实现利润总额 6.4 万亿元，比上一个五年增长了 30% 多，央企为中国经济发展发挥了压舱石作用。但同时要看到，一方面，央企在国民经济中的比重不高。按照国资委的统计数据，央企占 GDP 的比重在不断减少，2016 年仅占 GDP 的 8.2%，央企上缴的税费和收益对中央财政收入的贡献仅占 13.2%。① 据国资委数据显示，2015 年央企的收入占全部国有企业的 59.75%，利润总额占 70.13%，缴纳税金占 77.03%，而央企当年的收入总额为 27.17 万亿元，利润总额为 1.61 万亿元，缴纳税金总额 9731.4 亿元。另一方面，国企工人人数在不断减少，以全国工业企业为例，国企在岗工人数 2013 年为 1889.49 万人，2015 年为 1777.83 万人。而全国工业从业人数 2013 年为 9791.46 万人，2015 年为 9775.02 万人。② 相比私营经济发展更快，在国民经济中的占比越来越高。目前在我国企业法人数量中，私营企业占 90% 以上。数据显示，私营企业对我国 GDP 贡献率高达 60% 以上，提供了 80% 的城镇就业岗位，吸纳了 70% 以上的农村转移劳动力，新增就业的

---

① “国资委党委书记：央企资产总额五年将近翻番”，中国经济网，2017－10－18，http://www.ce.cn/cysc/yq/dt/201710/18/t20171018_26573912.shtml。

② 资料来源于《中国经济贸易年鉴（2016）》，中国经济出版社 2016 年版，第 715、第 935 页。

90% 在私营企业，税收占比则超过 50%。[①] 公有制经济主体地位的削弱显然不利于国有经济发挥在国民经济中的主导作用。

第二，国有经济和私营经济的税负不平等，客观上制约了国有经济发展战略性新兴产业的力度。从私营经济数据来看，私营经济对我国 GDP 贡献率高达 60% 以上，但税收占比只超过 50%。如果从诸多学者研究国有经济比重占 30% 左右的结果来看，那就存在国有经济税负过重的问题。实际上，国有企业纳税和上缴利润远远高于在国民经济中的比重。据国家统计局公开数据显示，2000—2016 年，在工业领域，国有控股企业资产占全部工业企业资产的比重从 67% 下降到 38%，国有控股企业主营业务收入比重从 50% 下降 21%，国有控股企业利润比重从 55% 下降到 17% 左右。但国有企业所缴税金占政府税收收入的比重从 2008 年的 31. 58% 仅略微下降到 2017 年的 29. 33%。[②] 国有经济和私营经济理应是平等的竞争主体，但税负不平等一方面使得国有经济在竞争中处于劣势，另一方面新兴产业本来需要巨额的投资，而国有企业的税负重，除了税收还要上缴红利，这在客观上制约了国有经济在发展战略性新兴产业中的投资力度和投资范围。因此，要合理地制定规则，保障国有企业和私营企业在税负平等下公平竞争，通过为国有企业减负，提高其发展战略性新兴产业的积极性。

第三，国有企业的研发投入，与国内外高水平创新企业相比明显存在差距。我国在战略性新兴产业中目前存在的问题是，创新的数量多但质量低，模仿创新多但原创性创新少，一般性创新多但关键性和颠覆性创新少。因此，我们要想同发达国家竞争并实现超越，未来必须要从数量创新转变为质量创新，从技术的跟随者转变为引领者。就中央企业来说，虽然在创新方面的成绩突出，但从长远来看央企总体上自主创新能力仍然后劲不足。一方面，应进一步提高研发强度（研发经费占 GDP 的比重）。包括美国、日本在内的发达国家研发强度普遍在 2% 以上，甚至一些大的跨国公司超过 5%，而我国包括央企在内的工业企业平均只有 1%，差距还是很

① "过去 4 年经济年经济年均增长 7. 2%"，《北京日报》2017 年 10 月 22 日第 4 版。

② 文一："如何正确理解国企与民企的关系——纪念中国改革开放四十周年"，《政治经济学季刊》2018 年第 2 期。

明显的。[①] 另一方面，支撑企业中长期发展的高新技术储备不足，需要推进科技人才队伍建设，通过完善制度来加强技术创新体系和知识产权管理保护等。

第四，从国有企业的内部来看，国有企业在发展战略性新兴产业中存在体制机制不完善的问题。一是国有企业在公司治理结构和机制创新等方面仍不完善，特别是委托代理链条过长，缺乏有效的激励机制、监督机制和经理选择机制等，国有企业如何建立与战略性新兴产业发展相适应的勇于决策、承担高投入、高风险和快速应对市场等能力，是一个需要妥善解决的问题。二是国有企业的垄断地位导致的创新激励不足。这是市场垄断企业存在的一般问题，垄断在一定程度上会因为高利润而存在创新不足，技术和产品创新在应用中存在自我革命不够。比如诺基亚和摩托罗拉最早研发出了智能手机却没能投入市场，结果手机市场被苹果和其他智能手机厂商所颠覆。柯达最早研发出了数码相机，却因为害怕丢掉传统的胶卷市场结果被佳能、尼康相机厂商颠覆，最后都陷入了破产。而战略性新兴产业一定程度上就是颠覆传统产业，比如新材料颠覆传统材料、新能源颠覆传统能源，国有企业一定要对此高度重视。三是战略性新兴产业投资长期性与国有企业考核短期性的矛盾。国有经济集功能和效率于一体，对国有企业领导工作的考核如果仅仅从利润来考量，则功能性作用势必无法发挥好，如果仅仅从短期来考量，则战略性新兴产业本身的高投入、高风险和周期长的特点决定了国有企业干部没有足够动力来推动。

5.3　国有经济在战略性新兴产业中发挥作用的策略选择

国有经济发展战略性新兴产业需要把握的原则包括：第一，国有经济

---

① 李政、薛营："新常态下中央企业自主创新及其生态环境建设"，《学习与探索》2015 年第 6 期。

坚持服从和服务于国家战略原则，积极发挥示范和引导作用；第二，提高国有经济活力，增强国有经济竞争力的原则；第三，优化产业结构的原则；第四，发挥对私营经济的支持，共同做大战略性新兴产业的原则。在这些原则的基础上，发展战略性新兴产业的策略是发挥国有经济的技术、产业和资本优势。

5.3.1 发挥国有经济强大的技术优势，采取技术驱动策略

（1）国有经济发展战略性新兴产业具有明显技术优势和自主创新能力

第一，国有企业特别是央企在研发投入和产出方面优势明显，为国家发展提供强大的技术支持并发挥了支柱作用。据统计，改革开放以来，国有企业在重要的生产资料和消费资料领域，提供了80%以上的技术产品。以信息产业为例，2003年以来政府和国有企业的投资占整个产业固定投资总量的近一半。[①] 特别是党的十八大以来，中国的R&D经费投资规模位居世界第二，其中，中央企业研发经费投入就占了总额的近1/4。

第二，自主创新能力不断增强，为发展战略性新兴产业奠定了技术优势。高科技领域涉及国家安全和国际竞争力，不可能靠买，任何国家也不会卖，因此必须靠独立自主和自主创新。正如2014年5月，习近平总书记在考察中国商飞设计研发中心时指出的，“我们要做一个强国，就一定要把装备制造业搞上去，把大飞机搞上去，起带动作用、标志性作用。中国是最大的飞机市场，过去有人说造不如买、买不如租，这个逻辑要倒过来，要花更多资金来研发、制造自己的大飞机”。自主创新是一个国家取得竞争优势和立于不败之地的根本途径，新中国成立后到改革开放之前我国的国有经济几乎一统天下的时候是这样，改革开放以来也同样如此，关系到国计民生和国际竞争力的科技成就，绝大部分是国有经济取得的。

第三，国有经济在一些尖端技术上世界领先，为发展战略性新兴产业

---

① 徐波：“财政分权对信息化发展的影响：增长激励与制度阻碍”，《财经问题研究》2017年第7期。

提供了产业化方向。技术是产业的先导，也是战略性新兴产业的核心竞争优势。党的十八大以来，国有经济在高科技领域取得了许多突破性的进展。

在航空航天领域卫星导航方面，2017 年 9 月 16 日，我国发布了新一代“北斗三号”的高精度导航定位芯片，实现亚米级的定位精度且安全加密。2017 年 11 月 5 日，我国首次发射“北斗三号”卫星，成功发射两颗“北斗三号”全球组网卫星。2020 年 7 月 31 日，“北斗三号”全球卫星导航系统建成并开通，我国成为世界上第三个独立拥有全球卫星导航系统的国家。①

航空方面。2013 年 1 月，我国自主研制的“运—20”大型运输机试飞成功。2015 年 11 月我国自主研制的国产大飞机 C919 大型客机总装下线，2017 年 5 月首飞成功，12 月 C919 第二架首飞成功，标志着我国已经具备了研制大型客机的能力。2018 年 1 月，我国首台国产大型客机发动机的验证机（CJ－1000AX）在上海完成整机装配，CJ－1000AX 的核心模块顺利完成通过，标志着航空发动机实现国产。2021 年 1 月，国产 C919 大型民用飞机通过高寒试验试飞专项任务取得圆满成功，在最低气温近－40℃的极寒条件下，各系统和设备的功能和性能符合适航条件。②

在外太空科技方面，2013 年 6 月，我国实现“神舟十号”和“天宫一号”的成功对接。2015 年 12 月，我国成功发射暗物质粒子探测卫星“悟空”。2016 年 8 月，成功发射世界首颗量子科学实验卫星“墨子号”。2016 年 9 月，世界上最大单口径（500 米口径）巨型射电望远镜（FAST）落成。2020 年 12 月 17 日，探月工程“嫦娥五号”返回器携带月球样品安全着陆。

新能源领域。我国电力总装规模已超过 16 亿千瓦，水电、风电、光伏发电装机规模和核电在建规模均位于世界第一。

核电方面，2015 年 5 月，“华龙一号”开工建设。这是在经过 30 多年核电科研、设计、制造、建设和运行经验的基础上，研发的具有完全自主知识产权的三代百万千瓦级压水堆核电技术。③ 2020 年 12 月 4 日新一代可

---

① “人民日报社评选 2020 国内十大新闻”，《人民日报》2020 年 12 月 31 日第 2 版。

② “C919 大型客机高寒试飞成功”，《人民日报》2021 年 1 月 20 日第 10 版。

③ “十大核科技进展‘华龙一号’首堆居首”，《北京日报》2017 年 10 月 17 日第 9 版。

控核聚变研究装置建成发电。

新能源方面，我国页岩气的开发已经进入商业化应用阶段，截至2017年3月，我国的涪陵页岩气田供气已经累计达100亿立方米。代表最新科技的海洋天然气水合物2017年5月已经在南海的神狐海域试采成功，我国成为世界上首个成功开采的国家。

计算机领域。2016年6月，全部采用国产核心处理器的“神威·太湖之光”超级计算机夺得世界超算冠军，被称为国之重器。2017年5月，我国研发出世界首台单光子量子计算机。2017年10月，量子计算机云平台启动，推动量子计算的商业化应用。量子计算机具有的超快计算能力将超越目前最强大的超级计算机，通过量子的保密安全性实现量子通信和新一代定位导航。2020年12月4日，我国量子计算原型机“九章”问世，成为全球第二个实现“量子优越性”的国家。如求解数学算法“高斯玻色取样”的速度出现革命性的变化，目前世界最快的超级计算机要用6亿年而“九章”只需200秒。①

交通领域。高铁建设迅速发展，2020年底我国高速铁路运营里程达3.79万公里，较2015年末的1.98万公里大幅增长，运营里程稳居世界第一。不仅高铁网对50万人口以上城市的覆盖率达86%，而且高速动车组技术全面实现自主化、标准化和系列化。② 地铁方面，中车长春轨道客车股份有限公司研制的地铁车，首次出口到美国市场，按照美国标准生产，车辆的结构强度、控制安全、质量管理体系等方面均采用美国标准。整车具有完全自主知识产权。③

农业方面，中国科学院亚热带农业生态研究所研制出具有完全自主知识产权的高产“巨型稻”，这种水稻新种子，可达2.2米高，具有高产、抗倒伏、抗病虫害、耐淹涝等优点。单季产量可超过每亩800公斤。④

---

① “创新引擎更强劲”，《人民日报》2021年3月2日第1版。

② “世界第一，3.79万公里高铁里程五年倍增”，《人民日报》2021年1月24日第1版。

③ “‘中国制造’波士顿地铁长春下线，轨道交通装备将首次出口美国”，《北京日报》2017年10月17日第9版。

④ “2.2米高中科院推出高产‘巨型稻’”，《北京日报》2017年10月17日第9版。

第四，国有经济的创新和人才优势是发展战略性新兴产业的基础。

国有企业是科技创新特别是自主创新的主力军。在科研创新投入方面，中央企业不仅创新意识强，科技创新的成果丰硕，投入的研发经费也巨大。据统计，仅 2009 年的中央企业对科技创新的投入就占到全国的 31.8%，总额高达 1468 亿元。党的十八大以来，中央企业的研发就占了全国的近 1/4，而且产出效果明显，从 2013 年到 2016 年，中央企业获得的国家科技奖励项目高达 335 个，占奖项总数的比重将近 1/3。2019 年度中央企业研发经费支出高达 8190.4 亿元。在研发队伍方面，中央企业研发队伍实力雄厚，截至 2019 年底，中央企业拥有 216 名“两院”院士，国家级研发平台 733 个，拥有有效专利总量约 77 万项。①

（2）发挥国有经济的技术优势，以技术驱动战略性新兴产业的发展

国有企业高度重视研发和自主创新，完全可以依靠核心技术驱动从点到面实现产业化，做强做大战略性新兴产业。第一，扎根新产业做精做细，产生核心竞争力，实现产业升级。通过率先在核心技术上取得突破，实现技术的产业化。在战略性新兴产业和国有经济发展的相互推动中实现良性发展，壮大国有经济。第二，通过新技术进入新产业，向产业链上游或下游拓展。具体采取的策略是，可以先从产业链的某个关键环节实现技术突破，集中资源和资金在具体产品的产业化方面率先取得成功，继而随着产品的产业化围绕产业链上下游业务扩展，最后利用产业网络，实现跨产业链的战略发展。

以航空航天的产业化发展为例。2012 年 12 月，北斗卫星导航系统正式提供区域服务，这是我国自主建设和独立运行的全球卫星导航系统。2020 年 7 月 31 日，“北斗三号”全球卫星导航系统建成并开通，我国成为世界上第三个独立拥有全球卫星导航系统的国家。“北斗三号”的高精度导航定位芯片，实现亚米级的定位精度且安全加密，具有高精度、高可靠、高保险和多功能的特点，定位精度可达到 2.5—5 米的水平，可以提供米级、亚米级、分米级，甚至厘米级的服务。北斗的产业化致力于从上游

① “国企改革三年行动聚焦八方面重点任务”，《人民日报》2020 年 10 月 13 日第 10 版。

开始稳中求进发展完整的产业链。首先，把自主研发的芯片、板卡、天线等达到世界先进水平的核心产品产业化，目前其高精度板卡和天线销量占国内市场份额的 30% 和 90%。其次，往产业链的下游拓展，如手持、车载、船载、机载、可穿戴等北斗终端产品，还有基于北斗的数据采集分析、监测监控、指挥调度等方面的技术优势，在国土测绘、海洋应用、气象水文、森林防火和智慧城市、驾培驾考、文物保护、动物保护等方面发展卫星导航服务产业。最后，实现跨产业的战略发展，为各行业应用提供服务。如在智慧城市的商业应用方面，例如在警务系统、儿童防止走失、抢险救灾等领域的应用。据《中国卫星导航与位置服务产业发展白皮书（2016 年度）》显示，全国从事北斗开放应用的企业已经达到 1.4 万家，从业人员近 45 万人，产值巨大，仅卫星导航和位置服务一项 2016 年就达到了 2118 亿元，北斗技术对产业的贡献率高达 70%。并且对私有经济的发展也给予了强有力的支持。如为共享单车提供高精度定位服务，推动共享单车的发展；导航服务为各种软件服务商提供发展机会。

5.3.2 发挥国有经济原有的产业优势，采取产业升级策略

（1）国有企业向新兴产业进入时需要科学地选择行业，利用原有的产业优势实现从传统产业到新兴产业的升级

战略性新兴产业领域的技术大都处于研究与开发前沿，在发展初期，不仅高投入、周期长，而且技术突破难度大，失败率高，同时技术创新本身具有不可预知性、市场不确定性等风险，因此，易采取产业升级和拓展策略，通过稳中求进，发展主营业务的同时有目的培育新产业，然后逐步替换旧产业。

第一，产业升级策略。国有企业立足于原有积累的技术、产品和市场等行业基础，发挥产业链的协同效应。比如在新材料、新能源领域，国有企业一直有资源、能源领域的研发优势、经营优势和市场优势。能源类的进入新能源及应用，如页岩气、海底甲烷、可燃冰等；材料类进入新材料及应用，中材集团计划投资 50 亿元在扬州打造新光源产业基地，把子公司

扬州中科半导体有限公司培育成为新光源行业领军企业。①

第二，产业拓展策略。发挥产业链原有的布局优势，向产业的上下游拓展。如电信的 5G 设施可以在原有网络布局的基础上扩展，继续发挥基础设施和平台优势；中石油、中石化可以瞄准新能源汽车下游业务，利用原有加油站的网络优势，设立新能源汽车的充电桩兼营电动车充电业务，从基础设施上继续保持竞争优势，实现产业的布局优化。尽可能防止在不熟悉的领域盲目跨产业发展。

（2）国有经济发展战略性新兴产业要防止一拥而上

目前，国有企业在战略性新兴产业的选择上存在战略雷同和产业跟风，出现了项目重复建设的现象。低水平重复建设，形成市场供大于求产生恶性竞争，导致利润率下降，背离了利用发展战略性新兴产业实现高利润的初衷，甚至形成新一轮的产能过剩。在这方面要吸取过去的教训，一些新兴产业的盲目规模投资甚至出现了局部投资过热问题。比如光伏产业，各地一拥而上，国家投入大量的补贴，实际上是补贴给国外消费者，而且关键材料靠进口，结果推高了国际市场的原料价格，在销售价格下降、成本上升的情况下，新兴产业变成低利润甚至亏本的行业。在这方面，政府要把控和利用好审批职能，从宏观上避免重复建设。

还有新能源汽车要特别注意产能过剩。据媒体报道，新能源汽车的产能是销量的 3 倍。2016 年，北京、上海和广东作为新能源消费者主要聚集地，全年销售 50.7 万辆，占全国销量的 1/3。而且新能源汽车的私人用户占 50%，其他 50% 被租赁公司和专车平台购买。但新能源汽车目前主要问题是续航里程不高和缺乏配套设施。而目前我国已经有 32 家企业在新能源汽车领域进行产能布局，遍布全国大部分省和直辖市，如果这些工厂全部如期投产并且实现产能完全释放，那么 2020 年这些企业的总产能将达到 696 万辆。就是说 2020 年中国汽车的产能将会是销量的 3 倍。②

---

① 郑江淮：“理解战略性新兴产业的发展——概念、可能的市场失灵与发展定位”，《上海金融学院学报》2010 年第 4 期。

② 夏沫：“新能源汽车的产能是销量的 3 倍　为何仍然有资本继续前仆后继”，汽车网评，2017 - 12 - 14，http：//www.sohu.com/a/210392712_157493。

5.3.3 发挥国有经济雄厚的资本优势，采取战略布局策略

产业结构随着技术和市场变化，是一个不断动态调整的过程，国有资本也要随着产业结构的变动相应优化产业布局和资本结构。党的十九大报告提出，完善各类国有资产管理体制，改革国有资本授权经营体制，通过加快国有经济布局优化、结构调整，推动国有资本做强做优做大。国家“十四五”规划也指出，在做强做优做大国有资本和国有企业的同时，发挥国有经济战略支撑作用，推动国有经济聚焦战略安全、产业引领等功能，向前瞻性战略性新兴产业集中。① 据国务院关于国有资产管理情况数据显示，2018 年全国国有企业资产总额 210.4 万亿元，负债总额 135.0 万亿元，国有资本权益总额 58.7 万亿元。其中，中央国有企业资产总额 80.8 万亿元、负债总额 54.7 万亿元、国有资本权益总额 16.7 万亿元，平均资产负债率 67.7%；地方国有企业资产总额 129.6 万亿元、负债总额 80.3 万亿元、国有资本权益总额 42.0 万亿元，平均资产负债率 62.0%。②

第一，加快国有资本的产业结构调整。以产能过剩的钢铁、煤炭行业为例，要实现国有资本在过剩产能领域的有序退出，2016 年中央企业分别化解钢铁、煤炭行业过剩产能 1019 万吨和 3497 万吨，重组煤炭产能 8000 万吨。将这些置换出来的资本投入到关系国民经济命脉的行业和关键领域，通过发展战略性新兴产业，既化解了产能过剩，也有利于国有经济通过战略调整，优化产业结构，实现国有资产的保值增值，保持和加强国有经济在国民经济中的主导地位。

第二，发挥国有经济的资本优势，加快战略性新兴产业的战略布局。国有企业特别是央企可以利用雄厚的资本优势，在资本市场上通过参股或

① “中华人民共和国国民经济和社会发展第十四个五年规划和 2035 年远景目标纲要”，《人民日报》2021 年 3 月 13 日第 1 版。

② “全国人大常委会听取行政事业性国有资产管理情况专项报告　行政事业性国有资产首次亮出‘家底’”，《人民日报》2019 年 10 月 24 日第 4 版。

控股私营企业的方式进入战略性新兴产业，实现国有资本的结构调整和做强做优做大。一方面，私营企业在研发阶段和成长阶段都需要更大资金的投入和要素支撑，产业化阶段的商业推广和市场开拓，都需要大量的资金做支持。因此，国有经济可以在资金上支持私营经济发展战略性新兴产业。另一方面，企业通过股权、合资等方式可以实现战略合作，国有经济的长处在于基础科学和基础性设施建设，而私营经济的长处是对市场敏感，以及对新技术、新产品的商业化应用。进一步地可以发挥两者的长处形成互补，国有企业做平台和基础设施支持，私营企业做应用的灵活优势，共同推动战略性新兴产业的发展。另外，国有企业还可以完善机制创新，利用资本优势对员工内部创业进行风险投资。

比如中国船舶重工集团，① 因为战略性新兴产业存在很多不确定性，集团公司提高资本运作能力，通过战略投资、内部风险投资等方式可以在有效降低企业经营风险的同时，利用国有资本向战略性新兴行业转型。中国船舶重工集团公司在 2003 年成立了投资公司，对电子信息、医疗、精密机电等新的行业进行投资，并参股新产业的上市公司。中国船舶还通过内部的风险投资，激励创新人员的积极性和能动性，鼓励创新与创业的文化和机制。截至 2010 年底，公司总资产达到约 8.7 亿元，净资产约 8.6 亿元，净利润超亿元。

5.4　本章小结

国有经济通过改革已经初步和市场经济相适应，为国家经济增长做出巨大贡献的同时，自身取得了很大的发展，国有资本不断做大，国有企业的国际竞争力显著提升。国有经济重视科技创新投入和产出效率，是国家

---

① 吴维海："央企转型，势在必行——中央企业发展战略性新兴产业的转型战略研究"，《中国装备》2012 年第 1 期。

重大科技突破的主力军，具有明显的技术优势、自主创新能力、研发优势和人才优势等。

同时，要结合国有经济目前在战略性新兴产业的发展中并不占优势的现状，分析国有经济存在的劣势。包括：公有制的主体地位并不稳固，国有企业职工人数少，国有经济的总量不足以覆盖全部战略性新兴产业并发挥主导作用；国有经济和私营经济的税负不平等客观上制约了发展战略性新兴产业的力度；研发投入上与国内外高水平创新企业相比仍有明显差距；国有企业本身仍存在一些创新体制机制不完善等。这些都是阻碍国有经济在发展战略性新兴产业中发挥作用的因素。

国有经济要结合自身的优势发挥在战略性新兴产业中的作用。具体来说：一是要利用技术优势和自主创新能力，采取技术驱动策略。国有企业特别是央企在研发投入和产出方面优势明显，可以把技术作为产业的先导，建立新兴产业的核心竞争优势。通过新技术进入新产业，向产业链上游或下游拓展。二是发挥原有的产业链和市场优势，采取产业升级策略。科学地选择行业，利用原有的产业优势实现从传统产业到新兴产业的升级，进行产业升级和产业拓展。三是发挥雄厚的资本优势，合理布置产业战略布局。应从过剩产能领域有序退出，加快国有资本的产业结构调整，加快在战略性新兴产业的战略布局。

本章对国有经济在战略性新兴产业中的现状、优劣势和采取策略进行分析，目的是为国有经济更好地发挥作用提供可行性的政策建议。

第 6 章

国有经济在战略性新兴产业中更好发挥作用的政策建议

党的十九大报告指出，中国特色社会主义进入了新时代，我国经济已由高速增长阶段转向高质量发展阶段，正处在转变发展方式、优化经济结构、转换增长动力的攻关期。战略性新兴产业在其中发挥着关键作用。这既对国有经济发展战略性新兴产业提出了更高目标，也为国有经济在其中更好地发挥作用提出了新要求。

6.1　健全制度保障

6.1.1　制订和完善国家规划

现代经济社会中政府和市场都是手段，市场的自发性带来宏观经济的无序，导致宏观资源出现错配和浪费，社会主义市场经济的完善需要有效市场和有为政府的结合，有为政府体现在国家对于宏观经济的管理和宏观资源的配置。

战略性新兴产业是实现国民经济调结构和发展方式转变的关键，离不开国家的宏观规划。战略性新兴产业有较强的社会性、投资大、风险高、周期长以及市场需求的不确定性，其发展不能完全依赖于市场的自发行为。因此，政府应通过制订系统的战略规划，为战略性新兴产业发展提出明确方向引领和实施路线图，引导新兴产业市场合理有序的健康发展，为企业投资提供方向和路径。

国家的战略规划是一个体系，包括出台文件、修订法律、制定配套政策，以及具体部署落实到行动。2009 年时任总理温家宝同志首次提出发展战略性新兴产业，并在 2010 年《政府工作报告》中明确指出要抢占经济科技制高点，抓住机遇发展战略性新兴产业，并提出发展的重点产业是新能源、新材料、节能环保、生物医药、信息网络和高端制造产业。我国《“十二五”国家战略性新兴产业发展规划》中也明确提出，到 2015 年战略性新兴产业的增加值占 GDP 比重达到 8%，到 2020 年占 GDP 比重达到 15% 的发展目标。国务院 2016 年 12 月发布的《“十三五”国家战略性新兴产业发展规划》① 中强调，要把战略性新兴产业摆在经济社会发展更加突出的位置，以创新驱动构建现代产业体系，通过培育新动能，成为新的经济增长点。把信息技术、高端制造、生物、绿色低碳和数字创意等 5 大产业培育成产值规模 10 万亿元级的新的支柱产业，带动每年新增就业 100 万人以上。我国“十四五”规划中提出，推动战略性新兴产业融合化、集群化、生态化发展，战略性新兴产业增加值占 GDP 比重超过 17%。②

党的十八大以来，中央为了实施创新驱动发展的国家战略，先后出台了《深化科技体制改革实施方案》《国家创新驱动发展战略纲要》等系列重要文件，对科技创新进行战略性、全局性、长远性系统谋划。依靠科技创新带动战略性新兴产业，推动科技成果转移转化体系建设，全国人民代表大会修订完成了《促进科技成果转化法》，国务院发布了《实施〈促进科技成果转化法〉若干规定》《促进科技成果转移转化行动方案》。中央各部门和地方政府又进一步出台一系列相关产业的法律法规、科技体制机制改革政策、财政引导政策、企业技术创新政策、科技人才政策等，以及推进各产业进一步发展的具体措施。

表 6－1　“十二五”期间（2011—2015 年）战略性新兴产业各领域出台的政策

单位：条

	综合	节能环保	信息技术	生物产业	高端装备制造	新能源	新材料	新能源汽车
政策数量	58	184	63	59	38	80	35	34

资料来源：许冠南、周源、杨榕、刘徽：《“十二五”中国战略性新兴产业相关政策回顾》，选自《2017 中国战略性新兴产业发展报告》，科学出版社 2016 年版，第 318 页。

① “加快发展壮大战略性新兴产业”，《人民日报》2016 年 12 月 20 日第 2 版。

② “中华人民共和国国民经济和社会发展第十四个五年规划和 2035 年远景目标纲要”，《人民日报》2021 年 3 月 13 日第 1 版。

6.1.2　推进体制机制创新

战略性新兴产业发展需要体制机制创新作为制度保障。科技创新是战略性新兴产业的特点，国际经济竞争和综合国力竞争背后是创新能力的竞争，需要有体制机制和管理制度的创新来配合，以发挥协同创新效应。党的十八届五中全会提出了发展新理念，把创新作为发展的第一动力。习近平总书记指出，“实施创新驱动发展战略，最根本的是要增强自主创新能力，最紧迫的是要破除体制机制障碍，最大限度解放和激发科技作为第一生产力所蕴藏的巨大潜能”。因此，我国需要转变政府职能，推动科技的制度和机制创新，推动战略性新兴产业更快发展。

第一，教育和科研机制创新。大学、研究院所和企业处在创新链的不同环节，可通过教育体制改革，发挥产学研相结合的有效机制，推动科学技术的成果转化和产业化发展。包括：完善高层次创新型人才培养选拔制度，改革科技评价制度、科研经费制度、科研项目管理制度、科技人员职称制度等，给科研人员更大的科研自主权，提高科研人员的积极性。如北京市推出《加快推进高等学校科技成果转化和科技协同创新若干意见》，其中，支持高校拥有科技成果的科技人员离岗创业，高校在一定期限内保留原有身份，解决科研人员创业的后顾之忧。

第二，人才机制创新。新兴产业对人力资源的要求不同于传统制造业，不是大量的廉价劳动力，而是高学历、高素质、高水平的智能型人才，应构建创新型人才培养机制，优化科技人才培养和吸引环境，解决高端人才不足与核心技术匮乏所形成的严重制约问题，保障高素质人力资源的持续供给。一是培养适应战略性新兴产业发展要求的创新型人才、技能型人才等专业性和复合型人才，解决人才不足问题。二是吸引人才和加快人才合理流动。对于具有明显创新性和应用前景，符合国家发展方向的项目和科研机构、科技人员进行资助。比如，北京市推出科技新星计划，针对35岁以下的青年科技骨干牵头的科研项目给予支持，打造科技内创力。建立外籍人才的评价和引进机制，吸引外籍高层次人才等。

第三，知识产权制度创新。真正做好服务，推动科技成果的转化。为创新创业提供低成本、全方位和专业化服务，释放创新创业的活力，促进科技成果向现实生产力的转化。应完善知识产权保护法，解决好科技成果转化过程中和转化后的知识产权保护，保障科研人员成果转化的权益，分配政策向基础研究和技术研发人员倾斜等。比如，国务院发布了《实施科技成果转化法的若干规定》，北京市出台落实科技成果转化所获收益可按70%比例或以上用于科技人员的奖励政策。

第四，投融资体制创新。新兴产业虽然有广阔的市场前景，但前期需要对技术和产品研发、市场推广等投入大量资金，需要通过银行借贷、引入风险投资、上市融资等多渠道资金支持。比如股权交易方面，建立多层次的金融市场。比如高科技企业可以通过中小板、新三板上市等进行股权融资；银行借贷方面，解决中小企业贷款难的问题。比如可以通过高新区对创新企业进行担保，政府可以设立创业基金对技术含量高、市场前景好、创业团队稳定的创业公司进行投资等。

6.2 完善政府支持体系

社会主义市场经济中，政府和市场都是资源配置的重要手段，政府作为上层建筑对经济基础保护和支持的同时，需要发挥在宏观资源配置中的经济职能。习近平总书记强调更好地发挥政府作用，提高国家治理能力的现代化，提高对经济管理的能力。战略性新兴产业在培育和发展期离不开政府的支持，包括政府引导、产业政策支持、财税支持、金融支持和市场支持等。

6.2.1 政府引导和资金支持

战略性新兴产业的发展前景固然广阔，但由于投资大、风险高、周期长、核心技术突破难等问题，存在典型的市场失灵，特别对于技术驱动型的新兴产业，因而需要政府更好地发挥作用。

（1）政府发挥引导支持

第一，依靠政府引导，超前布局一批前沿关键技术研发。要赢得国际话语权和产业发展主导地位，就必须抢占一批产业价值链高端环节和竞争制高点。因此，我们要在新能源装备、航空航天、高铁、移动智能终端、新能源汽车等我国已具备或部分具备比较优势的行业领域，依靠政府引导和产业主导超前布局一批前沿关键技术研发，瞄准产业发展制高点，抢占产业发展的技术主导权。

第二，科学制订产业规划。充分吸纳科技界、产业界及环保等部门专家的意见，确定技术和产业的发展方向和重点，形成科学、系统和完整的战略性新兴产业规划体系、细化指导目录，出台专门的法律法规，营造规范的法律环境等，支持战略性新兴产业的发展。

第三，设立一批国家重大科技基础设施和技术创新中心，实施重大科技创新计划，对基础研究和技术研发提供支持，通过孵化高科技项目，吸引创业，加快商业化应用。比如，北京市加快科技创新中心的建设，把中关村创业大街作为孵化中小型科技公司的平台。中关村涌现出了包括百度、京东、小米、用友、亚信、曙光等 700 多家大数据企业，围绕数据中心、大数据工具、平台及数据应用等形成了完整的大数据产业链，产业规模超过 700 亿元。①

（2）政府提供资金支持

第一，中央和地方政府加大财政对教育和科技的投入力度。从教育经费投入来看，据统计，2012—2016 年全国教育经费投入累计接近 17 万亿元，教育经费支出占 GDP 的比重保持在 4% 以上，其中 2016 年教育投入 38888 亿元，占 GDP 达到 4.22%。② 从科技投入来看，由于科学研究和技术创新风险大，因而需要大量的国家财政资金投入。统计局数据显示（见

---

① “中关村涌现 700 多家大数据创新企业”，《北京日报》2017 年 12 月 20 日第 1 版。
② “全国教育经费 5 年投入近 17 万亿元”，《北京日报》2017 年 12 月 24 日第 3 版。

表6－2、表6－3），国家财政科技支出从2012年的4452.63亿元增加到2016年的6563.96亿元。其中，中央财政科技支出从2012年的2210.43亿元增加到2016年的2686.10亿元，而地方财政科技支出则大幅度提高，从2012年的2242.20亿元增加到2016年的3877.86亿元，增长率172.95%。国家财政科技支出占整个国家财政支出的比重基本保持在3.5%左右。

表6－2　　2012—2016年国家、中央和地方财政科技支出　　单位：亿元

	2012年	2013年	2014年	2015年	2016年
国家财政科技支出	4452.63	5084.30	5314.50	5862.57	6563.96
中央财政科技支出	2210.43	2368.99	2436.66	2478.39	2686.10
地方财政科技支出	2242.20	2715.31	2877.79	3384.18	3877.86

资料来源：国家统计局网站，http：//data.stats.gov.cn/。

表6－3　　2012—2016年国家财政科技支出占财政支出的比重　　单位：亿元

	2012年	2013年	2014年	2015年	2016年
国家财政科技支出	4452.63	5084.30	5314.50	5862.57	6563.96
国家财政支出	125952.97	140212.1	151785.56	175877.77	187755.21
科技支出占比（%）	3.54	3.63	3.50	3.33	3.50

资料来源：国家统计局网站，http：//data.stats.gov.cn/。

第二，设立国家专项和产业基金，对孵化新技术提供引导性投资。发挥国家配置宏观资源的经济作用，围绕着战略性新兴产业的发展，为科技创新提供研发基金和各项专项基金支持。例如，很多地方政府的工业园区、高新园区都投入了大量的产业基金。我国自2010年出台战略性新兴产业规划以来已经取得了阶段性成果，每年专利申请数量平均以15%的增速在增长。高新技术产业特别是战略性新兴产业占GDP的比重，从2015年的8%左右，已经开始进入到超过10%的一个关键时期。①

① 刘元春："采取有效措施促进产业的融合发展"，中国网，2017－09－26，http：//www.china.com.cn/opinion/think/2017－09/26/content_41649799.htm。

6.2.2　产业政策支持

战略性新兴产业的发展需要产业政策的引导和支持。习近平总书记强调要学好用好政治经济学，一方面，政治经济学基本原理告诉我们，经济基础决定上层建筑，上层建筑对经济基础起反作用。通过产业政策推动国有经济发展战略性新兴产业，可以发展和壮大国有经济，巩固公有制经济为主体的经济基础。另一方面，建立和完善社会主义市场经济必须要更好地发挥政府作用。战略性新兴产业仅仅靠市场“看不见的手”的自发作用是远远不够的，需要政府通过“看得见的手”的产业政策来引导和支持才能快速、健康发展。

就战略性新兴产业而言，张维迎为代表的自由市场派反对政府对经济的任何干预，否定产业政策。他认为政府有认知局限，由于创新的不可预见性和政府官员的激励机制会对市场机制和价格产生扭曲，因此，产业政策必定会失败，他主张由企业家和市场来决定产业的发展。林毅夫则认为经济发展需要产业政策才能成功，在资源有限的条件下，必须通过产业政策建立对经济持续发展的产业。事实上，第一，产业政策全世界都在用，历史上资本主义国家都不同程度地使用产业政策实现了经济高速增长和对发达国家的赶超。2008 年欧美各国纷纷加大对新兴产业的扶持力度，在拉动经济复苏的同时希望在未来的国际竞争中占得先机。第二，政府如果不能科学决策和实施产业政策当然会导致政府失灵，但不是否定政府作用本身的理由。因为按同样的逻辑，市场存在失灵得出否定市场的结论同样是荒谬的。因此，要提高产业政策在决策制定中的科学化，在具体实施过程中的公开透明和监督，而不是否定产业政策的作用。第三，我国的实践证明，通过政府科学决策和合理实施产业政策可以建立新的“比较优势”，比如我国的高铁就是产业政策成功的典型案例，通过自主创新抢占技术的制高点，通过产业化的发展，实现了中国高铁建设里程稳居世界第一，并且凭借技术领先出口到世界其他国家，既拉动国内经济增长和地区发展，解决民生问题，又通过出口创造出巨大的经济效益。

纵观历史，政府和国家的作用在经济中从未缺席，战略性新兴产业的健康发展同样需要产业政策。

（1）科学规划和选择战略性新兴产业

战略性新兴产业是新的经济增长点，也是未来国际竞争的核心，在产业的成长培育期需要国家的产业政策。根据我国的国情和各地方的具体资源科学规划未来的产业重点和发展方向，为加快培育和发展战略性新兴产业提供指导。在战略性新兴产业的选择上，既要看到未来的科技和产业趋势，选择具有产业引领作用和能够实现突破的重点产业，也要根据现有的产业基础和比较优势，确定发展时序，分层次部署近中远期的产业发展重点。以新能源为例，随着环境污染和传统的煤炭、石油等能源的枯竭，向风电、太阳能、核电、页岩气、可燃冰等更加绿色、可再生的新能源发展势在必行，通过开发利用新能源，逐步取代传统能源，既能推动能源消费结构的转型，也能实现经济和环境的和谐和可持续发展。

（2）通过合理实施产业政策扶持战略性新兴产业

综合使用产业政策可以加快推动战略性新兴产业的发展。

第一，加强产业关键核心技术的研究，争取短期内实现重大技术突破。一是围绕经济社会发展重大需求，通过实施科技计划，基金项目支出等加大研发支持，集中力量对关键技术进行科技攻关，解决发展战略性新兴产业的核心环节。二是围绕要重点突破的新兴产业，有针对性地引进人才，储备人力资源，发挥对企业创新的支持作用。

第二，建设产业创新支持体系。一是强化技术创新能力建设，加大研究开发的投入力度和产学研结合的创新方式。二是通过商业化推广、人才培育、技术交易加快技术的成果转化。三是加大对战略性新兴产业基础设施和相关配套设施建设的支持力度，加快形成产业化的步伐。

第三，强化标准制定和组建知识产权联盟。产业标准的制定和知识产权是取得国际竞争力的关键，组织产业技术联盟，加快基础科学、技术开发与应用创新，对技术开发、产品和市场应用等统筹规划和制定标准，推动产业化的健康发展。

第四，加快新兴产业的市场培育。一是对生产企业进行政策支持、税收优惠、生产补贴等，降低生产成本。二是用需求拉动战略性新兴产业的发展，通过提供消费者购买的税收优惠、消费补贴等方式，降低购买和使用成本。从生产和消费两端入手，加快新技术、新产品的产业化进程，实现规模化发展。

（3）推动产业和地区的分工和协同发展

用计划调节手段而不是通过市场的无序发展保障战略性新兴产业的健康发展，避免对宏观经济平衡造成破坏和资源浪费。

第一，利用产业链的分工和协同发展优势。培育战略性新兴产业的龙头企业，构建产业链协同创新与产业间协作创新，带动上下游产业的合理分工和配套设施建设，通过产业链的资源整合和协同创新，发挥战略性新兴产业的集聚效应。① 发挥产业链的驱动和引领作用，带动其他上下游产业和相关配套服务产业的强劲增长，促进战略性新兴产业实现集聚发展。

第二，合理的地区分工和协同发展。一是对产业发展进行合理的地区分工。分散的、低集中度的市场结构是低效率的，不利于战略性新兴产业的发展。因此，要根据地区的资源优势进行区域合理分工，避免各地区一拥而上，导致无序、过度竞争甚至恶性竞争，把高利润的行业变成低利润的价格战，带来新一轮的产能过剩。二是通过各地区的协调发展，推动区域经济的整体、有序发展。根据研发和制造确定中心和外围城市的分工和协同，借助产业链的协同发展推动区域布局优化，推动城市集群的健康发展。

6.2.3　税收、金融和市场支持

首先，财税、金融等优惠政策扶持新兴产业。对于国有企业而言，表现在整体税负过重，不仅有经营利润的要求，而且在承担比私营企业要重的税负之外，还要上缴红利，不利于国有企业在战略性新兴产业方面的发

① Yong Qi; Jing Wang. Empirical research on collaborative innovation of strategic emerging industry based on system science. 2016 13th International Conference on Service Systems and Service Management (ICSSSM).

展。如何通过优惠政策来提高国有企业投入战略性新兴产业的积极性，比如预留出一些利润用于研发，或者财政专门给国企预留出一部分研发资金。即便国有经济承担了高税负，国有经济的自主创新能力仍然远高于私营企业。我们一般用创新产品销售收入占比和研发经费投入作为评判指标来衡量国有企业的自主创新能力。《2010 中国企业自主创新评价报告》显示，2009 年国有企业创新产品销售收入占“工业 100 强”企业新产品销售收入的比重最大，达到了 40%，远远高于其他类型的企业。2009 年，中央企业的研发经费投入总额就达到了 1468 亿元，相当于全国研发经费投入的 31.8%。据统计，2006—2010 年，中央企业科技投入年均增幅为 28.5%，专利的申请和授权数量年均增幅为 40%。①

其次，政府采购提供市场支持。战略性新兴产业的市场前景广阔，但市场的培育对于战略性新兴产业的发展具有拉动作用，因此，政府在新市场的成长和培育期提供必要的市场支持至关重要。对于国有企业的战略性新兴产业创新，市场优先采用国产化的同类产品，让国有企业获得第一的推动力。如 2016 年我国固定宽带用户达到 3.23 亿户，4G 网络覆盖 99.7% 的人口，超过美国的 90% 和英国的 46%。网络的普及为信息产业的发展提供了强大的市场支持。

最后，以新能源汽车为例说明政府如何通过支持体系来推动战略性新兴产业的发展。第一，新能源汽车迅速发展离不开政策的支持，截至 2015 年 10 月，国家及地方共出台新能源汽车相关政策 83 项，其中国家出台 10 项，地方出台 73 项。引导企业投资新能源汽车产业。第二，政府把财税政策作为手段推动新能源汽车产业化发展，对企业的研发活动进行资助，对新能源汽车及相关零部件企业给予减免税优惠，降低企业的生产成本。第三，政府加大早期市场培育和力度。一方面，政府采购支持。早期加大政府对新能源汽车的采购力度，起到消费示范效应，新能源汽车目前主要消费领域仍是公共领域，覆盖公交客车、出租车、公务车、环卫、通勤和邮

---

① 陈霞、杨静、陈亮：“多重目标下我国国有企业效率分析”，《中国流通经济》2011 年第 10 期。

政等领域（见表 6－4），可以通过政府的示范来带动私人购车市场的扩大。另一方面，为私人购车提供税收优惠和消费补贴。对于新能源汽车消费者给予一定的购置税减让和一次性财政补贴，降低消费者的购买成本。还有，在一些重点“限号”城市通过不用摇号等政策来吸引消费者。据资料显示，自 2009 年到 2015 年底，中央财政累计为新能源汽车推广应用补助资金达 334.35 亿元。第四，加大基础设施的配套建设，在这方面国有企业发挥了重要作用。新能源汽车市场的发展离不开基础设施如充电桩，在这方面政府加快了基础设施建设来补短板，截至 2016 年 6 月，全国已经建成公共充电桩 8.1 万个，建成私人充电桩 5 万个。国有企业如国家电网、南方电网和普天集体发挥了主力军作用，截至 2015 年底累计建设充电桩 29600 个、2100 个和 7576 个，占整个充电桩建设的 79.4%①。另外，还吸引社会资本的进入来解决充电桩建设资金的缺口，缓解国家和地方政府财政压力的同时，大大加快了新能源汽车产业的发展，截至 2016 年底充电桩突破 20 万个。通过以上政府支持，新能源汽车迅速从起步期到高成长期。据中国汽车工业协会的数据显示（见表 6－5），新能源汽车产量从 2011 年的 8368 辆猛增到 2017 年的 79.4 万辆，销售量从 2011 年的 8159 辆迅速上升为 77.7 万辆。

表 6－4　　2009—2015 年新能源汽车应用领域公共和私人比重

	2009—2012 年	2013—2015 年
公共领域	86%	64.22%
私人领域	14%	35.78%

资料来源：《2017 中国战略性新兴产业发展报告》，科学出版社 2016 年版，第 209 页。

表 6－5　　2011—2017 年新能源汽车产销量　　单位：辆

年度	2011	2012	2013	2014	2015	2016	2017
新能源汽车产量	8368	12552	17533	83839	379029	517000	794000
新能源汽车销量	8159	12791	17642	74763	331092	507000	777000

资料来源：工信部、中国汽车工业协会。

① 《2017 中国战略性新兴产业发展报告》，科学出版社 2016 年版，第 219 页。

同时，政府支持体系的实施过程强化了监督管理。要注意财政支出支持和补贴的时候，吸取光伏产业的教训，防止骗补贴现象的出现。新能源汽车已经出现过一些案例，比如2016年苏州吉姆西客车、苏州金龙联合汽车、深圳五洲龙汽车、河南少林客车、奇瑞万达贵州客车公司5家企业骗补国家财政补贴超过10亿元。其中，苏州吉姆西客车虚假申报2015年销售新能源汽车1131辆，骗取中央财政补助资金高达26156万元。2016年深圳五洲龙汽车股份公司被曝光骗取新能源汽车补贴上亿元。①

6.3 优化国资战略布局

6.3.1 从管企业向管资本为主的国有资产管理体制转变

从管企业向管资本为主的转变是完善国有资产监督管理机制的要求。随着经济发展方式的转变，适应国有资本布局调整、国有资本保值增值、增强企业活力、发展混合所有制经济等需要，从实物形态转向价值形态监管方式转变成为国有资产监管体制改革的必然要求。党的十八届三中全会《关于全面深化改革若干重大问题的决定》指出，“完善国有资产管理体制，以管资本为主加强国有资产监管”。

（1）管资本为主的目的是通过调整国有资本布局实现产业结构升级

强调把国有资本管理的重点放在管好国有资本布局，通过调整产业结构，提高资源配置的效率。国有资本向战略性新兴产业集中，可以推动经济结构迈进中高端，有利于国有资产保值增值、国有经济竞争力提高和国有资本功能放大。

---

① 《财政部点名金龙奇瑞等5家新能源车企骗补　金龙客车骗补达5亿元》，搜狐网，2016－09－08，https：//www.sohu.com/a/113953406_390491。

第一，调整国有经济的战略布局。通过资本运作调整国有经济的布局、结构，提高国有资本配置的效率，做强做优做大国有经济。一是加快淘汰国有工业落后产能，通过兼并重组引进民间资本，减持国有上市公司股权等方式退出产能过剩领域，盘活国有工业资产。二是国有资本的投向重点是新的关系国际民生和国民经济发展的新的重要领域，包括战略性新兴产业。

第二，发挥国有资本投资公司的产业功能。战略性新兴产业代表未来的发展方向，具有很强的产业关联性和渗透性，基础科学和关键技术的突破推动了新兴产业的诞生，继而带动上下游相关产业的发展，引起整个社会生产的技术革新，推动了经济增长方式的转变。《关于深化国有企业改革的指导意见》中明确提出国有资本一部分要重点投向战略性新兴产业，"优化国有资本重点投资方向和领域，推动国有资本……向前瞻性战略性产业集中"。一方面，应优化国有资产布局，提高国有经济的质量。另一方面，战略性新兴产业具有较高的利润率和广阔的市场前景，有利于提升国有资产的保值增值。

第三，应发挥国有资本在资本市场的融资和引导功能，解决战略性新兴产业发展资金不足的难题。战略性新兴产业投资大、周期长，国有资本可组建若干国有资本运营和投资公司，通过资本市场和资本运作发挥投融资功能，引导社会资本共同发展战略性新兴产业，解决资金不足的难题。

（2）管资本为主的国有资产管理体制并不是用国有资本取代国有企业

以管资本为主的国有资产监管机构转变职能，从价值形态角度强调对国有企业整体结构、经营方向和效益的宏观管理。需要注意的是，管资本为主是对于国有资产监督管理委员会（以下简称国资委）的监管职能转化，不是国有企业职能的转化，更不是放弃不要国有企业，而是要更科学地管理国有企业，提高国有企业的经营自主权，增强国有经济的活力。没有强大的国有企业，国家就没有强大的实体经济。2015年7月，习近平总书记在同吉林省国企职工座谈时指出："我们要向全社会发出明确信息：

搞好经济、搞好企业、搞好国有企业，把实体经济抓上去。”① 这充分说明，国有企业是我国实体经济重要的载体，而国内新自由主义者主张国有资本只是投资者，用国有资本取代国有企业，只保留货币形式的国有资产，甚至要求按新加坡“淡马锡”模式只获得分红。这实际上是把国有企业当作一般的私营企业，完全按照资本和劳动的雇佣关系来经营国有企业，否定国有企业是生产资料和劳动者的非雇佣关系的结合方式，否定国有企业的社会主义性质。要警惕新自由主义用国有资本取代国有企业，取消国有企业实体的错误观点。只管国有资本不抓国有企业的后果极其危险。

（3）管资本为主的管理体制有利于强化监管和增强企业活力的统一

管资本为主推进国有资产监管机构职能转变，目的是增强企业活力和强化监管的统一。

第一，监管机构要科学界定国有资产出资人监管的边界。《关于深化国有企业改革的指导意见》中明确提出，“重点管好国有资本布局、规范资本运作、提高资本回报、维护资本安全；不该管的要依法放权、决不越位，将依法应由企业自主经营决策的事项归位于企业”。② 强化监管，主要是防止国有资产流失，提高国有资本的配置效率，实现国有资本的保值增值。

第二，以管资本监管国有资产，有利于提高企业的经营自主权，增强企业活力。向管资本为主管理模式的转变只是针对国有资本有效监管层面，不是针对国有企业经营层面，而是要监管机构下放权力，减少对企业自主经营的干预，提高企业的经营自主权，增强国有企业的活力，确保国有企业作为市场主体能够平等的参与市场竞争。对于战略性新兴产业，如果管得过死管理层就会畏首畏尾，新兴产业本来就是高风险行业，有些国企领导因此怕追究责任，而不敢投资，不作为，企业就丧失了发展机会。

---

① “习近平长春考察聚焦国有企业”，人民网，2015－07－17，http://politics.people.com.cn/n/2015/0717/c1024－27322828.html。

② “中共中央、国务院关于深化国有企业改革的指导意见”，《人民日报》2015 年 9 月 14 日第 6 版。

但如果彻底放权，也会出现乱投资甚至故意投资失败转移国有资产，出现变相资产流失。这种情况确实存在两难，但需要说明的是，这是公司治理的一大难题，和所有制没有直接关系，属于企业一般问题而不是国有企业的特殊问题，私营企业也同样面临该问题。在所有权和经营权分开的股份公司里，职业经理人出于个人利益考虑一般不做高风险投资，由董事长做投资决策。因此，国有资产管理关键是要科学评估、专家意见、集体决策和加强事前、事中、事后全流程监督管理，对企业产权、投资、财务等信息系统监管，强化责任追究，不断提高监管效率。总体上国有资产管理模式转变的实施效果比较明显。据统计，2013—2018 年国资监管系统企业资产总额从 85. 4 万亿元增长到 180. 7 万亿元，营业收入从 42. 0 万亿元增长到 55. 4 万亿元，利润总额从 2. 2 万亿元增长到 3. 4 万亿元，年均增速分别达 16. 2%、5. 7%、9. 3%。①

6. 3. 2　加快央企重组，提高国际竞争力

大型央企在一些领域存在重复建设、同质化竞争、内耗严重等突出问题，通过行业内重组整合，解决同质化竞争、化解过剩产能的同时，提高行业集中度是行业供给侧结构性改革的重要途径。

（1）通过央企重组整合，推动国有资本更加集中，提升国有资产的质量，明确资本新的投向

第一，解决国有经济分布过宽、投资领域过多等问题，提高国有资本配置的效率和质量。国有资本向关键领域和重要行业的集中，有利于发挥国有经济的主导作用，提高国有经济的质量。目前在国民经济 398 个行业中，国有经济涉及 380 个，占比达 95. 5%。国有资本投资领域过宽分散了宝贵的资本资源，导致国有企业的优势产业和核心主业不突出。通过国有企业重组整合，可以更好地调整和优化国有经济布局和结构，更好体现国

① “加快构建国资监管大格局　坚定不移搞好国有企业　壮大国有经济”，国资委网站，2019－07－28，http：//www. sasac. gov. cn/n2588025/n2643314/c11842881/content. html。

有资本的属性和功能，实现国有经济在产业链和价值链的强化，增强国有资本的控制力、影响力和做强做优做大国有企业。党的十八大以来，中央企业重组整合力度加大，步伐加快，共有34家中央企业进行了重组整合，中央企业总数从117家减少到98家，省级国资委监管企业有136家进行了重组。如中国北车与中国南车、中远集团与中国海运、宝钢与武钢等26家中央企业完成了重组。目前国有资产在军工、电信、民航、能源等领域占比达90%以上，产业布局结构不断得到优化。

第二，发挥国资的引导功能，使资本投向更加明确。国有企业调整不只是数量上发生变化，更重要的是企业产业链布局优化。2017年5月16日，中央企业国创投资引导基金成立，总规模达1500亿元，首期募资1139亿元，突出了国有资本运作和产业引导功能。目前央企各类股权投资基金已经超过200只，由投资引导基金、产业发展基金、企业创新基金三个层次组成的央企创新发展基金系架构已经初步确立。央企创新发展基金和之前成立的国有企业结构调整基金、国有资本风险投资基金等一起成为国资委以管资本为主职能转变的重要组成部分，有利于国有企业的活力和竞争力明显增强。比如，新成立了中国航发集团，补齐航空发动机制造的短板，进一步提升航空航天领域的国际竞争力。

（2）打造一批具有全球竞争力的国企

央企通过重组整合，一是有助于打造国际化的大企业、发挥规模效应；二是促使企业集中资源形成合力，实现优势互补，完善产业链上下游的协同；三是通过专业化整合，优化资源配置。减少重复建设，化解产能过剩，降低管理成本和经营成本的同时，加快提升技术创新能力，向产业中高端迈进。

对于重组后的企业，可以突出主业，精简组织结构，使得内部管理更加高效，稳步提升经济效益，提高国际市场的竞争力。比如，国机集团通过重组过去资不抵债、濒临破产的中国二重，帮助中国二重妥善处理各类金融债务逾134亿元，企业资产负债率降至90%。国机集团以中国二重核心主业重型装备为平台，加快整合研发、制造、贸易等优质资源，搭建集科、工、贸于一体的国机重型装备平台。截至2017年上半年，中国二重实现营业收入27.36亿元，实现利润4.57亿元。力争到2020年实现营业收入200亿元，利润10亿元以上，成为国内领先、世界一流的重大高端装备集成服务商。2017年国资委重点推动煤电、重型装备制造、钢铁三大行业重组。在煤电领域，2017年8月神华集团与国电集团两家电力央企合并重组为国家能源投资集团有限责任公司，重组涉及资产约1.8万亿元，是国资委成立以来最大的央企并购重组。重型装备制造领域，2017年9月中船集团旗下中国船舶工业集团公司（简称南船）和中国船舶重工集团公司（简称北船）重组。在钢铁领域，宝钢、鞍钢、武钢、首钢等大型钢铁企业共完成了17次兼并重组，其中大部分是跨区域重组。宝钢和武钢2016年12月合并为中国宝武钢铁集团公司。

（3）央企重组后的垄断问题

资本主义从自由竞争阶段走向垄断阶段和国际垄断阶段早已是不争的事实，在日益激烈的国际市场上应对国际垄断资本的竞争，保护中国经济安全和捍卫经济利益，必须通过央企重组，形成具有国际竞争力的国有企业。当前我国市场结构所面临的主要问题不是垄断，私企垄断市场在各领域都存在，特别是同世界500强相比，国有企业的规模还是相对较小，国际竞争力仍然不够强。因此，通过重组做优做强做大国有企业是必然选择。在关系到国家安全和国家经济命脉的战略性部门，关键不在于有没有垄断，而在于谁来垄断才能保障全体中国人民的利益。显然，在战略性新兴产业，由国有企业经营要比私营企业能更好地实现国家的战略目标，而且在战略性行业的投资获得的超额利润或者垄断利润是以税收和上缴红利形式交给财政，即全民所有制企业获得的利益是全民所有，为全社会的利益服务，而不是垄断利润归私营资本家个人所得，为少数的个人利益服务。

6.3.3 兼并收购和合资合作

科技和创新是全人类的社会文明成果。国有经济在发展战略性新兴产业中，需要通过兼并、收购和合资等方式，积极吸收国际和国内其他优秀企业为发展和壮大国有经济所用。

（1）海外跨国收购

受全球金融危机和本国经济复苏放缓的影响，西方国家的企业经营中遇到困境，中国可以对一些国外的优秀企业特别是高科技企业进行收购。但要特别注意涉及能源、核心科技等关系到国家安全的政府风险，比如美国外国投资委员会（CFIUS）对中国美国跨国并购中的阻挠，以及运营、市场、文化冲突等方面的影响，避免跨国并购失败。在地域选择上，美国对中国跨国并购优秀企业设置障碍较多，而欧洲一些国家相对好一些。欧洲如德国、英国、意大利等国在高端、精密制造业上具有传统优势，对一些研发能力强、拥有核心技术的优秀公司进行收购是一个相对好的选择。比如，中联重科收购意大利的 CIFA、三一重工收购德国的普茨迈斯特、徐工集团收购德国的施维英、柳工集团收购波兰的 HSW 的工程机械业务。① 2017 年 1 月，美的集团收购德国机器人制造商库卡（KUKA）公司，库卡公司是全球最大的汽车制造机器人公司，也是工业机器人四大公司之一。2017 年 2 月由木林森、IDG 资本和义乌国有资产运营中心组成的中国财团 300 亿元收购德国欧司朗（OSRAM）的照明业务。2017 年 12 月，合肥合锻智能制造等中资全资收购德国压力机制造商劳费尔（Lauffer）。劳费尔成立于 1872 年，是欧洲最早从事压机设计和制造的企业。② 据统计，2008 年后德国累计有 200 家企业被中国并购。

（2）国内收购

国有企业优势在于面对产业的基础设施，私营企业优势在于对市场的敏感和商业应用，适当收购一些私营企业，可以发挥私营经济的快速、灵活优势与国有经济的基础科研的互补效应，可以开发出更符合市场需求的高端产品，更好地推动国有经济在战略性新兴产业中的发展。

新兴产业的风险高，意味着商业化的应用成功率小。在商业模式没有成熟的情况下，商业应用推出过早、过快往往容易做市场的“先烈”。私

① “中国资本海外并购正在影响全球产业格局”，《华夏时报》2016 年 9 月 26 日第 13 版。

② “德媒：合锻智能等中资全资收购德国百年制造企业”，参考消息网，2017 - 12 - 25，http：//www. cankaoxiaoxi. com/finance/20171225/2249241. shtml。

营企业在战略性新兴产业借助PE、VC等各种风险投资公司的支持，往往一拥而上甚至不乏“炒概念”的企业，在这种泥沙俱下的情况下存活率低，只有通过市场竞争优胜劣汰后，好的企业才能显现出来。因此，可以采用“等一等”的策略，特别是风险高的一些商业应用，让私营企业打头阵，可以利用中小企业做“炮灰”，等商业应用相对成熟、市场前景明确后，对剩下的优秀企业进行收购兼并。

除了从盈利角度外，还要根据国家安全的需要，防止国家安全的重要领域被外资控股的角度，对一些私营企业进行必要的收购或控股。中国现在很多重要行业，国企退出并不意味着私企进入，即“国退”不一定是“民进”，反而是外资控制，这给国家经济安全带来非常大的隐患。战略性新兴产业事关国家经济安全和产业安全，这个问题会更加凸显。目前，我国大部分的成长性中小企业，资金缺乏是非常大的短板，很多靠金融市场融资来获得资金，而其中很大一部分是来自国外，特别是信息产业中的私有企业，未来的信息安全和主导权很可能会落入外国资本手中。比如移动互联网产业中，阿里巴巴是BAT中最大的公司，拥有垄断地位，但最大的股份是日本人孙正义①，还有其他外国资本。

（3）和国内私营企业的合资及商业合作

建设创新型国家，只有国企的创新是不够的，需要各种所有制一起创新。国有经济在战略性新兴产业发展中，既要支持和引导私营经济的发展，也要同私营经济形成共同发展的和谐关系。通过国有企业和私营合资、合作，可以把国有企业的科研、技术、人才、资本、生产和市场等优势，私企对市场的敏感、对商业开发和应用的优势结合起来，共同发展战略性新兴产业。战略性新兴产业是从基础研发到商业应用的产业链，要发挥各自的优势进行多方式的合作。比如国有企业在电信、网络的基础设施建设优势，而阿里巴巴、京东等电商具有商业应用优势，私企的创新显然

---

① 据财经网的报道，截至2020年7月2日，软银集团持有阿里24.9%的股份，虽较去年有下降，但仍是最大股东。资料来源：《最新股权曝光！阿里最大股东是谁？马云、孙正义各持有多少？》简易财经，2020－07－12，https://baijiahao.baidu.com/s?id=1671916474520035779&wfr=spider&for=pc。

是在国企创新的平台上的商业应用。如果通过合资、合作的方式可以充分发挥出新兴产业的价值。《关于深化国有企业改革的指导意见》中明确提出，“鼓励国有资本以多种方式入股非国有企业。充分发挥国有资本投资、运营公司的资本运作平台作用，通过市场化方式，以公共服务、高新技术、生态环保、战略性产业为重点领域，对发展潜力大、成长性强的非国有企业进行股权投资”。①

在合资方面。在新兴产业中，一方面可以通过国有资本对其融资；一方面可以由国有企业收购股份，既能解决新兴行业中具有创新力的中小企业的融资难问题，也能提高国有经济在战略性新兴产业中的比重和控制力。在合作方面。国有企业在基础研究领域、基础设施建设和长期在上游产业有积累的产业优势，借助私营企业特别是中小企业在商业应用中优势，可以推动传统产业转型和发展新产业。比如银行业，2017 年 6 月，中国工商银行和京东，在金融科技、零售银行、消费金融、企业信贷、校园生态、资产管理、个人联名账户以及电商物流，展开全面合作。中国农业银行与百度全面合作。3 月，建设银行与阿里巴巴，在支付宝、信用卡、理财产品等方面达成战略合作。

6.3.4 推进混合所有制改革

党的十八届三中全会《关于全面深化改革若干重大问题的决定》提出了积极发展混合所有制经济，指出混合所有制是“基本经济制度的重要实现形式，有利于国有资本放大功能、保值增值、提高竞争力，有利于各种所有制资本取长补短、相互促进、共同发展”。这就说明，混合所有制是着眼于社会主义初级阶段基本经济制度的实现形式，既是公有制经济也是非公有制经济的重要实现形式，是为了国有经济和私营经济更好地共同发展。截至 2017 年 12 月，央企及下属企业中混合所有制企业占比已达

---

① “中共中央、国务院关于深化国有企业改革的指导意见”，《人民日报》2015 年 9 月 14 日第 6 版。

68.9%，前两批共 19 家央企混改试点引入各类资本约 3000 亿元。①

（1）混合所有制是双向混合，不是单向混合

发展混合所有制应是双向混合而不是单向混合，不能把混合所有制改革错解为新一轮国企私有化。混改是双向的，不是单向的，不能只是私有制经济单向混改公有制经济，双向的混改才是坚持“两个毫不动摇”。混合所有制改革作为社会主义初级阶段基本经济制度的实现形式，就是要坚持公有制为主体，是为了国有企业的发展壮大，而不是通过混合所有制把国有企业变小变弱，国有经济在整个国民经济中的主导作用减弱。因此，国有企业和私营企业作为市场经济中同等的主体地位，不只是私企混合国有企业，国有企业同样要混合私有企业。比如对阿里巴巴等私营企业什么时候允许国有企业进行混改，而不是只关注国资委下面的央企第一批到第三批什么时候混改。

（2）国有企业混合所有制改革不是为混而混，变相搞国企私有化，目的是搞活搞好国有企业

对国有企业混合所有制改革的目的，是为了更好地发展国有企业，否则私营企业混合国有企业干什么，是一起赔本吗？国有企业实行混合所有制改革关键是创新问题，利用私营企业的创新帮助国有企业推动传统产业升级和新产业发展，实现新旧动能的转化。如果无法实现这个目的，没有必要混改，中央也一再强调要因企制宜，不搞一刀切，不设定时间表。

在这方面要吸取过去混合所有制的经验和教训。以徐工集团为例，第一，不能贱卖国有资产。徐工集团自 1989 年成立以来一直是中国最大的工程机械制造企业。但徐工集团在 2005 年 10 月与美国凯雷公司签订协议，凯雷以 3.75 亿美元收购徐工机械 85% 的股权，但 2003 年徐工的营业收入就已经超过 154 亿元。第二，不能放弃战略产业的主导权。凯雷资本的背后是世界工程机械行业第一的美国卡特彼勒，卡特彼勒借助凯雷控制中国工程机械市场，导致中国工程机械市场被外资垄断。第三，不能放弃国资

① “近七成央企已是混合所有制，混改如何要‘混’更要‘改’？”，《21 世纪经济报道》2017 年 12 月 5 日第 6 版。

的控股权。1994 年徐工集团与卡特彼勒合资 1990 万美元成立公司，其中卡特彼勒出资 1140 万美元占 60% 的股份，徐工集团出资 760 万美元占 40% 股份，卡特彼勒控制经营权和购销渠道，采用跨国公司惯用的亏损策略，高价采购自己的核心设备，通过低价格策略转移利润，导致合资公司多年亏损，巨额利润被跨国公司所鲸吞，凯雷借机“债转股”把徐工集团的股份稀释到 15.87%。这种从合资、做亏到独资的惯用套路带来的教训在过去的国企混改中并不鲜见。第四，核心技术用市场换不来。徐工集团用市场换技术，结果拿到的不仅是落后 20 年的技术，而且还要付给对方高昂的技术转让费，另外还规定徐工集团不能生产自己的挖掘机。事实证明，中外合资的混合所有制，不仅不能带来产业创新，而且扼杀了中国的自主创新。2007 年，徐工集团放弃合资后，当年收入突破 300 亿元，利润达 20 亿元，利润几乎接近于被收购的徐工集团。2014 年位居世界工程机械行业第 5 位，成立中国工程机械行业规模最大、出口第一、产品品质和系列最齐全、最具竞争力和影响力的大型企业集团。2017 年 11 月，徐工集团核心零部件——液压件公司自主研制的新一代 20 吨级装载机液压油缸成功上市，并批量出口澳大利亚，实现了国际市场的零突破。①

因此，混合所有制是国有企业改革的举措之一，而不是唯一选择，混合所有制改革并不适合于所有的国有企业。中央强调要因企制宜，采取宜“混”则“混”、宜独则独的策略。肖亚庆强调，混合所有制只是改革的方式之一，不可能“一混了之”“一混就灵”。②

（3）混合所有制改革要保障工人利益不受损害

国有企业通过混改要实现创新发展，创新就要发挥工人的积极性和创造性。因此，混合所有制不能以牺牲工人利益的短期方式来取得利润和发展。国有企业在混改后要注意：第一，国有企业的性质不变，不能把国有企业变成私营企业的雇佣劳动关系。第二，不能通过削减职工权益，来达

---

① 侯峰：“徐工混改启示——防止国企改革成为精英私人盛宴”，昆仑策网，2016－03－18，http：//www.kunlunce.com/klzt/guoqigaige/2016－03－18/21060.html。

② “持续推动国企做强做优做大——国务院国资委负责人回应国企改革发展热点问题”，《光明日报》2019 年 3 月 10 日第 10 版。

到降低生产成本提高企业利润。第三，要重视和维护工人利益。在混合所有制改革中职工要具有知情权、参与权。第四，不能过分加大企业内部收入分配差距，导致职工与企业投资者、经营者收入比例的严重失调。以中国联通混改为例，国资的股权从 62% 下降到 36.7%，引入有话语权的私营企业战略投资者达到 35.2%。[①] 联通的部门精简了 33%，从过去 27 个部门压到 18 个部门；联通总部人员编制减少了 50.14%，由 1787 人减少到 891 人。[②]

（4）国企混合所有制改革不能丢掉控股权

第一，国有企业的性质取决于控股权，显然国有企业丢掉了控股权，企业的性质就发生变化，就变成了私营企业。

第二，国有企业的社会功能保障也取决于控股权。国资要偏重战略布局，要求国资委具有战略家的眼光，特别是要服从和服务于国家创新战略的意识。国有企业失去了控股权就无法保证国有企业服务于国家战略的社会功能。

第三，国有企业创新中的决策保障也取决于控股权。对于战略性新兴产业的股权结构而言，新兴产业的风险高、投资大，股东间的制衡共同参与创新决策和实施，虽然有利于降低决策失误的风险，但需要的是大股东的决策。比如私营企业在重大创新中的经验表明，职业经理人属于风险厌恶性，小股东是搭“顺风车”，而只有作为大股东的企业家拍板，股东间的制衡对创新的投入和效率不一定起积极作用。

第四，股权的分散对管理内耗的影响。国有企业通过混合所有制改革，与外资与大型私营企业合资以后，外方肯定要选派人员进入管理层，股份占比大的外方还要派人把持人力资源部、财务部等核心部门或安插自己的经理人员进入，要特别注意形成的争夺控制权、文化冲突等引起的内耗对国有企业效率的损害。

---

① “近七成央企已是混合所有制，混改如何要‘混’更要‘改’?”，《21 世纪经济报道》2017 年 12 月 5 日第 6 版。

② “联通混改第一刀落地　管理人员平均退出率 14.3%”，新浪财经，2017 - 12 - 28，http：//finance. sina. com. cn/roll/2017 - 12 - 28/doc - ifypyuvc8715612. shtml。

6.4 推进国企内部创新

企业是创新的主战场，创新首先要从国有企业内部开始。企业是创新的主力军，战略性新兴产业的基础研究、技术研发和商业应用作为发展和壮大国有企业的手段，需要靠企业自身的努力，因此，要最大限度地激发出国有企业内部创新的动力和活力。

6.4.1 加强独立自主的科技创新能力

（1）资本主义主导的世界市场决定了必须要靠独立自主

西方经济学强调不同国家要按比较优势进行国际分工，通过国际贸易可以获得各自的利益最大化。但事实上，国际市场上从来不是西方经济学所说的自由、平等交换市场。

第一，平等交换是建立在都有生产能力的平等基础上。国际贸易理论是互相有需要，通过国际分工可以节省彼此的成本。但说的是成本问题，成本问题的前提是生产问题。李嘉图的比较优势理论是在劳动生产率基础上比较的，就是说，前提是其他国家同样也能生产出来。只有能生产出来才互相有比较，才有比较优势。一个国家能生产出来，国际市场上才有竞争者，才能享受到竞争带来的价格。因此，比较优势是竞争优势，比较优势是有前提的，如果一个国家没有能力生产就根本不存在什么比较优势。如果生产不出来，那国际市场上接受的是垄断价格，而不是比较优势的竞争价格。例如，国产大飞机“运十”下马以后，中国必须用8亿件衬衫的价值购买一架波音飞机。

第二，世界市场不是自由交换的市场。一个国家生产不出来的关键产品，研发不出来的核心技术，是买不来的。中国企业兼并收购美国的企业屡屡被美国政府否决就是明证，即便中国的美元外汇储备最多，但也只能买些美国政府债券和普通商品。美元能够实现国际化一个重要原因是其他国家需要用美元购买美国的产品，如果美国把核心竞争力都卖了，试问哪个国家还需要美元？即便是一些关键产品和技术要卖给中国，那得出高价，接受不平等交换或者说国际垄断价格。因此，习近平总书记强调要把过去“造不如买、买不如租”的逻辑调过来，特别是一些关键的技术方面要依靠独立自主。

第三，国际市场是资本主义主导的世界市场。平等交换只不过是西方经济学的假设，在国际市场上，资本家追求的不仅是商品的价值实现，实现一般利润，而且是要追求超额利润。因此，只有具备了自主生产的能力，竞争理论才可能有“均衡”和正常利润率的价格。这无论是对国内市场，还是国际经济旧秩序的国际市场都是如此。没有竞争能力，就只能接受垄断价格。过去资本主义国家利用殖民地的超经济关系即附属关系，通过工业品和初级产品的不平等交换获得超额利润，而且限制殖民地的工业发展。现在利用新自由主义，目的仍然是追求不平等交换，追求的是控制产业链和定价权的不平等交换，背后是资本主义主导的世界市场的国际经济旧秩序。因此，通过独立自主的发展，不仅可以维护中国自身的国家利益，而且可以维护世界上广大发展中国家利益，从而参与主导构建人类命运共同体和以合作共赢为核心的新型国际关系。

（2）国有企业要做独立自主创新的主力军

国有企业要超越私营企业唯利润的短视性发展，要有战略性眼光，服从国家战略搞独立自主创新。没有独立自主的核心技术和产品，在国际市场上就得任人宰割，不仅价格极其高昂，而且会遇到禁售。可以说，独立自主是国际市场倒逼的结果，是吸取“造不如买、买不如租”血淋淋教训的结果。比如超级计算机最核心的部件中央处理器（CPU）英特尔公司形成市场垄断，2015 年 4 月美国政府宣布把与超级计算机相关的 4 家中国机构列为限制出口名单。禁售倒逼我国加快了自主研发核心处理器的部分，2016 年 6 月我国的神威·太湖之光超级计算机成为世界上运算速度最快的超级计算机，核心处理器和所有核心部件实现全部国产化。由我国自主研发的超级计算机可广泛应用于气候、海洋、航空航天、生物和药物、新材料、生命科学等多领域。再以民用领域的手机芯片为例，中国 90% 的芯片都依赖进口，国产手机虽然在国内占据了 70% 的销售份额，但 80% 的利润却被别人拿走。苹果公司公开承认，为了让消费者购买最新款的 iphone7，就利用软件 IOS 系统更新把 iphone6 的 CPU 主频变慢，消费者误以为手机出了问题而购买新机型。2017 年 9 月，华为手机推出麒麟 970 芯片，安装了 55 亿颗晶体管，而苹果仅有 33 亿颗，标志着中国半导体技术第一次占领世界制高点。而芯片的制造商中微半导体设备公司，是尹志尧 2004 年带领 30 多名华人回国创办的团队。当时他们受到美国安全部门的阻挠，所有人员持有的 600 万个文件、个人电脑被彻底清查，所有的工艺流程、设计图纸被全部没收。

对于国有企业来说，战略性新兴产业的技术不是靠钱能买到的，不是靠市场能换来的，而要依靠自主创新，投入大量的研发，依靠党的领导和国企全体职工，引进人才等方式，要有足够的决心、耐心和韧性。比如京东方，2017 年 10 月 26 日第 6 代柔性 AMOLED（0.03 毫米的可以弯曲折叠的显示屏）生产线开始量产，在国际市场上打破了韩国三星的垄断，成为中国第一条、世界第二条能量产的柔性 AMOLED 生产线。京东方曾经亏损了 24 年，但每年投入的研发比例高达 13%—15%，最终实现了从市场的进入者到竞争者的角色转换。

6.4.2 加强党的领导，发挥国有企业的制度优势

发展战略性新兴产业是国家的重要战略。私营企业是按照利润最大化的唯一目标来发展战略性新兴产业，必然存在短板和劣势。国有企业如何防止出现私营企业这种靠短期利润来决策的问题，就必须加强和依靠党的领导，坚决服从并贯彻国家战略。

（1）党的领导是国有企业的制度特征

社会主义国有企业和资本主义国有企业的不同在于，资本主义国有企业是西方资本主义制度发展到国家垄断阶段出现和发展的产物，是适应并服务于资本家最大限度追求剩余价值的需要。而社会主义国有企业存在和

改革目的是更好地服务于全体人民的根本利益，发挥社会主义制度的优越性，而不是资本主义的“优越性”，这就要求党加强对国有企业的领导。2016 年 10 月，习近平总书记在全国国有企业党的建设工作会议上指出，坚持党的领导、加强党的建设，是国有企业的“根”和“魂”。中国特色现代国有企业制度的“特”在于把党的领导融入公司治理各环节，把企业党组织内嵌到公司治理结构中。①

党的领导能够更好地发挥国有企业的制度优势，体现在：第一，保证国有企业是全民所有制企业的性质不变，创造的利润属于全体人民，服务于实现全体人民共同富裕的根本利益，而不是少数私营企业主的利益；第二，保证国有企业服从国家战略；第三，切实保护工人利益。社会主义国有企业同资本主义国有企业的本质不同在于，国有企业的职工不是雇佣工人，要保证职工是国有企业的主人翁，职工对企业的管理和决策有知情权和参与权。

（2）党的领导和公司制度不是对立而是统一的关系，结合两者的优势

公司制度是西方企业的管理制度，有符合企业科学管理的一般特点，需要学习西方企业先进的管理，但也有资本主义的本质特征，就是一切为了利润，员工只是创造利润的工具。党的领导和公司制度不是对立的，而是统一的，要把国有企业的制度优势和公司制先进的管理优势结合起来。具体体现在：第一，党的领导能够弥补董事会的决策失误，加强对经理层的监督，防止内部人控制。在所有权和经营权分开的情况下，私营企业公司制也因为这个缺陷而经常出现经理人控制公司，损害股东利益的行为。因此，党的领导能够发挥国有企业主人翁的优势，参与公司的决策，对董事会进行有效监督和制衡。第二，党的领导能够团结全体职工，代表工人利益，实现公司利润和职工权益的统一。同时，能够激发职工的积极性、创造性。

加强党的领导是深化国有企业改革的重要内容。过去一段时期国有企

① “习近平在全国国有企业党的建设工作会议上强调：坚持党对国企的领导不动摇”，新华网，2016 - 10 - 11，http：//news. xinhuanet. com/politics/2016 - 10/11/c _ 1119697415. htm？from = groupmessage&isappinstalled = 0。

业忽视和弱化党的领导带来一些问题，也是加强党的领导的重要原因。国有企业改革受新自由主义的影响，一味照搬照抄西方的现代企业制度，把国有企业的党的领导传统削弱甚至否定，带来一些负面作用。一是在一些企业实际工作中，董事会、经理层、监事会负责国有企业的经营管理而且凌驾于党组织之上，党的领导被严重弱化、虚化，工会被“架空”，党脱离了工人群众，广大职工作为主人翁没有知情权和参与权，导致企业和工人利益双重受损。二是国企改革中片面强调大企业的所有权和经营权的分离，过分强调管理层的贡献实行股权激励，管理层控股（MBO）的结果是腐败、利益输送和国企私有化等问题严重，党对所有权的监督缺位，造成国有资产的流失。一些国有企业领导受到西方价值观的影响和诱惑，丧失党的信仰，更多的不是把国有企业搞好，而是故意搞坏，为国企私有化寻找借口。

因此，中国特色现代国有企业制度是加强党的领导和完善公司治理的统一，深化国有企业改革要加强和完善党的领导。在新时代中国特色社会主义国有企业深化改革中，必须坚持党对国有企业的领导，坚守政治方向、政治原则，要求党的建设只能加强，不能削弱。

（3）发展战略性新兴产业如何加强并发挥好党对国有企业的领导作用

第一，发挥党组织在国有企业中的领导核心作用。一是明确党组织在公司法人治理结构中的地位，并用规章制度加以明确和保障。形成党组织和董事会、经理层之间的分工、配合和有效制衡的新的治理结构，即把党的领导内嵌到企业管理中，而不是“两张皮”。二是党组织要参与公司的决策和日常运营，代表所有权维护国家利益和工人利益，把党建工作和生产经营结合起来，不能把党建和生产经营分开。以工会工作为抓手搞好职工的生活和工作环境，纪委开展自查自纠，抓好作风和纪律建设，为生产经营保驾护航。三是加强党的领导必须相应加大相关人员配备，而不是精简党务结构和党务人员，消除认为党建工作不产生经济效益的错误认识。把支持和加强党建工作认真落实到行动中，不能空喊口号。四是工会和党建要分开，充分发挥工会的作用。工会要代表职工利益，保障职工的主人翁地位和参与企业的管理，而不是只是做日常杂项的生活服务，如员工的各种文体活动、婚丧嫁娶等。工会不能当作安置闲人、退休人员的场所。

第二，国有企业的控股权是党的领导的前提。党的领导在某种意义上是行使代表国家所有权的权益，因而股份制国有企业中丧失股权是无法实现党的领导。国有企业在混合所有制改革中保障控股权是不改变国有性质的前提，加强党的领导，一方面要行使所有权，要加强国有资产监管、防止国有资产流失；另一方面，团结广大职工，保障工人有参与公司决策权和知情权，调动工人积极性。

第三，党的领导是保障公司决策不偏离，兼顾经济和社会利益，企业短期和长期利益的重要手段。私营企业在所有权和经营权分开的情况下，职业经理人出现行为短期化，对一些风险高、投资大、周期长，但市场前景好、长期利润有保障、提升竞争力的新兴产业不愿投资，需要董事长来做风险投资和重大决策。国有企业领导也受到一些体制因素制约，因为担心风险而不敢投资，国有企业错失了很多发展机会。这就需要在发展战略性新兴产业中积极发挥党的领导作用，就是要强调责任担当，要坚决执行国家战略，要激励、鼓励创新，敢于承担风险。

第四，加强党的领导要继承和发扬国有企业的优良传统。坚持党的领导是国有企业的传统和优势，实行政企分开，但不是党企分开。过去受到错误思潮的影响对国有企业只讲缺点不讲优点，国有企业存在的不足需要改革，如果只有缺点那就是革命而不是改革所能解决的，比如国有企业的产品质量过硬，几乎不会出现以次充好、假冒伪劣等情况。发挥国有企业的传统和优势，比如鞍钢宪法①。内容包括进行技术革新和技术革命、大搞群众运动、“两参一改三结合”、政治挂帅、党委领导下的厂长负责制等。

第五，加强党的领导，必须以党管党，从严治党，培养一批既有党性又懂经营的国有企业干部。

---

① 许涤新主编：《简明政治经济学辞典》，人民出版社 1983 年版，第 540 页。鞍钢宪法主要内容是“两参一改三结合”，即工人参与管理，厂长参与劳动，改革制度弊端，厂长、工人、技术员三结合。

6.4.3 紧密依靠和团结工人阶级

以人民为中心，不仅指发展的目的是为了人民，是为了共同富裕，而且指发展的动力是人民，发展生产力的主体是劳动者。对于国有企业，职工是创新的主体。社会主义国有企业不同于私有制企业最大的特点，一个是坚持党的领导，一个是对工人权益的高度重视和保护。党中央一直重视工人阶级在社会主义建设中的中心地位，党的十八大以来习近平总书记也多次强调。他在 2013 年 4 月 28 日同全国劳动模范代表座谈会上指出，工人阶级是国家的领导阶级，是国家先进生产力和生产关系的代表，是党最坚实最可靠的阶级基础，是国家发展的主力军。在 2015 年庆祝“五一”国际劳动节大会上，他指出：“那种无视我国工人阶级成长进步的观点，那种无视我国工人阶级主力军作用的观点，那种以为科技进步条件下工人阶级越来越无足轻重的观点，都是错误的、有害的。”①

（1）全心全意依靠工人阶级是国有企业的内在要求

国有企业作为公有制经济的主要部分，工人阶级是先进生产力和生产关系的代表。马克思认为，社会生产是生产资料和劳动者的结合方式，是生产力和生产关系的统一。结合方式，一种是生产力的结合，即用技术把生产资料和劳动者结合起来，就是如何生产更能提高劳动生产率。另一种是生产关系的结合，即生产资料和劳动者在生产中的社会关系。前者是一般生产，后者则是特殊生产。前者是企业的一般性质，后者则决定了企业的特殊性质。由此我们可以看出，同样是国有经济，判断它是资本主义性质还是社会主义性质，只能从其内部的经济关系来确定。如资本主义国有企业的性质是由雇佣劳动关系决定的，而我国国有经济的社会主义性质，是由企业职工当家做主的地位和权力决定的。

战略性新兴产业是新的生产力，工人阶级是新的、先进生产力的代

① 习近平：“工人阶级地位不容动摇”，人民网，2015－04－29，http：//politics.people.com.cn/n/2015/0429/c70731－26920477.html?from=timeline&isappinstalled=0。

表。社会主义国有企业之所以具有高效率，是因为生产关系适应并促进生产力发展，能激发出企业职工的主动性、积极性和创造性。对于党的十八大以来央企取得的新成绩、新变化，国资委领导认为，央企取得的一切成绩来自于党领导下的广大干部职工的真抓实干，“离开这一条，是难以开创出央企现在这样的良好局面的”。

（2）工人权益受损问题

在一段时期内，受国内外新自由主义影响，国企股份制改革和混合所有制改革过程中，一些企业领导者过分强调金融资本、科技进步的作用，使金融资本在劳资关系中拥有的优势地位越来越突出，忽视了我国工人阶级主力军作用，以为科技进步条件下工人阶级越来越无足轻重。一方面，国企工人人数不断减少，我国国企工人2013年为1889.49万人，2015年为1777.83万人。而全国工业从业人数2013年为9791.46万人，2015年为9775.02万人。[①] 另一方面，广大工人权益不断受到忽视和侵害。一些国有企业在引入西方公司制后，在现实管理中，职工的参与权、管理权、监督权等民主管理制度不断受到削弱，甚至名存实亡。现实中，在工人权益保护的法律不健全、执法不严格和工会作用弱化，甚至不乏地方政府为了GDP对私营企业纵容的情况下，私营企业不仅裁员增效，如末位淘汰制，而且加班问题非常严重，比如IT公司的“996”现象，在这种外部竞争压力下，一些国企也实行裁员和加班等，造成工人权益受到损害。因此，这些年国有企业管理暴露出的很多问题，很大程度上是与国有企业公司制改革中生搬硬套西方企业管理，而与国有企业的本质特点脱节有关。

（3）国有企业在发展战略性新兴产业中应全心全意依靠工人阶级

第一，应解决好我国的国有经济中生产资料和劳动者的结合方式，充分发挥国有企业的制度优势。无论是技术、产品还是商业模式创新，归根结底人是创新的主体，因此，国有企业的创新要依靠国企员工。习近平总书记在全国国有企业党的建设工作会议上强调指出，要健全以职工代表大

---

① 资料来源：《中国经济贸易年鉴（2016）》，中国经济出版社2016年版，第715、第935页。

会为基本形式的民主管理制度，推进厂务公开、业务公开，落实职工群众知情权、参与权、表达权、监督权，充分调动工人阶级的积极性、主动性、创造性。①

第二，国有企业在引入和建立现代企业制度中要体现社会主义制度优势，把“制度自信”落实到企业微观制度上。国有企业公司制改革目的是为了更好地完善社会主义国有企业制度，既要学习西方先进的企业管理，取长补短，同时也要具体分析，避免盲目照搬照抄，特别是工人利益方面。西方的公司法人治理结构虽然有企业科学管理的一般特点，特别是在创新方面的一些有效的激励机制，但本质上是强调资本至上，工人利益要服从于私人资本利益，因而排斥党的领导和工人的民主管理权利。因此，国有企业在改革中，要把西方企业管理中的科学、合理的特点和社会主义国有企业的制度本质相结合，发挥两者的优点。

第三，针对战略性新兴产业，国有企业应加大对工人的教育和培训的投入，改善创新的条件和短板。产业工人整体素质和技能水平不高是制约中国制造向中国创造的短板，据资料显示，中国产业工人的劳动生产率仅为世界平均水平的40%，而且在产业工人中高级技术工人的比例，德国为50%，日本为40%，而中国仅为5%，中国的高级技工缺口近1000万人。② 制造业中，私营企业的产业工人大部分来自农民工，加上人才流动性高的特点，私营企业对产业工人的培训投入不够。国有企业的工人素质和技能虽然在总体上要高于私营企业，但同世界优秀企业显然存在着很大差距，加上过去国企改革中对产业工人不够重视，这是国有企业在发展战略性产业中的短板。因此，国有企业不仅要对研发重视和加大投入，而且要通过教育和培训，培养出一大批与战略性新兴产业相配套的高素质产业工人。另外，国企现在招聘的员工素质和文化水平越来越高，国有企业的

---

① “习近平在全国国有企业党的建设工作会议上强调：坚持党对国企的领导不动摇”，新华网，2016 - 10 - 11，http：//news. xinhuanet. com/politics/2016 - 10/11/c _ 1119697415. htm？from = groupmessage&isappinstalled = 0。

② “德国高级技工占工人的比例是50%，中国仅5%”，网易新闻，2017 - 03 - 09，http：//news. 163. com/17/0309/22/CF4BGJ4C000187VE. html。

创新是完全具备条件和有希望的，关键是用好人才。

6.4.4　完善国有企业的创新机制

（1）创新人才引进和培养机制

国有经济发展战略性新兴产业首先是要引进人才。人才资源是战略性新兴产业持续健康发展的保障，国内高等教育大众化推动质量型人口的红利。2017 年 6 月，国家统计局发布数据显示（见表 5－5），高等教育毛入学率 2016 年达到 42.7%，比 2012 年提高 12.7 个百分点。每年的高校毕业生不断攀升，2012 年为 624.7 万人，2013 年为 638.72 万人，2014 年为 659.36 万人，2015 年为 680.88 万人，2016 年为 765 万人，2017 年有 795 万名毕业生。同时，中国经济和社会繁荣对留学归国工作的吸引力显著提高，留学归国的人数不断增加（见表 5－6），从 2009 年的 10.83 万人增加到 2015 年的 40.91 万人，而且比例明显呈上升态势，从 2009 年的 47.23% 迅速上升到 2015 年的 78.12%。

国有企业应加大吸引人才、培养人才和留住人才的机制创新。高科技企业的关键是人才。科学劳动特别是研发，技术人才和技术很难分割，一旦跳槽或再创业，就会成为国有企业强大的竞争对手，因此，如何发挥高科技企业研发人员的积极性和激励机制是关键。国有企业应加快制定并完善吸引和培训人才的一系列具体措施，把优秀人才聚集到国有企业中。比如，提供人才倾斜政策，提供具有竞争力的薪酬和福利待遇如户口、住房等，加大对人才的吸引力。建立可持续性的人才培养机制，使产业结构调整与人才结构优化同步进行，把人才使用和培养结合起来，培养国有企业的骨干人才、战略人才，使人才结构更加均衡。

（2）完善考核机制

战略性新兴产业作为高风险高回报的产业，既能给企业带来巨大的利益，同时也蕴含着高风险和不确定性。国有企业和私营企业都存在这种一般问题。但国有企业考核的短期机制与战略性新兴产业投资的长期性之间存在矛盾，相应的考核机制不配套、不健全。国有经济在实际运作中，第一，面临必须保值增值的压力确实束缚了国企创新的手脚，在只能成功、不能失败的压力下，国有企业的领导不敢投入创新。第二，国有企业管理层的考核体系不健全，根据任期经营指标的完成，主要侧重盈利目标，容易出现短期化的行为，对关系到企业长远发展的创新则考虑较少。如果只用短期盈利考核，一方面投资新的产业在任期内既是大的投资，又不产生回报，就会出现不愿意投入自主创新的结果。第三，战略性新兴产业不仅投入大而且风险高，需要的是在报酬上相应体现出高风险和高收益的匹配，而成功的报酬相对低，失败的惩罚过高则会使管理层望而却步。赛迪机构通过对 50 家大型国有企业的调研发现，在对战略性新兴产业的投资上，超过 80% 的企业负责人存在顾虑。①

因此，需要针对战略性新兴产业的特点设立专门的考核办法，为管理层提供激励和动力。国有资产监督与管理部门，应根据战略性新兴产业的特点和中央企业的发展实际，结合市场发展和竞争的现状，完善新兴产业的指标评价体系和业务考核机制，提高战略性新兴产业的考核比重。国有企业在对新兴产业进行考评时，应鼓励适当的风险经营，激发企业内部活力。比如，一些新兴产业中，市场对企业评价体系发生改变，强调市值的重要性超过利润，服务的重要性超过产品，线上的重要性超过线下，私营企业为了占领市场，利用各种补贴提前战略布局，抢夺市场占有率，这对于国企相对传统的评价考核体系是个严峻的挑战。以金融支付为例，为了用户支付习惯的改变，微信支付和支付宝支付对用户提供了大量的补贴。

(3) 建立合理的高管薪酬机制

高管薪酬是国有企业改革的一个重要问题。战略性新兴产业对人力资本的激励方式不同于传统行业的企业，技术创新无论过程还是结果都充满风险和不确定性，企业的高管在固定报酬下，通常不愿意承担风险。从管理劳动和科学劳动创造价值的角度看，高管拿较高薪酬是符合劳动价值

---

① “发展新兴产业，须完善国企考核避免跟风”，《中国经济导报》2011 年 12 月 20 日 B2 版。

论，提高高管薪酬是合理的。高管薪酬提高与创新行为和新兴产业发展有关，如果激励不到位，既存在创新的动力问题，也存在被私营企业挖走人才的问题。

但同时也要看到，第一，从研发的特点来看，研发是团队行为，研发是集体相互配合和协调合作的结果，研发中所做的贡献很难具体量化到每个人，过高地提高高管的薪酬很难起到激励团队的作用，反而挫伤了团队的积极性。第二，据孙早、肖利平研究发现，高管持股与企业研发投入之间存在显著正向影响，尤其是在国有企业中效果十分显著，但高管年薪对企业研发投入没有明显的促进效应。第三，高管薪酬改革的前提和理论依据要以按劳分配为原则。高管劳动报酬的界限是工资加适当的津贴和奖励，“高薪养廉”不符合社会主义公有制分配原则。第四，加强党对国有企业的领导，高管要强化责任和担当，通过其他奖励方式，而不是一味在收入差距上做文章。

应建立和健全国企高管薪酬体系，完善薪酬体系改革配套措施，保障国有企业公平参与市场竞争。第一，重点推进薪酬制定的市场化，经营管理者的选聘要按照市场化的用工机制，实施职业经理人制度，达到充分激励国企高管的目的。第二，国企高管薪酬水平应与战略性新兴产业特点挂钩，做到奖罚分明。不仅要强调决策失误的责任追究，而且要对当期的决策产生的长期收益，跨任期进行奖励。第三，严格执行国企高管薪酬信息披露制度，严格约束国企高管在职消费等福利。第四，高管和技术研发人员，应尽可能按照按劳分配的原则，合理拉开差距，不能在国有企业内部形成两极分化。

（4）员工持股问题

员工持股不是什么新的企业理论，员工持股首先是从资本主义出现的，表面上是工人得益，把工人收入和企业利润挂钩，但本质是服从资产阶级的利益，资本家最大限度地追求剩余价值的目的。对于工人一方面是劳动强度更高，剥削更严重，另一方面是把企业的经营风险转嫁给工人。

第一，不能把员工持股作为重点。关于员工持股的问题，我们长期受新自由主义的影响陷入国有企业产权的争论，实际上产权是私有制下的范畴。高鸿业教授（1995）① 明确指出，国有产权是明晰的。反而是私有制股份公司产权不明晰，层层持股和交叉持股，以及股票的不断买卖，导致股东很难搞清。产权到个人固然有利己动机，但在西方发达国家并不是如此。比如垄断资本控制着绝大部分市场份额和产品生产。中小企业利己心最大，但对国民经济的影响很小。由此可以看出，新自由主义围绕产权做文章的目的很明确，就是借此国企私有化。好像不给股份，不给产权，员工就没有积极性。但是私有企业的员工也不是都有股份，也就是说私营企业是招聘员工，不是招聘股东的。显然，都是对公司“利润”做出巨大贡献的极个别的少数员工才有股份，这是资本主义制度下的一种激励方式，都是极少数论功行赏，我们不能把它当作一种普遍激励机制。实际上，给员工股份只是增加归属感的多种方式的一种，而且市场中劳动力自由流动的情况下，员工股份并不是留住人才的好的方式。如果其他竞争企业给的股份更多，收入更高，员工同样会跳槽。以前在国有企业里，广大职工作为主人翁，职工没有股份，但以厂为家，难道没有归属感？因此，国有企业更重要的是靠事业留人、感情留人和待遇留人，而不是仅靠股份留人。

第二，以中共中央、国务院《关于深化国有企业改革的指导意见》作为指导员工持股的基本原则。其中对员工持股的企业范围、员工范围和持股方式都做了明确的规定，一是对企业范围的规定是“探索实行混合所有制企业员工持股”，可见，员工持股是限定在特定的范围，就是实行混合所有制企业，而不是所有的国有企业。二是对于员工的范围也是有限定的，即“优先支持人才资本和技术要素贡献占比较高的转制科研院所、高新技术企业、科技服务性企业开展员工持股试点，支持对企业经营业绩和持续发展有直接或较大影响的科研人员、经营管理人员和业务骨干等持股”。可见，员工持股的目的是为了加快科技创新。三是对员工持股的方式，“主要采取增资扩股和出资新设等方式”。很明显员工持股而不是瓜分

① 《高鸿业自选集》，中国人民大学出版社 2007 年版，第 630—631 页。

国企、变相搞国企私有化或国有资产流失。四是流程的透明，严格资产评估，确保员工持股公开透明，防止利益输送。

第三，稳妥推行员工持股。要谨慎选择员工持股的方式，既要看到员工持股的激励作用，又要根据具体问题分析，保证过程和结果的公平。员工持股是否能带来创新是激励问题，但本质上是分配问题。①如果是新投资成立的企业，固然员工持股可以和企业同心协力，增强归属感。但如果老的国有企业，是几代人通过努力工作积累的资本、技术，不只是现在的员工创造的，员工持股就要考虑退休的、去世的并且曾做过很大贡献的要不要持股？比如铁人王进喜，去世的家属应不应该持股？所以只有现在员工持股是不公平的。还有，人员处于流动和新陈代谢的过程中，要考虑后来进入企业的职工通过员工持股不断稀释国有企业的股份。②国有企业上市的情况下，员工可以通过购买本企业股份的形式，增强归属感。③可以通过国有企业内部鼓励创业的方式，而不是吃老本、分吃“唐僧肉”的方式变相搞国有资产流失。④防止员工持股变相为内部人控制。员工持股是股份制企业中委托—代理关系出了问题，这是公司治理的一般问题，不只是国企存在，私企更是如此。员工持股为少数人持股，而且是高管居多，因而高管个人利益最大化和企业利润最大化之间是对立统一关系，不仅存在利益一致的统一，而且存在利益的矛盾。因此，防止国有企业的员工持股演变为内部人控制，成为国企私有化的一个变种，国企私有化实际上只是内部人控制在产权方面的一个延伸。国资委领导 2020 年明确指出，深化国有企业混合所有制改革是激发国有企业活力的重要途径之一，但要审慎开展混合所有制企业骨干员工持股。[①]

另外，创新机制还包括技术的产业化，现在国有企业的基础科研成果非常丰富，但是由于缺乏机制创新，导致先进的科研成果、技术无法得到产业化发展。如何开发利用好这些沉睡的资源，是一个现实问题。

---

① 郝鹏：“激发各类市场主体活力”，《人民日报》2020 年 12 月 18 日第 9 版。

6.5 其他配套问题

金融的脱虚入实问题不仅关系到经济的健康发展，而且又关系到国家的创新发展。北上广深等一线和省会、重点城市是创新活跃的地方，但房价高企对创新企业和创新人才的吸引是个不可忽视的制约因素，一些企业初创过程中办公场所的高租金给创新企业的发展甚至生存带来压力，高房价也让一些创新人才选择逃离。创新、新兴产业的发展离不开金融的支持，但金融资源流向房地产市场，不仅给国家金融安全带来隐患，也给实体经济的创新带来巨大损害。金融资本随利润而运动，当然要投资到高利润的行业，但高利润归根结底来源于实体经济。有媒体报道，许多上市公司一年的利润不够买套北京和上海的房子，亏损上市公司卖套房子可以扭亏为盈。党的十九大报告中，习近平总书记再次强调房子是用来住的，不是炒的。

另外，地方财政的支持问题。战略性新兴产业发展也关系到地方经济的发展方式转变、经济结构的优化和经济增长动力的转换，需要通过各种方式培育新兴产业。比如，引进人才、孵化高新技术企业、对企业进行资金和市场支持等等。但一些地方政府的债务突出，据报道，2016 年地方财政预算报告中，我国 31 个省市的预算支出均大于预算收入，总缺口约 7.3 万亿元，占 2016 年全国 GDP 的 9.8%。截至 2017 年 11 月末，全国地方债务余额已达 16.6 万亿元。① 另外，地方政府的土地财政问题比较严重，对创新和新兴产业的支持力度必然会减小，而且继续诱发金融资本向房市、股市等金融衍生品而不是向战略性新兴行业转移。

---

① “31 省市收不抵支‘打欠条’哪省的日子最难过”，搜狐网，2018－01－02，http：//www.sohu.com/a/213523047_ 157078。

6.6　本章小结

国有经济在战略性新兴产业中更好地发挥作用取决于国有经济的实力，国有经济发展战略性新兴产业是基础。具体政策建议包括：首先是要在国家层面，健全制度保障，制定和完善国家规划，推进体制机制的创新；其次要完善政府支持体系，包括政府引导和资金支持，产业政策支持和财税、金融和市场支持；再次在国有资本方面，从管企业向管资本为主的国有资产管理体制转变，重组央企提高竞争力，国有资本成立国有资本运营公司和投资公司，通过兼并、收购、合作、混合所有制改革等方式同私营企业共同发展战略性新兴产业；最后加快国有企业内部创新，加强独立自主，加强党的领导，发挥国有企业的制度优势，紧密依靠工人阶级和完善国有企业内部创新机制。通过以上措施，来更好地发挥国有经济在战略性新兴产业中的作用。

参 考 文 献

[1]《2017 中国战略性新兴产业发展报告》，科学出版社 2016 年版。

[2]《邓小平文选》第三卷，人民出版社 1993 年版。

[3]《高鸿业自选集》，中国人民大学出版社 2007 年版。

[4]《胡锦涛文选》第一、二、三卷，人民出版社 2016 年版。

[5]《江泽民文选》第一、二、三卷，人民出版社 2006 年版。

[6]《马克思恩格斯文集》（第 2 卷），人民出版社 2009 年版。

[7]《马克思恩格斯文集》（第 8 卷），人民出版社 2009 年版。

[8]《卫兴华自选集》，中国人民大学出版社 2007 年版。

[9]《习近平总书记系列重要讲话读本》，学习出版社 2016 年版。

[10]《中国高技术产业统计年鉴》（2015），中国统计出版社 2015 年版。

[11]《中国高技术产业统计年鉴》（2016），中国统计出版社 2016 年版。

[12]《中国经济贸易年鉴（2016）》，中国经济出版社 2016 年版。

[13]《中国特色社会主义政治经济学十五讲》，中国人民大学出版社 2016 年版。

[14] 曹和平："林毅夫与张维迎：政策见解差异背后的认识论思考"，《经济导刊》2016 年第 11 期。

[15] 常辉：《20 世纪西方大国资本主义国有经济研究》，人民出版社 2016 年版。

[16] 陈策："江苏大力发展战略性新兴产业"，《政策瞭望》2010 年

第2期。

[17] 陈淮:《日本产业政策研究》,中国人民大学出版社1991年版。

[18] 陈锦其、徐明华:“战略性新兴产业的培育机制:基于技术与市场的互动模型”,《科技管理研究》2013年第2期。

[19] 陈霞、杨静、陈亮:“多重目标下我国国有企业效率分析”,《中国流通经济》2011年第10期。

[20] 陈英:《后工业经济:产业结构变迁与经济运行特征》,南开大学出版社2005年版。

[21] 陈征:《论现代科学劳动——马克思劳动价值论的新发展》,福建人民出版社2017年版。

[22] 程恩富、鄢杰:“评‘国有经济退出竞争领域’论”,《管理学刊》2012年第3期。

[23] 程恩富:《经济理论与政策创新》,中国社会科学出版社2013年版。

[24] 程恩富:“资本主义和社会主义怎样利用股份制——兼论国有经济的六项基本功能”,《经济学动态》2005年第10期。

[25] 程贵孙、朱浩杰、张雍:“民营资本支持战略性新兴产业发展的影响因素研究”,《华东师范大学学报(哲学社会科学版)》2013年第5期。

[26] 戴锦:《国有企业的性质》,经济科学出版社2016年版。

[27] 狄乾斌、周乐萍:“中国战略性新兴产业培育与发展路径探讨”,《经济与管理》2011年第7期。

[28] 杜跃进、陈晓彬:“国企赚钱了,也应坚持‘国退民进’”,《经济参考报》2010年10月12日第1版。

[29] 恩格斯:《反杜林论》,人民出版社1970年版。

[30] 冯春林:“国内战略性新兴产业研究综述”,《经济纵横》2011年第1期。

[31] 冯飞:“战略性新兴产业须破三大制约”,《人民日报》2011年8月8日第10版。

[32] 冯兴元："混合所有制要大胆闯"，《中国改革》2014年第4期。

[33] 高尚全："改革攻坚，必须'三个毫不动摇'"，《深圳特区报》2012年12月16日第A1版。

[34] 高尚全："混合所有制改革不能受片面观念束缚"，《北京日报》2016年5月30日第13版。

[35] 高友才："我国战略性新兴产业的选择与发展对策"，《经济管理》2010年第11期。

[36] 高玉婷："中央企业国际竞争力的多维度评价"，《国民经济评论》2017年第1期。

[37] 桂黄宝：《中国高技术产业创新发展研究》，科学出版社2016年版。

[38] 郭克莎："国有工业调整改革是搞活经济的一个重要突破口"，《财政研究》2014年第10期。

[39] 国家统计局课题组："对国有经济控制力的量化分析"，《统计研究》2001年第1期。

[40] 何干强："调整好中国的经济结构必须纠正公有制经济被严重削弱的态势——论公有制在调结构中的基础地位"，《毛泽东邓小平理论研究》2017年第4期。

[41] 何伟："学习十五届四中全会'决定'的体会"，《长春市委党校学报》2000年第2期。

[42] 贺正楚、吴艳："战略性新兴产业的评价与选择"，《科学学研究》2011年第5期。

[43] 洪银兴："十八大以来需要进一步研究的几个政治经济学重大理论问题"，《南京大学学报（哲学·人文科学·社会科学）》2016年第2期。

[44] 洪银兴："以创新的理论构建中国特色社会主义政治经济学的理论体系"，《经济研究》2016年第4期。

[45] 洪银兴：《中国特色社会主义政治经济学理论体系构建》，经济科学出版社2016年版。

[46] 洪银兴主编:《现代经济学大典》(下),经济科学出版社2016年版。

[47] 洪银兴、桂林:“公平竞争背景下国有资本做强做优做大路径——马克思资本和市场理论的应用”,《中国工业经济》2021年第1期。

[48] 胡鞍钢、程文银:“中国高技术产业为何赶超美国?——‘五大政策’合力综合分析框架”,《南京大学学报》(哲学·人文科学·社会科学)2017年第3期。

[49] 胡鞍钢、任皓:“中国高技术产业如何赶超美国”,《中国科学院院刊》2016年第12期。

[50] 胡家勇:“试论社会主义市场经济理论的创新和发展”,《经济研究》2016年第7期。

[51] 黄群慧:“中央企业在国家创新体系中的功能定位研究”,《中国社会科学院研究生院学报》2013年第5期。

[52] 江飞涛:“实施中国制造强国战略的政策体系研究”,《中国工程科学》2015年第7期。

[53] 江苏省国资委课题组:《国企改革十大难题》,江苏人民出版社2016年版。

[54] 姜江:“世界战略性新兴产业发展的动态与趋势”,《中国科技产业》2010年第7期。

[55] 金碚:“技术创新离不开国企”,《光明日报》2015年4月1日第15版。

[56] 金碚:“论国有企业改革再定位”,《中国工业经济》2010年第4期。

[57] 金碚:“三论国有企业是特殊企业”,《中国工业经济》1999年第7期。

[58] 李成瑞:“对《国有经济成为经济发展的控制性力量》一文的商榷”,《统计研究》2001年第9期。

[59] 李东霖、田丽:“战略性新兴产业协同发展的产业政策研究”,《技术经济与管理研究》2016年第12期。

[60] 李赶顺："河北省战略性新兴产业的培育与发展创新研究"，《河北学刊》2011 年第 3 期。

[61] 李钢："国有企业效率研究"，《经济管理》2007 年第 2 期。

[62] 李健："大力培育战略性新兴产业"，《中国科技产业》2010 年第 4 期。

[63] 李锦：《国企供给侧改革：难点与对策》，研究出版社 2016 年版。

[64] 李朴民："如何培育战略性新兴产业"，《科学技术产业》2010 年第 7 期。

[65] 李士梅、张倩："国有经济向战略性新兴产业集中的理性思考"，《学习与探索》2012 年第 7 期。

[66] 李士梅、张倩："国有企业公司治理结构变迁、路径依赖与制度创新"，《江汉论坛》2013 年第 12 期。

[67] 李斯特：《政治经济学的国民体系》，商务印书馆 1961 年版。

[68] 列宁：《列宁专题文集》(论社会主义)，人民出版社 2009 年版。

[69] 林伯强："发展战略性新兴产业助推我国低碳经济转型"，《科技成果纵横》2010 年第 1 期。

[70] 凌捷、苏睿："后金融危机时代高新区战略性新兴产业发展研究"，《改革与战略》2010 年第 6 期。

[71] 刘波："新产业新思维——大型国有企业战略性新兴产业转型的格局演变"，《装备制造》2012 年第 2 期。

[72] 刘冠军：《现代科技劳动价值论研究》，中国社会科学出版社 2009 年版。

[73] 刘国光："再论我国经济体制改革的方向"，《企业家日报》2013 年 9 月 14 日第 W1 版。

[74] 刘国光："政府和市场关系的核心是资源配置问题"，《毛泽东邓小平理论研究》2015 年第 11 期。

[75] 刘洪昌："中国战略性新兴产业的选择原则及培育政策取向研究"，《科学学与科学技术管理》2011 年第 3 期。

[76] 刘江荣：《国有企业历史责任——中国高新技术产业发展的主干与主导》，新华出版社 2016 年版。

[77] 刘明达、顾强：“从供给侧改革看先进制造业的创新发展——世界各主要经济体的比较及其对我国的启示”，《经济社会体制比较》2016 年第 1 期。

[78] 刘南昌：《强国产业论——产业政策若干理论问题的研究》，经济科学出版社 2006 年版。

[79] 刘瑞明、石磊：“国有企业的双重效率损失与经济增长”，《经济研究》2010 年第 1 期。

[80] 刘世锦：《经济体制效率分析导论》，格致出版社 2016 年版。

[81] 刘树成主编：《现代经济辞典》，江苏人民出版社 2004 年版。

[82] 刘伟：“中国经济改革对社会主义政治经济学根本性难题的突破”，《中国社会科学》2017 年第 5 期。

[83] 刘元春：“国有企业宏观效率论——理论及其验证”，《中国社会科学》2001 年第 5 期。

[84] 陆军荣：《国有企业的产业经济学分析》，上海人民出版社 2014 年版。

[85] 马骏、张文魁、张永伟、袁东明等：《国企改革路线图探析》，中国发展出版社 2016 年版。

[86] 马克思：《资本论》第一、二、三卷，人民出版社 2004 年版。

[87] 迈克尔·波特：《国家竞争优势》（上），中信出版社 2012 年版。

[88] 逄锦聚、林岗、刘灿主编：《现代经济学大典》（政治经济学分册），经济科学出版社 2016 年版。

[89] 逄锦聚等：《政治经济学》（第五版），高等教育出版社 2014 年版。

[90] 齐昊、张晨：“国有经济是拖累还是促进了经济增长”，《经济导刊》2015 年第 6 期。

[91] 邱海平：“使市场在资源配置中起决定性作用和更好发挥政府作用——中国特色社会主义经济学的新发展”，《理论学刊》2015 年第 9 期。

[92] 厦门大学中国特色社会主义研究中心："'国企低效论'辨析"，《求是》2016 年第 18 期。

[93] 时杰："整合、创新与新整合——国有企业培育和发展战略性新兴产业的路径选择"，《现代国企研究》2012 年第 1 期。

[94] 世界银行、国务院发展研究中心联合课题组：《2030 年的中国：建设现代、和谐、有创造力的社会》，中国财政经济出版社 2013 年版。

[95] 宋方敏："习近平国有经济思想研究略论"，《政治经济学评论》2017 年第 1 期。

[96] 宋涛主编：《政治经济学教程》（第 11 版），中国人民大学出版社 2016 年版。

[97] 孙锦、申兵："国有经济在经济发展方式转变中的作用"，《人民论坛》2014 年 10 月中旬刊。

[98] 孙早、肖利平："产业特征、公司治理与企业研发投入——来自中国战略性新兴产业 A 股上市公司的经验证据"，《经济管理》2015 年第 8 期。

[99] 孙兆斌："股权集中、股权制衡与上市公司的技术效率"，《管理世界》2006 年第 7 期。

[100] 万军："战略性新兴产业发展中政府的定位——日本的经验教训及启示"，《科技成果纵横》2010 年第 1 期。

[101] 王鸿："辩证认识国有企业的制度功能、社会功能和经济功能"，《红旗文稿》2017 年第 10 期。

[102] 王利政："我国战略性新兴产业发展模式分析"，《中国科技论坛》2011 年第 1 期。

[103] 王曙光、徐余江："混合所有制经济与深化国有企业改革"，《新视野》2016 年第 3 期。

[104] 王晓阳："集聚战略性新兴产业应成为开发区发展的主旋律"，《改革与开放》2010 年第 6 期。

[105] 王新新："战略性新兴产业的培育与发展策略选择"，《前沿》2011 年第 7 期。

[106] 王新新:“战略性新兴产业发展规律及对策取向研究”,《技术经济与管理研究》2011 年第 9 期。

[107] 王正宇:《国企改革发展纵横谈》,江苏人民出版社 2016 年版。

[108] 王忠宏:“发展战略性新兴产业推进产业结构调整”,《中国发展观察》2010 年第 1 期。

[109] 伟·桑伯特:《现代资本主义》(第 1 卷),李季译,商务印书馆 1958 年版。

[110] 卫兴华:“〈资本论〉依然放射着真理光芒”,《人民日报》2017 年 7 月 3 日第 16 版。

[111] 卫兴华:“发展和完善中国特色社会主义必须搞好国有企业”,《毛泽东邓小平理论研究》2015 年第 3 期。

[112] 卫兴华:“发展混合所有制经济的新视角”,《人民日报》2015 年 7 月 27 日第 7 版。

[113] 卫兴华:“关于市场配置资源理论与实践值得反思的一些问题”,《经济纵横》2015 年第 1 期。

[114] 卫兴华:“评析当前关于国有经济的混淆认识”,《毛泽东邓小平理论研究》2016 年第 8 期。

[115] 卫兴华:“生产力的内容和发展生产力的问题”,《哲学研究》1980 年第 11 期。

[116] 卫兴华:“为什么说公有制是共产党执政的基础?”,《红旗文稿》2012 年第 15 期。

[117] 卫兴华:“学好、用好《资本论》的生产力理论”,《政治经济学评论》2017 年第 3 期。

[118] 卫兴华:“怎样认识混合所有制经济——兼评‘国退民进’论”,《人民论坛》2015 年第 9 期。

[119] 卫兴华:《中国特色社会主义经济理论体系研究》,中国财政经济出版社 2015 年版。

[120] 卫兴华:“中国特色社会主义经济制度的理论是非需要澄清”,《政治经济学评论》2012 年第 3 期。

[121] 卫兴华:“中国特色社会主义经济制度的理论是非需要澄清——兼谈怎样正确理解邓小平南方谈话中关于‘社’与‘资’,‘公’与‘私’的论述”,《政治经济学评论》2012 年第 3 期。

[122] 卫兴华主编:《市场功能和政府功能组合论》,经济科学出版社 1999 年版。

[123] 文一:“如何正确理解国企与民企的关系——纪念中国改革开放四十周年”,《政治经济学季刊》2018 年第 1 卷第 2 期。

[124] 文洪朝:《社会主义初级阶段公有制创新研究》,山东大学出版社 2016 年版。

[125] 吴德进:“加快福建战略性新兴产业培育与发展探究”,《福建论坛(人文社会科学版)》2011 年第 3 期。

[126] 吴敬琏:“国有经济改革仍然任重道远”,《价格与市场》2011 年第 2 期。

[127] 吴敬琏:“实现国有经济的战略性改组”,《吴敬琏文集》(中),中央编译出版社 2013 年版。

[128] 吴敬琏:《直面大转型时代——吴敬琏谈全面深化改革》,三联书店出版社 2014 年版。

[129] 吴树青、卫兴华、洪文达主编:《政治经济学(资本主义部分)》,中国经济出版社 1993 年版。

[130] 吴维海:“央企转型,势在必行——中央企业发展战略性新兴产业的转型战略研究”,《装备制造》2012 年第 1 期。

[131] 吴宣恭:“对社会主义市场经济特有优势与国有经济主导作用的再认识”,《毛泽东邓小平理论研究》2015 年第 1 期。

[132] 吴宣恭:“国有经济改革及其主要指导思想”,《理论视野》2007 年第 3 期。

[133] 吴宣恭:“坚持和完善社会主义初级阶段的基本经济制度”,《政治经济学评论》2016 年第 4 期。

[134] 吴延兵:“国有企业双重效率损失研究”,《经济研究》2012 年第 3 期。

[135] 吴易风："西方国家的国有化和非国有化"，《福建论坛》2001年第9期。

[136] 吴易风等：《开放下的宏观经济与企业理论研究》，中国经济出版社2004年版。

[137] 夏小林："国企改革'搞好基础数据测算'很重要"，《经济导刊》2016年第8期。

[138] 项启源："如何准确理解中国特色社会主义市场经济？——与高尚全先生商榷"，《马克思主义研究》2013年第5期。

[139] 肖兴志、王建林（2011）："谁更适合发展战略性新兴产业——对国有企业与非国有企业研发行为的比较"，《财经问题研究》2011年第10期。

[140] 肖亚庆："牢牢把握国有企业改革发展目标"，《人民日报》2016年10月10日第15版。

[141] 徐传谌、翟绪权："国有企业分类视角下中国国有资产管理体制改革研究"，《理论学刊》2016年第5期。

[142] 徐波："财政分权对信息化发展的影响：增长激励与制度阻碍"，《财经问题研究》2017年第7期。

[143] 薛澜、林泽梁、梁正等："世界战略性新兴产业的发展趋势对我国的启示"，《中国软科学》2013年第5期。

[144] 亚诺什·科尔内：《短缺经济学》，经济科学出版1986年版。

[145] 杨记军、逯东、杨丹："国有企业的政府控制权转让研究"，《经济研究》2010年第2期。

[146] 杨瑞龙："国有企业股份制改造的理论思考"，《经济研究》1995年第2期。

[147] 杨瑞龙："中国特色社会主义政治经济学逻辑下政府与市场之间的关系"，《政治经济学评论》2016年第4期。

[148] 杨文锦：《无知的经济学与中国经济》，中国发展出版社2013年版。

[149] 杨治：《产业经济学导论》，中国人民大学出版社1985年版。

[150] 姚洋："非国有经济成分对我国工业企业技术效率的影响"，《经济研究》1998年第12期。

[151] 有林："近几年用歪曲与宄恩歪又经典作家的话来否定国有经济的大有人在"，《中华魂》2014年第2期。

[152] 张波、张益锋："我国国有企业高效率论"，《马克思主义研究》2011年第5期。

[153] 张岑晟："如何培育发展战略性新兴产业"，《经济导刊》2011年第6期。

[154] 张晨、张宇："'市场失灵'不是国有经济存在的依据——兼论国有经济在社会主义市场经济中的地位和作用"，《中国人民大学学报》2010年第9期。

[155] 张晨：《以功能评价效率——国有企业定位问题研究》，经济科学出版社2013年版。

[156] 张春玲、吴红霞、刘遵峰："低碳经济下区域战略性新兴产业评价与选择"，《生态经济》2013年第5期。

[157] 张军扩、赵昌文主编：《当前中国产能过剩问题分析——政策、理论、案例》，清华大学出版社2014年版。

[158] 张维迎："国企占GDP比重应将至10%以下"，2012-12-15，http://news.xinhuanet.com/fortune/2012-12/15/c_114034830.htm?prolongation=1。

[159] 张文魁："国企需要新一轮改革"，《中国经济报告》2013年第1期。

[160] 张文魁："混合所有制浪潮下的改革路"，《新经济导刊》2014年第10期。

[161] 张银平：《国有企业治理现代化》，国家行政学院出版社2016年版。

[162] 张宇、王婷："国有经济与社会主义无关吗?"，《马克思主义研究》2014年第6期。

[163] 张宇："当前关于国有经济的若干争议性问题"，《经济学动

态》2010 年第 6 期。

[164] 张宇："论国有经济的主导作用"，《经济学动态》2009 年第 12 期。

[165] 张宇："正确认识国有经济在社会主义市场经济中的地位和作用"，《毛泽东邓小平理论研究》2010 年第 1 期。

[166] 张宇：《中国特色社会主义政治经济学》，中国人民大学出版社 2016 年版。

[167] 郑新立："走出认识误区深化国企改革"，《人民日报》2016 年 10 月 31 日第 7 版。

[168] 钟清流："为战略性新兴产业创造健康成长的条件"，《中国集体经济》2010 年第 6 期。

[169] 周叔莲："不要再用计划经济模式要求国有企业改革"，《理论前沿》1999 年第 6 期。

[170] 周新城："关于巩固和完善基本经济制度的若干问题——兼论如何正确认识'发展混合所有制经济'"，《学习论坛》2014 年第 8 期。

[171] 周新城："关于社会主义市场经济的几个理论问题"，《政治经济学评论》2016 年第 4 期。

[172] 周新城："关于私营经济性质、地位和作用问题的若干思考——一个长期令人困惑而又十分混乱的理论问题"，《马克思主义研究》2016 年第 7 期。

[173] 周新城：《关于中国特色社会主义的若干理论问题》，经济日报出版社 2015 年版。

[174] 朱继东："国企改革的红线、底线和方向"，《红旗文稿》2014 年第 11 期。

[175] 朱瑞博："中国战略性新兴产业培育及其政策取向"，《改革》2010 年第 3 期。

[176] 祝宝良："构建发展战略性新兴产业政策支撑体系"，《科技成果纵横》2010 年第 1 期。

[177] Aharoni Y. Note—Performance Evaluation of State - Owned Enter-

prises: A Process Perspective [J]. Management Science, 1981, 27 (11): 1340-1347.

[178] Aldo Musacchio and Francisco Flores - Macias, The Return of State - Owned Enterprises: Should We be Afraid? Harvard International Review, 2009 (7).

[179] Asian Development Bank. Asian Economic Integration Report 2015. 2015: 15.

[180] B - A Lundvall, National Systems of Innovation: Towards a Theory of Innovation and Interactive Learning. London: Athem Press, 1992.

[181] Barro, R. J: Government Spending in a Simple Model of Endogenous Growth. 《Journal of Public Economics》, 1998, 98 (5): 103-126.

[182] Boycko, Maxim, Shleifer, Andrei and Vishny, Robert, A Theory of Privatization. Economic Journal, 1996 (106).

[183] Boyd B. K. Board Control and CEO Compensation. Strategic Management Journal, 1994, 15 (5): 335-334.

[184] Chris Freeman, Technology Policy and Economic Performance: Lessons From Japan, London: Printer Publishers, 1987.

[185] Chris Freeman, The "National System of Innovation" in Historical Perspective, Cambridge Journal of Economic, Vol. 19, 1995.

[186] Clifton, Judith, Francisco Comin, and Daniel Di (′) az - Fu entes (eds.), Transforming Public Enterprise in Europe and North America. New York, Palgrave Macmillan, 2007.

[187] Cook Paul, &Kirkpatrick Colin, Privatisation in Less Developed Countries: An Overview, In Paul Cook & Colin Kirkpatrick (Eds.), Privatisation in Less Developed Countries. Hemel Hempstead: Harvester Wheatsheaf, 1988.

[188] Devarajan, S., Swaroop, V., Zou, H. F.: The Composition of Public Expenditure and Economic Growth. 《Journal of Monetary Economics》, 1996, 37 (2): 313-344.

[189] Franco Amatori, Robert Millward & Pier Angelo Toninelli, 2011, Reappraising State – Owned Enterprise: A Comparison of the UK and Italy, Routledge Talor & Francis Group NewYork London.

[190] Franco Amatori, Robert Millward, Pier Angelo Toninelli, Reappraising State – Owned Enterprise: A Comparison of the UK and Italy. NY: Routledge, 2012.

[191] Janos Kornai: Dynamism, Rivalry and Surplus Economy: Two Essays on the Nature of Capitalism. New York: Oxford University Press, USA, 2013.

[192] Judge w q. , Zenithal CP. Institutional and Strategic Choice Perspectives on Board Involvement in the Strategic Decision Process. Academy of Management Journal, 1992, 35 (4): 766 – 794.

[193] Lent A, Lockwood M 2010. Creative destruction: placing innovation at the heart of progressive economics [R]. London: IPPR.

[194] MOHAMMED OMRAN. The Performance of State – Owned Enterprises and Newly Privatized Firms: Does Privatization Really Matter? World Development Vol. 32, No. 6, pp. 1019 – 1041.

[195] O ‘Sullivan M. The Innovative Enterprise and Corporate Governance [J]. Cambridge Journal of Economics, 2000, 24 (4): 393 – 416.

[196] R. Nelson, National Systems of Innovation: A Comparative Study, Oxford: Oxford University Press, 1993.

[197] United Nations, Public Enterprises: Unresolved Challenges and New Opportunities. Publication based on the Expert Group Meeting on Re – inventing Public Enterprise and their Management, New York, 2008.

[198] Wallsten, S. The Effect of Government – Industry R&D Programs on Private R&D: The Case of the Small Business Innovation Research Program [J]. The Rand Journal of Economics, 2000, 31 (1): 82 – 100.

[199] Werner Sombart. Der modern Kapitalismus, III [J]. Band: Das Wirtschaftsleben im Zeitalter des Hochkapitalismus, II. Halbband (München –

Leipzig 1928).

[200] Yong Qi; Jing Wang. Empirical research on collaborative innovation of strategic emerging industry based on system science. 2016 13th International Conference on Service Systems and Service Management (ICSSSM).

一生兴华，立为山峰，俯为大海

（代后记）

每逢佳节倍思亲，清明节在即，谨以本文怀念敬爱的卫兴华教授。

2019 年 12 月 6 日，我们敬爱的卫兴华老师放下他为之奋斗一生的政治经济学事业、热爱一生的三尺讲台和时时牵挂他的学生，永远离开了我们。这是中国人民大学的巨大损失，是政治经济学界的巨大损失，也是我们学生心中的巨大损失。

“身予国家求解放，入投枪社，生死一线于地下，破城立奇功，甘洒一腔热血为兴华；

学为人民谋幸福，研经济学，宏文千篇攀高峰，学术成大师，默育满园栋梁方显贵。”（老师的小名叫卫显贵）总觉得老师还年轻，因为他一直在燃烧，始终保持学术常青，让人感觉不到他已经是 95 岁高龄，本来是想他过 100 岁生日的时候送他做寿联。现在只能用这副对联来表达对他的尊敬和怀念。

卫老师 1925 年出生于山西五台，小时候日军侵华，他把自己的名字卫显贵改为卫兴华，立志兴华成为他一生的追求。他和当时很多爱国青年一样加入地下党，不怕牺牲，为抗击日寇和全中国的解放做出了贡献。新中国成立后，他全身心投入马克思主义经济学的教学和研究，他经常说，我过去的战友很多都牺牲了，而我活了下来，就要把全部精力用于祖国建设。这成为他勤奋工作到住院前最后一刻的动力，也是他一生论文高产达 1000 多篇、培养博士达 60 余人、被学术界公认为经济学泰斗的原因。

我是 1996 年在兰州商学院读的大学，20 世纪八九十年代既是中国经济体制改革如火如荼的年代，也是经济学界人才辈出的时期。卫老师当时在经济学界早已是德高望重、名满天下。我们用的政治经济学教材就是卫老师主编的（吴树青、卫兴华、洪文达主编），记得他来我们学校讲学时，全校师生都挤满了礼堂的盛况。还记得我的《资本论》授业恩师罗耀辉教授（1959—1962 年在中国人民大学经济系读研究生），他是学校备受尊崇的“国宝级”教授，当时很自豪地说卫兴华教授那可是我的老师，所以卫老师的名字对我来说早已如雷贯耳。如果时光拨回大学时期，说我有朝一日能读卫老师的博士，那不是梦想成真，而是连梦从来都不敢做的。

卫老师是人民教育家，他的光芒泽及经济学后辈，对不是他学生的后学也是殷切关爱和提携。2014 年，我当时整理出版罗耀辉教授的《〈资本论〉原著导读本》，想请他给书写个序，通过其他关系找到他的电话，忐忑不安地打过去，生怕被拒绝，出乎意料的是电话那边声音非常慈祥、和蔼，我冒昧说了找他写序的事，他详细地问起罗老师什么时候走的，书稿的情况，然后说书稿既然是你整理的，那你先写个序发给我看一下。没过几天，他居然亲自打电话给我说他改完了，让我到他家里取一下。当我如约登门时，他推着轮椅开门并请我坐下，把序交给我，我一看上面竟然做了密密麻麻的修改，甚至标点符号。我怕耽误他宝贵时间加上第一次和这么大的经济学家见面有点紧张，就准备收起来向他告辞。他马上看出来了，说你不用急，坐沙发上慢慢看，我写的字如果认不清楚随时问我。在确定所有字我都认清后，他又问起我的情况，一下子我觉得暖流上身，心情也放松下来，并借着老乡的关系向他请教了《资本论》的几个问题，他做了简要回答后，又颤巍巍地起身推着轮椅到另一个房间拿出一本他的《资本论讲解》送给我，并签名做鼓励。

卫老师对学生关心照顾，是出了名的“护犊子”，刚开始只是有所耳闻，后来是深刻体会。在交谈中当我知道卫老师已经是 90 岁高龄，而且还在带博士生时，就产生了读他博士生的想法。后来和他正式提出这个想法后，他说年龄大不是问题，唯一就是他只招脱产的，我说了辞职读博的想法后，他详细问了我工作和家里情况，如果读博家里怎么办，说一定要慎重考虑。在我读博期间，他还几次问起我家里有没有负担，现在想来这种顾虑在他心中一直没有“解除”，对学生的关爱从始至终。考完博士当天下午，我万万没想到卫老师第一时间发来短信：你考得怎么样？感动之余我当时就在想如果考不过该怎么面对他，幸亏后来以高分顺利通过，非常幸运地做了老师的学生。

卫老师对学生严格要求，他绝不会因为关爱学生而放松对学生的要求，对自己生产的产品质量是严格把关甚至是苛刻的。但这种教诲，不是通过严厉批评，而是身体力行做表率的方式。作为90多岁的一级教授、著名经济学家，他坚持亲自给学生上课，安排教学和学习任务，每两周给我们讲一堂课，不仅声音洪亮，思维清晰，而且每次连讲3个小时，雷打不动，哪怕腰不舒服时被迫卧床也坚持给我们讲课。他对学术要求严谨，一丝不苟，对我们写的论文都是一字一句地修改，包括病句、错别字甚至标点符号。我们论文经常被他改的密密麻麻。这种严谨的学风，让我既惭愧又感动，更多的时候是肃然起敬，无形中让我受到鞭策，不仅是读博三年获益巨大，更是终身受益无穷，是一笔无形的巨大的精神财富。记得我有一篇以明朝和英国资本主义萌芽比较的文章初稿给他看，由于对资料的处理不当导致结论性错误，不符合马克思主义基本原理，但当时觉得是理论“创新”。他叫我去家里，我能看出他脸色有些阴沉，但他只是轻轻地把意见说清楚，然后说你再看一看《资本论》原始资本积累那一章。经过认真研读修改后我再次拿给他看，结果当天就发短信给我，说他颇感兴趣一口气读完，我如释重负后赶忙到他家，说这次稿子就改了一个字，把稿子留一份给他做资料，能明显感觉出他比我还高兴。后来听师兄师姐们说见他的时候，他夸我写了一篇好文章。

卫老师一生勤奋，笔耕不辍。老师的微信名叫愚公，他不认为他比别人聪明，但说到勤奋，他承认比很多人勤奋，相信勤能补拙。卫老师对自己要求非常严格，年轻的时候坚持早睡早起的作息规律，每天睡眠6—7小时，而且从来不睡午觉。晚年睡眠习惯有所改变，但睡眠时间加起来都是8—10小时，其他时间都用于研究、教书和写作，直到住院进入ICU。正是老师异常勤奋，使得他发表的论文数量达到1000余篇之多，他研究的领域范围之广，涉及马克思主义经典著作和社会主义经济理论的诸多方面，可以说改革开放后他几乎参与了每一次重大经济理论问题的争论，对推动中国经济的改革和发展做出了巨大的理论贡献。但他依然对学术充满热情，每天坚持工作十几个小时，每年发表三四十篇文章，践行他自己所说的“我依然在燃烧”。据统计，最近连续10余年卫老师的科研量每年在中国人民大学经济学院都排名第一。其他老师一提起卫老师都是赞不绝口，说他是经济学院甚至是经济学界的奇迹。毫不夸张地说，很多人包括经济学家是读卫老师的著作和论文成长起来的。卫老师学术常青，90多岁思维敏捷、手指灵活令人惊叹，是因为他手写文章，这对防止记忆力衰退和延缓衰老特别有帮助。“我手写，不用电脑，现在年轻人用电脑打字写文章，会读不会写了，年龄大了免不了忘，想不起来的字经常翻字典，还能锻炼记忆力。老年人记忆力下降，脑子退化不可避免，但通过这些能起到延缓的作用。”所以我们在校的学生经常帮他打论文，也幸运地成为第一读者。8月3日他发短信给我，一篇关于新中国成立70年的论文写了一半让我帮他打印，我打印完问他另一半论文什么时候取，他说后天来，结果后天他住院直到逝世。这竟然是我和老师最后一次见面，每次想起无比心痛的同时感到老师真正是工作到生命的最后一刻，蜡炬成灰泪始干！

卫老师一生谦虚，堪称做学问的表率。他的研究成果和他本人获得荣誉无数，新中国成立70周年更是获得至高无上的国家荣誉称号。虽然被经济学界尊为泰斗，老师却多次说我当不起泰斗。在他看来，不仅学问本身无止境，而且关键是经济学作为社会科学应该随着实践不断创新和发展。老师自称愚公，我想除了勤奋的第一层意思外还有另一层意思，中国特色社会主义政治经济学的构建，立足于中国实践，不是一朝一夕，需要通过一代人两代人甚至几代人才能完成，不能光靠喊口号，需要一砖一瓦地把它砌实。他随时关注理论界动态和最新观点，而且用马克思主义的立场和方法进行分析，辨别理论是非并予以科学澄清。他每天坚持读书看报两个多小时，遇到新的、重要的观点都剪切下来，无论正确的还是不正确的，都会拿来和我们讨论。他始终站在政治经济学的理论前沿，提出真知灼见的理论创新，如近3年来关于中国特色社会主义政治经济学研究对象包不包括生产力、十九大社会主要矛盾转换的理论内涵、构建中国特色社会主义政治经济学的逻辑主线等重大理论问题。他住院我去看他时，他拉着我的手继续和我讨论对所有制中性问题、个人所有制的争论的看法。在他逝世后，中央对他的一生给予高度认可和评价，称他立足于中国社会主义经济建设实践，开展马克思主义经济学研究与教育，为中国特色社会主义政治经济学的理论创新做出了重要贡献，无愧于人民教育家的称号。

卫老师一生言行一致，道术合一。他的伟大在于在学问中找信仰，以信仰做学问。从学问中探寻科学和坚持真理，在传授学问中传播信仰。卫老师不仅传授学生马克思主义经济学知识，而且把马克思主义信仰传递给学生，努力把学生们培养成马克思主义经济学的传承者。他教育我们不光要做一个合格的学者，而且要有坚定的学术立场，要站在中国大地，服务中国人民，努力做人民的经济学家。他不光是传递知识给学生，而且传承不唯书、不唯上、不唯风、只唯实的学术品格和精神，坚持实事求是，坚持和发展马克思主义政治经济学，创新中国特色社会主义政治经济学。

卫老师一生开朗乐观，有德者寿。老师 90 多岁依然红光满面、精神矍铄，说话思维敏捷、声音洪亮，而且更加神奇的是他脸上没有皱纹，没有老年斑。所以跟老师读博还有一个好处，可以跟着老师学长寿秘诀。他说我没有秘诀，如果说体会，就是心态要好，要看得开。很多人受到委屈，看到不公平，总是耿耿于怀，闷闷不乐，对身体不好，要知足常乐。老师心态好是熟悉他的人最多的评价。他经常说，“心态好，要经得起风浪和挫折”。老师年轻时参加地下革命，被捕过，坐过国民党的监狱。“文革”期间老师受到冲击，因为被捕过，被当作叛徒、特务，被审查，挨批斗，被抄家，很多重要的日记、照片等资料都没有了。下放到“五七干校”，作为被审查对象，住的是最破的房子，吃的是最差的，干的是重体力劳动。问起他怎么挺过那段日子，他说，“我就保持一个信念，无论受多大的侮辱和拷打，第一不能自杀，第二不能被杀。相信真善美一定能战胜假恶丑，这个社会，这个国家不可能永远是这样的”。2011 年中国人民大学体检，卫老师检查出左胸口有阴影。一般这种情况不是炎症就是癌，做透视、B 超后医生检查不是炎症。他丝毫不瞒孩子，把孩子们叫到家里，说我要见你们的妈妈去了，孩子们哭，他淡然说，我年龄超过了毛主席，超过了我父母，值了。结果阴影还在，没扩大，但没事，专家到后来也判断不出是什么东西。

卫老师晚年是幸福的，这也是我们做学生的福气和幸运。年轻的时候卫老师忙于事业没时间陪家人，卫老师和我们说过他这辈子无愧于国家和事业，但最对不起的是老伴和孩子们。听孙咏梅师姐说，以前老师总是很严肃，和他们谈话从来都是掐着时间，过了点就看表。晚年老师在学生们面前露出“佛相”，整天笑眯眯的。学生们陪他出去爬山，陪他逛动物园、雍和宫等，他每次都特别开心。陪他吃火锅，每次他都喜欢吃很辣的那种，而且喝冰可乐，最好是让服务员再加点冰块。他经常说，我既把自己当老人，又不把自己当老人。我们都特别佩服他的好身体，不挑食，什么都能吃，什么都喜欢。我们陪他去体检，多年的糖尿病也没了，很多指标甚至比年轻人的都好。每当学生们来看他的时候他都愿意多抽出时间，好多人都说老师变了，晚年有点老小孩。我们虽然没有最早那些师兄老师们经历过陪伴老师攀登学术高峰的幸运和壮怀激情，但有幸陪伴老师见证了他最美的夕阳红。

卫老师是彻底的唯物主义者，对生死看得比较开，而且他觉得已经超额完成工作任务没有遗憾，不舍的是家人和我们这些当学生的。老师特喜欢拍照，记得2017年师兄们毕业要离校大家一起吃饭后合影，他说等我以后走了，你们想我可以看照片。我心里知道，但笑着安慰他说，您一个人拄着拐杖怎么走呀，现在走路都要我们扶着，看来您一个人是走不了，还是和我们在一起多好呀。没想到他还是一个人走了。老师生病后住ICU近4个月，他一个人躺在床上会想什么？我想他会继续思考经济学的重大问题和国家的改革，会回忆年轻时战斗的青春，会想起学术上的诸多贡献，会怀念和家人在一起的点点滴滴，也会挂念我们这些学生们现在工作和生活得怎么样……老师对我们恩重如山，待我们和自己的孩子一样，总是觉得不能对他多做些什么，心里很是难过。

新中国成立70年特别是改革开放40多年，中国经济取得的伟大成就充分显示出社会主义制度的优越性。在中国特色社会主义政治经济学走向经济学舞台中央的时候，那团一直熊熊燃烧的炭火骤然熄灭，中国政治经济学界失去了一颗闪亮的引路明灯。但卫老师的学术成果和对经济学贡献将会被永远铭记，他的英名将会永垂不朽，他的音容笑貌和恩情将会永远留在学生们的心中。师恩难忘，难忘恩师！

武志

2020 年 4 月 5 日